En la trastienda del lenguaje

Nueve miradas a la escritura de Alejandra Pizarnik

CRISTINA PIÑA,
editora

ISBN: 1-930744-71-4
© Serie Nueva América, 2015
INSTITUTO INTERNACIONAL DE
LITERATURA IBEROAMERICANA
Universidad de Pittsburgh
1312 Cathdral of Learning
Pittsburgh, PA 15260
(412) 624-5246 • (412) 624-0829 fax
iili@pitt.edu • www.iilionline.org

Colaboraron con la preparación de este libro:

Composición, diseño gráfico y tapa: Erika Arredondo
Correctores: Javier Aviles y Rodolfo Ortiz

Índice

Agradecimientos 5

Prólogo
    Cristina Piña 7

Alejandra Pizarnik en mi memoria
    Ivonne Bordelois 15

La biblioteca alejandrina
    Cristina Piña 23

El taller de "corte y confección" de Alejandra Pizarnik.
Pequeña anatomía de la escritura
    Mariana Di Ció 61

Versiones y perversiones. Una propuesta de lectura para
dos textos inéditos de Alejandra Pizarnik
    Paulina Daza 91

De *niña* a *anciana*. Análisis de las presencias femeninas
relacionadas con la edad
    Dores Tembrás Campos 105

La experiencia desnuda del lenguaje
    Clelia Moure 141

La aniquilación poética como plenitud: el extremo de la
posibilidad expresiva
    Carolina Depetris 175

Reflexiones sobre la écfrasis pictórica en la poesía de Alejandra
Pizarnik
    Carlota Caulfield 201

La muñeca argentina de Bellmer: Alejandra Pizarnik
y la desarticulación del yo
    Melanie Nicholson 219

Sobre las autoras 243

Agradecimientos

Ante todo, quiero agradecer a la Dra. Patricia Venti, colega y amiga, quien tuvo la idea de este libro y me propuso que lo editáramos juntas. Luego, por cuestiones personales, no pudo seguir adelante con el proyecto, que quedó a mi cargo, pero del que ella es el origen.

A la directora de la Biblioteca Nacional de Maestros, Buenos Aires, Lic. Graciela Perrone, así como a todo el personal de la institución –desde el Lic. Ariel Font y la Prof. María Cristina Grossi de la Sala Americana hasta el personal administrativo y de vigilancia– quienes no sólo facilitaron en todo sentido mi investigación durante los dos meses en que concurrí a la Biblioteca regularmente para consultar la Biblioteca Alejandra Pizarnik, sino que me trataron con una gentileza y una buena voluntad inigualables. Sin la colaboración de cada uno de ellos, mi artículo no hubiera sido posible.

A las diversas autoras, gracias a cuya colaboración este libro pudo realizarse.

Cristina Piña

Prólogo

CRISTINA PIÑA

A partir de los primeros trabajos dedicados a la poesía de Alejandra Pizarnik en la década de 1970, los estudios consagrados a su obra no han dejado de multiplicarse, hasta constituir en la actualidad un importante *corpus*, no sólo en castellano sino en diversas lenguas.

Sin embargo, no ha sido exclusivamente el interés nacional e internacional despertado por su obra el factor de la multiplicación de los libros y artículos dedicados a ella, sino, por un lado, la disponibilidad de sus libros de poesía a partir de 1990 y, por otro, la ampliación del corpus que, mínimamente en 1975 –cuando Antonio Beneyto finalmente logró publicar en España la antología preparada por Pizarnik antes de morir, *El deseo de la palabra*, que traía un conjunto de textos nuevos– pero de manera contundente desde 1982 –cuando se editó la compilación póstuma *Textos de Sombra y últimos poemas* en la Argentina y *Zona prohibida* en México– no ha cesado de agrandarse.

Acerca de la disponibilidad de su poesía, más allá de los reparos que se le puedan hacer, fue la edición de sus –mal llamadas– *Obras completas. Poesía y prosa* por Ediciones Corregidor en 1990, donde por primera vez se reunieron prácticamente todos sus libros de poemas y que luego, con el título *Obras completas. Poesía completa y prosa selecta* edité yo en 1993, corrigiendo diversos errores de la edición de 1990, reorganizando el material según el orden cronológico de publicación de sus libros y agregando poemas no incluidos, que habían aparecido en los dos libros publicados en España: *Nombres y figuras* (1969) y la antología de 1975. El único libro completo excluido de mi edición fue *La tierra más ajena* (1955), el primero de la autora, por motivos que explicaba en la NOTA SOBRE LA EDICIÓN. En cuanto a los siete poemas que, hasta ahora, sólo aparecieron en *Zona prohibida*, cuando preparaba la edición que los incluía, los herederos de Pizarnik concedieron los derechos a otra editorial.

Acerca de la progresiva ampliación de su *corpus* textual, hacia fines de los 90 y comienzos del nuevo milenio, se produjeron tres acontecimientos fundamentales: en primer término, la publicación en Argentina de la *Correspondencia Pizarnik*, editada por Ivonne Bordelois en 1998, que por primera vez puso en circulación un valiosísimo epistolario de la autora; en segundo término, la publicación en España, en edición de Ana Becciú, de la *Poesía completa (1955-1972)* [2000], la *Prosa completa* (2002) y los *Diarios* (2003), *corpus* que, a pesar de que tampoco cumple con la prometida completud, significó, en el caso de los poemas y prosas, un importante incremento de sus textos —más allá de que, en lo relativo a los poemas, buena parte de ellos sean borradores antiguos– y en el caso de los diarios, prácticamente una primicia, ya que sólo se había publicado aproximadamente un cinco por ciento de las 504 páginas que tiene la mencionada edición. El tercer acontecimiento, íntimamente vinculado con la publicación de los tres libros, fue la adquisición por parte de la Universidad de Princeton de los manuscritos y papeles de la autora, que depositó en su Biblioteca, División Manuscritos, Departamento de Libros Raros y Colecciones Especiales para su estudio por parte de especialistas e investigadores. Entre el numeroso y valioso material, figuran los famosos cuadernos que constituyen su *Palais du vocabulaire* y los cuadernos de lectura, capitales para comprender el proceso de escritura de la autora, según lo han demostrado quienes, como Fiona Mackintosh, Patricia Venti y Mariana Di Ció, consultaron el material y han escrito sobre él.

En un nivel diferente, pero también fundamental para estudiar el proceso de su escritura, a fines de 2008 la Biblioteca de Maestros de Buenos Aires puso a disposición de los lectores e investigadores la parte de la biblioteca de la autora que, según palabras de Ana Becciú, la madre de Pizarnik le había regalado a ella.

Este conjunto de circunstancias ha determinado que el eje de los estudios sobre la obra de Pizarnik haya sufrido sucesivos cambios, como ya lo percibió Florinda F. Goldberg en su artículo "Alejandra Pizarnik, the Perceptive Reader". En principio coincidió con la clasificación de la autora (91) entre un primer momento –que personalmente ubico a partir de la década del 70– en que los estudios estuvieron centrados en su poesía y, agrego yo, en su ubicación dentro del campo intelectual argentino; un segundo –a partir de 1990– en que el interés prioritario se centró en sus prosas "heterodoxas", si bien en esa década también comenzaron los estudios que vinculan su escritura con la pintura. En el tercero, en cambio –que se iniciaría alrededor de 2004– no me parece, como señala Goldberg, que el interés haya pasado a centrarse, ante todo, en Pizarnik como lectora, sino más bien en el proceso de producción de su escritura, que por sus peculiaridades es indiscernible de su función lectora, ya que la apropiación de la palabra ajena resulta capital para su propia textualidad. Conjuntamente con este cambio de eje, también pasó a ocupar un primer plano su condición de lectora/crítica, pero, en mi opinión, como consecuencia de lo anterior.

En otro sentido, la publicación de sus *Diarios* y la apertura de su fondo en Princeton, ha llevado a la indagación del carácter autoficcional y autobiográfico de sus textos, con lo cual ha vuelto a ocupar un lugar central en la indagación sobre su obra su construcción de una "figura de escritora", ya destacada por la crítica desde la década del 90 (Piña; Venti, *La escritura invisible* 15-23).

Por cierto que este hecho de ninguna manera implica que se haya dejado de lado la lectura interpretativa de su obra poética o de sus prosas heterodoxas, sino, más bien, que se han sumado perspectivas al abordaje de su cada vez más amplio *corpus* textual, como, en cierta forma, lo demuestra el volumen que ahora presento.

En efecto, cuando revisamos el conjunto de ensayos que lo constituyen, advertimos que el artículo de Ivonne Bordelois, "Alejandra Pizarnik en mi memoria", que se ubica en primer término, retoma la figura de Pizarnik desde la peculiar articulación entre vida/poesía, es decir a la vez como sujeto y como poeta, pero también señala una relación con Borges hasta ahora no destacada por la crítica, apoyada no sólo en la entrevista al escritor que Bordelois compartió con Alejandra sino en un texto tomado del *Cahier vert*, uno de sus cuadernos de lectura que está en manos de Bordelois. Si lo pensamos en relación con las líneas de estudio antes señaladas, este artículo unificaría el análisis de la ubicación de la autora en el campo intelectual argentino a partir de su posición respecto de Borges, la consideración de su forma de construir su "figura de escritor" y la consideración del material de cuadernos y manuscritos desconocidos hasta el 2000 para interpretar su labor como escritora.

Los tres artículos que siguen –"La biblioteca alejandrina" de mi autoría, "El taller de 'corte y confección' de Alejandra Pizarnik. Pequeña anatomía de la escritura" de Mariana Di Ció y "Versiones y perversiones. Una propuesta de lectura para dos textos inéditos de Alejandra Pizarnik" de Paulina Daza– pertenecerían al tercer eje que he distinguido en sus estudios, ya que los dos primeros indagan en la relación del proceso de su escritura con la palabra ajena, y el tercero se detiene en la vinculación entre la supresión de versos en sus textos tardíos y el repudio del cuerpo y el deseo.

En efecto, en "La biblioteca alejandrina", a partir de la revisión de los libros de la autora depositados en la Biblioteca Nacional de Maestros de Buenos Aires, indago en las formas de apropiación de la palabra ajena a partir de las marcas de lectura en sus libros. Así, establezco el tipo de "marcas" y "glosas" que encontramos en ellos y la actitud de la autora frente al libro ajeno en su carácter de material para la propia escritura y la propia vida. Esto me permitió, a la vez, captar un proceso complejo de apropiación –del libro ajeno al *palais du vocabulaire* y al texto propio– que se configura a partir de un cierto momento como base de la producción textual, así como discernir el peso en su escritura y en su concepción de la escritura de autores hasta el momento no tomados explícitamente en cuenta por la crítica.

Por su parte, Mariana Di Ció, sustentándose en un enfoque genético de la obra literaria, esboza una "anatomía de la escritura" pizarnikiana, a partir del estudio de sus manuscritos de Princeton. En ella destaca tres operaciones centrales en su proceso de escritura, si bien de diferente alcance y significación: cortar, pegar y sustraer. Lo más interesante de su perspectiva de estudio es que amplía el alcance de dichas tres operaciones, asociándolo –en el caso de "cortar"– con la tarea de destrucción de los propios materiales, de los que dan amplia cuenta sus *Diarios* y su correspondencia. Pero también, pone en correlación tales operaciones con la singular poética de la autora y las contradicciones que ésta entraña.

En el caso de los dos poemas inéditos seleccionados por Paulina Daza, uno luego publicado bajo el título "En esta noche, en este mundo" y el otro inédito hasta hoy, la ensayista vincula la supresión del deseo y el erotismo, característicos de la versión inédita, en la versión publicada

—donde se hace hincapié en una búsqueda intelectual de palabras que le permitan la creación poética— con el repudio del cuerpo y el erotismo que aparecen en el poema inédito "*Epitafio*. Contra una nadería [de mi amor]". Entendiéndolos como dos momentos de una progresiva muerte del sujeto textual, el estudio articula, asimismo, vida y poesía, figura de escritora y obra, indagando, por fin, en la autotextualidad característica de sus textos.

Por su parte, los tres artículos siguientes –"De *niña* a *anciana*. Análisis de las presencias femeninas relacionadas con la edad" de Dores Tembrás, "La experiencia desnuda del lenguaje" de Clelia Moure y "La aniquilación poética como plenitud: el extremo de la posibilidad expresiva" de Carolina Depetris– se presentan como reinterpretaciones, desde perspectivas teóricas diferentes, de la escritura de Pizarnik, en una actualización del primer eje de estudios sobre su obra. Tal lectura desde nuevas perspectivas teóricas, incluso puede implicar la negación a toda interpretación, a partir de una redefinición de su práctica de escritura, como es el caso del ensayo de Clelia Moure.

Así, el de Dores Tembrás indaga en la pluralidad del yo poético, que contribuye a configurar su complejidad en los textos pizarnikianos. Entendiendo tales "voces" o "máscaras" como "presencias femeninas" –es decir, como categorías simbólicas que se registran a lo largo de la obra y que se individualizan por medio de una caracterización vinculada con la edad que las diferencia y especifica– es posible apreciar el tratamiento rico y minucioso que reciben dentro de un conjunto de figuraciones mucho mayor. De este modo, se configura la multiplicidad de retratos, fragmentos que constituyen al yo poético, corporeizaciones de la voz que el yo lírico se prueba, en el intento de superar la fragmentación subjetiva y acceder a sí mismo.

Por su parte, Clelia Moure se detiene en lo que llama, siguiendo a Foucault, "la experiencia desnuda del lenguaje" en la obra de Pizarnik, que implica una doble imposibilidad. Por un lado, la escritura poética expulsa al sujeto que habla a un afuera indeterminado, lugar de incertidumbre y de soledad esencial, y por otro, queda abolida toda posibilidad de dar cuenta de lo real, de nombrar o nombrarse. Desde ese abismo, la escritura de Pizarnik se presenta como un monólogo insistente que no logra expresar la desgarradura del sujeto y que tampoco da lugar a la "interpretación" del lector. Por eso, la ensayista se propone cartografiar algunos procedimientos con los que su escritura se defiende de la atracción del vacío o responde a sus exigencias absolutas.

En cuanto a Carolina Depetris, parte de la idea de que en los textos poéticos y críticos de Pizarnik se produce una asimilación de la poesía a un ejercicio de Absoluto, el cual, a partir de 1968, aparece asociado a la noción de "exceso". A su vez, este intento de superar los límites del propio ser y de la poesía en dirección al Todo, acerca la poética de sus últimos años a la "desnudez" y "aniquilación" propias de la experiencia mística. Así, en su trabajo analiza la relación existente entre la propuesta poética de Pizarnik posterior a *Extracción de la piedra de locura* y tres direcciones de la mística a las que la poeta se remitió a través de sus lecturas de Miguel de Molinos, Simone Weil y Georges Bataille: la católica ortodoxa, la judía conversa y la laica.

Por fin, los dos últimos ensayos –"Reflexiones sobre la écfrasis pictórica en la poesía de Alejandra Pizarnik" de Carlota Caulfield y "La muñeca argentina de Bellmer: Alejandra Pizarnik y la desarticulación del yo" de Melanie Nicholson– se inscriben en la línea que indaga en las relaciones de la escritura pizarnikiana con la pintura.

El ensayo de Carlota Caulfield, que continúa y ahonda estudios anteriores de la autora y se remite a la teoría de Riffaterre, se centra en la écfrasis de los cuadros de Hieronymus Bosch que Pizarnik realiza en cuatro poemas en prosa de sus dos últimos libros: *Extracción de la piedra de locura* y *El infierno musical*. Apoyándose tanto en palabras de la poeta como en reflexiones de sus críticos, la ensayista señala la vinculación que esta fusión entre plástica y poesía tiene, por un lado, con la importancia que la plástica tuvo en su trayectoria y, por otro y fundamental, con la desconfianza radical respecto de lo discursivo que progresivamente va percibiéndose en su quehacer poético, cuyos momentos fundamentales de emergencia se van rastreando.

Por fin, el artículo de Melanie Nicholson establece una inédita y esclarecedora vinculación entre las figuraciones de la subjetividad como "autómata", "muñeca", "maniquí" y otras figuras diminutas que aparecen en la obra final de Pizarnik, con la *poupée* del plástico surrealista Hans Bellmer. Esta correlación, apoyada en una minuciosa indagación tanto de las connotaciones y rasgos de la muñeca bellmeriana, como de las peculiaridades que tales figuraciones tienen en la obra de Pizarnik, permite captar su valor como expresión, primero, de la duplicación subjetiva de la poeta –con toda su carga siniestra– y por fin del desgarramiento de su yo. Para finalizar, la ensayista establece ciertas diferencias fundamentales entre Pizarnik y otras artistas de raigambre surrealista que dialogaron deliberadamente con Bellmer.

Como se puede ver, la presente compilación de estudios enfoca desde nuevos ángulos y perspectivas teórico-críticas la obra de Alejandra Pizarnik, a la par que se hace eco de las transformaciones que, para su comprensión, implicó la radical ampliación de su *corpus* y la disponibilidad de una parte importante de su biblioteca antes mencionadas. En este sentido, el presente volumen se inscribe en la puesta a punto de los estudios consagrados a la escritura de Pizarnik que inició el volumen en inglés editado por Fiona Mackintosh y Karl Posso en 2007, así como aspira a constituirse en punto de partida para nuevas investigaciones.

Buenos Aires, marzo de 2010

Bibliografía

Bordelois, Ivonne. *Correspondencia Pizarnik*. Buenos Aires: Seix Barral, 1998.

DiCió, Mariana. "Una escritura de papel: Alejandra Pizarnik en sus manuscritos". Revue *Recto/Verso* 2 (diciembre 2007). <http://www.revuerectoverso.com>. 1 ago. 2014.

Goldberg, Florinda F. "Alejandra Pizarnik, the Perceptive Reader." *Árbol de Alejandra Pizarnik Reasssessed*. Fiona J. Mackintosh y Karl Posso, eds. Gran Bretaña: Tamesis, Woodbridge, 2007. 91-109

Mackintosh, Fiona J. "Alejandra Pizarnik's 'palais du vocabulaire': Constructing the 'cuerpo poético'". *Árbol de Alejandra Pizarnik Reasssessed*. Fiona J. Mackintosh y Karl Posso, eds. Gran Bretaña: Tamesis, Woodbridge, 2007. 110-129.

_____ y Karl Posso. *Árbol de Alejandra Pizarnik Reasssessed*. Gran Bretaña: Tamesis, Woodbridge, 2007.

Piña, Cristina. *Alejandra Pizarnik*. Buenos Aires: Planeta, 1991.

Pizarnik, Alejandra. *El deseo de la palabra*. Barcelona: Ocnos, 1975.

_____ *Textos de sombra y últimos poemas*. Olga Orozco y Ana Becciú, eds. Buenos Aires: Sudamericana, 1982.

_____ *Zona prohibida*. Veracruz: Papel de envolver, 1982.
_____ *Obras completas. Poesía y prosa*. Buenos Aires: Corregidor, 1990.
_____ *Obras completas. Poesía completa y prosa selecta*. Cristina Piña, ed. Buenos Aires: Corregidor, 1993.
_____ *Poesía completa*. Ana Becciu, ed. Barcelona: Lumen, 2000.
_____ *Prosa completa*. Ana Becciu, ed. Prólogo Ana Nuño. Barcelona: Lumen, 2002.
_____ *Dos letras* (Cartas a Antonio Beneyto). Presentación Carlota Caulfield. Barcelona: March Editor, 2003.
_____ *Diarios*. Ana Becciú, ed. e introd. Barcelona: Lumen, 2003.
Venti, Patricia. "Censura y traición en los diarios de Alejandra Pizarnik". *Espéculo. Revista de estudios literarios*. Universidad Complutense de Madrid, 2004. <http://www.ucm.es/info/especulo/numero26/diarios.html>. 31 julio 2014.
_____ "*Palais du vocabulaire* de Alejandra Pizarnik: cuadernos de notas o apuntes para sobrevivir". *Espéculo. Revista de estudios literarios*. Universidad Complutense de Madrid, 2005. <http://www.ucm.es/info/especulo/numero31/palaisap.html>.
_____ "El discurso autobiográfico en la obra de Alejandra Pizarnik". *Grafemas: Boletín electrónico de la AILCFH* (diciembre 2007): s/p.
_____ *La escritura invisible. El discurso autobiográfico en Alejandra Pizarnik*. Barcelona: Anthropos, 2008.

Alejandra Pizarnik en mi memoria

Ivonne Bordelois

cisternas en la memoria
ríos en la memoria
charcas en la memoria
siempre agua en la memoria
viento en la memoria
soplan en la memoria

Para quienes tuvimos el privilegio de conocer a Alejandra Pizarnik, es indudable que su poesía resultaba y resulta aún hoy la extensión natural de su persona, de una manera mucho más patente que en ningún otro caso que yo haya conocido o presenciado entre poetas vivientes. Pero la misma dificultad que se encuentra al querer aferrar el magnetismo de sus palabras se duplica cuando se quiere evocar su personalidad –de la cual todos los retratos posibles resultan insuficientes, cuando no ridículos–. No quisiera que se viese aquí la desmesura de una admiración acrítica, sino el simple testimonio de mi limitación ante una auténtica profundidad, una profundidad tal que siempre me superó y creo, honestamente, ha de superar siempre a todos sus testigos, así como desorientó a sus psicoanalistas, por avezados que ellos hubieran sido. Pero el disfraz habitual de esta hondura era una pirotecnia permanente en la que se mezclaban juegos de palabras, obscenidades, humor judío y citas ilustres, en una suerte de follaje deslumbrante.

En las palabras de Pezzoni:

[...] así como en su poesía las imágenes se constituyen unas a otras como si fuera perfilando una zona central que es la de lo no dicho y que adquiere valor como un hueco central, también en la vida de ella

> ocurría lo mismo; todas esas actitudes y expresiones fuera de tono iban enmascarando esa zona central de silencio. [...] Conocerla fue el *coup de foudre*; conservó todas sus características míticas porque estaba todo el tiempo jugando contigo, pero a la vez sabías que había una zona impenetrable, ¿verdad? [...] Su afinidad mayor con el surrealismo es aquella definición "la verdadera vida está en otra parte": ésa era la cosa central que funcionaba en la poesía y en el vivir de Alejandra. (52)

Si Alejandra era una persona que sustentaba su mito, era porque su excepcionalidad no era fingida sino evidente, como lo era también la sensación de extrañeza que emanaba de toda su persona. Había en ella una brújula sumamente tenaz que la obligaba a recorrer permanentemente espacios abismales, un signo que no he visto aparecer en nadie más. Por eso acaso su existencia tuvo un breve límite, porque semejante intensidad no era sostenible más allá de ciertos plazos naturales.

El mito Pizarnik, del que tanto se ha hablado, se sustenta ante todo en dos fases. Una, la más conocida, es la de la poeta maldita que se suicida tempranamente luego de una vida desafiante, muy lejos de las pautas convencionales, tanto de la literatura como de la sociedad de su tiempo. Más interesante es el mito viviente de Alejandra, aquél que según Enrique Pezzoni, así como en mi recuerdo personal, se confirmaba a través de una presencia extraordinariamente poderosa, propia de esos seres que cambian la atmósfera de una habitación con sólo entrar en ella.

Había en Alejandra algo así como una pavorosa lucidez que la instalaba en el centro o esencia de todas las cosas, situaciones y personas que la rodeaban, y por la cual nada ni nadie podía escapar a su formidable perspicacia: era el suyo un poderío difícil de conjurar. Sin embargo, no había voluntad de control o dominación en ella, antes bien, junto con la cualidad perforadora de su mirada se transmitía una inseguridad que socavaba todos los cimientos tranquilizadores a los que cabría apelar, y producía una sensación imparable de abismo. Esto se matizaba, a su vez, con una extrema sutileza, lirismo y comicidad en todos sus dichos, en donde lo obsceno y lo delicado alternaban de forma sorprendente, y el todo producía una sensación hipnotizante y hechizante, difícil o imposible de conjurar. Uno permanecía totalmente cautivado por la atmósfera de su conversación, los niveles de incertidumbre y lucidez que suscitaba, las citas exactas, el humor negro o maravilloso, las lecturas abracadabrantes que proponía, su manera de dar vuelta la literatura con una sola frase.

Ante ella se estaba frente a alguien que evocaba al mismo tiempo el gesto de amparo y la actitud de reverencia ante un ser cuyos poderes claramente excedían las capacidades comunes de los simples mortales que la rodeábamos. Pero ella parecía permanecer inaccesible tanto a las protecciones amistosas como a los homenajes –a veces delirantes– que se suscitaban a su alrededor. Había en ella un pacto invisible pero inalterable con ciertas instancias de lo oscuro de las cuales nos resultaba imposible desligarla; pero al mismo tiempo su voluntad de descifrar y poner a prueba, con palabras precisas, "el corazón de las tinieblas" era admirablemente obstinada, e imponía una suerte de compasión mezclada de reverencia y terror.

Uno de sus críticos más finos, Juan Gustavo Cobo Borda, la describe así: "si la originalidad no radica en la dispersión sino en el ahondamiento, Alejandra Pizarnik es, en este sentido, insondable: *nunca terminó de ver la energía de aquello que la impulsaba; nunca, tampoco, cerró los ojos para que ese deslumbramiento no la cegara*" (énfasis nuestro). Sus poemas se distinguen por ser exactos en el intento de precisar la oscuridad interior.

En efecto, en *Los trabajos y las noches* hay poemas que me parecen estar escritos desde el centro mismo de la noche, y son de una belleza, una suavidad y un terror extraordinarios. Pero en su última obra, *El infierno musical* y *Extracción de la piedra de locura* es donde llega, con todo, a lo máximo de su capacidad expresiva, a una cercanía con lo infernal que no se ha dado nunca en el español, a mi juicio, ni antes ni después. Y lo que a mi modo de ver impacta en la escritura de Alejandra Pizarnik es que ella escribe sin mediaciones, directamente desde el inconsciente. Hay una suerte de electricidad negra en estos textos de la cual cuesta mucho desprenderse. Una joven poeta argentina ha dicho que ella había comenzado a leer la poesía de Alejandra Pizarnik y luego se había detenido, porque la suya era una escritura que la "secuestraba": me pareció que la expresión era sobrecogedora y absolutamente exacta.

Algo que atraía particularmente en el dominio de su inteligencia crítica era el hecho de que Alejandra era totalmente revolucionaria en su manera de descubrir verdades obvias pero escondidas en cuanto al lenguaje y a la literatura. Su extraordinario don de lectura y de crítica fulminante me la mostraron siempre como un ejemplo de gran exigencia interior. Como he tenido el privilegio de tratar en ocasiones a Octavio Paz, a Jorge Luis Borges o a Noam Chomsky, creo saber por experiencia lo que se reconoce comúnmente por genio. Y en ella lo evidentemente genial se daba cuando lo que decía parecía absolutamente justo, sensato e incluso de cierta manera manifiesto, hasta que uno se daba cuenta de que absolutamente nadie lo había dicho hasta entonces. Consideradas fríamente, sus afirmaciones eran realmente revolucionarias: por ejemplo, su distinción entre verdaderas y falsas metáforas. Era como si un relámpago inesperado iluminara un paisaje hasta entonces encubierto, cuyas aristas se dibujaban en plena novedad y coherencia, dando a entender un núcleo central que lo explicaba todo.

Estos rasgos de su personalidad se me revelaron casi inmediatamente cuando conocí a Alejandra en París, a fines de 1960, en un restaurant del Boulevard Saint Michel, y se fueron acentuando con el tiempo, cuando descubrí que había tenido la fortuna de encontrar una mentora incomparable, mucho más audaz y certera que mis grises profesores de la Sorbonne. Aun cuando Alejandra era dos años menor que yo, oficiaba de maestra, con la maestría de los que saben escuchar las preguntas y las dudas de sus discípulos. Y si bien su experiencia literaria, muy superior a la mía, me intimidaba en cierto modo, creo que gané su respeto porque nunca me privé de cuestionar y confrontar, con claridad y sencillez, algunas de sus posturas críticas más salvajes. Es decir, nunca ejercí un asentimiento incondicional ante sus opiniones, si bien casi todas ellas me fueron persuadiendo poco a poco, en discusiones de intensidad agotadora que hoy recuerdo con viva nostalgia.

A partir de entonces, hasta 1963, cuando yo regresé a la Argentina, nos vimos a menudo, o bien nos manteníamos en contacto a través de llamadas, cartas o colaboraciones. Por ejemplo, una vez instaladas las dos nuevamente en Buenos Aires, realizamos juntas una entrevista a Borges para *Zona Franca*. Era ésta una publicación que dirigía Juan Liscano, un gran poeta venezolano que con singular generosidad y visión de la literatura de su época realizó en Venezuela algo semejante a lo que hizo Victoria Ocampo entre nosotros, en cuanto a la originalidad y diversidad de las colaboraciones que suscitaba. Alejandra escribía habitualmente para *Zona Franca*, donde publicó entrevistas muy interesantes –por ejemplo a Victoria Ocampo, Roberto Juarroz y Juan José Hernández– y también artículos, entre otros el muy demoledor que dedicó a Ricardo Molinari.

La entrevista a Borges fue publicada en septiembre de 1964, y no fue recogida –de modo algo inexplicable– en el volumen dedicado a su prosa en las *Obras completas*, donde figuran las que ya he mencionado. Retrospectivamente, pienso que la razón que la llevó a pedirme auxilio para realizar este reportaje con ella era que se sentía demasiado inerme y vulnerable en la casa sobria pero en algún sentido patricia de los Borges, rodeada de libros ingleses que, al igual que Güiraldes, ella nunca leería. Una casa penetrada del lejano recuerdo del fragor de la batalla de Junín en la que los antepasados de Alejandra no habían participado –aunque, por cierto, mayores horrores habían ocurrido en la Polonia que sus padres se vieron obligados a abandonar–.

Alejandra padecía con gran acuidad de cierto sentido de inadecuación en ambientes de prosapia porteña tan especial como la casa de los Borges. Temía también la astucia e ironía clarividente del gran Jorge Luis. Aunque mi familia no había participado tampoco de la gloriosa carga de Junín, entre nosotros había cierto entendimiento con la tradición criolla, que nos venía en parte de haber nacido en el campo y en parte, asimismo, de la cultura de mi padre, que en su voz, sus giros de expresión y ciertas soterradas burlas, muchas veces me hacía recordar –guardadas las distancias, naturalmente– a Borges, de quien era estrictamente contemporáneo: algo de la complicidad generacional de la alta clase media de la época los mancomunaba en el humor y en los sobrentendidos que compartían. En esos ambientes algo restringidos y pacatos en cuanto a gustos y modales, Alejandra desentonaba abiertamente, y lo sabía dolorosamente.

Creo que por eso fue que Alejandra, que venía a menudo a mi casa a trabajar conmigo, me instó a ir con ella, porque todas sus otras entrevistas las realizó por sí sola, y en cuanto a las preguntas, resulta perfectamente claro que ella era capaz de formularlas por sí misma. Así acudimos al departamento de Borges, en la calle Maipú. No recuerdo si fuimos una o dos veces –sí recuerdo que la entrevista fue larga y que está recogida en una cinta algo defectuosa que aún preservo pero que representa ese estado primitivo que hoy día sería digno de museo– una cinta de enorme tamaño, para pasar en un pasacassette excepcionalmente grande.

En esa conversación entre Alejandra y Borges, yo fui una especie de lenguaraz intrépido. Quedó a mi cargo la formulación de las preguntas, aunque la mayor parte de ellas había sido propuesta por Alejandra, que se acurrucó en el sofá como un felino asustado, entreabriendo sus ojos verdosos-violetas en la oscuridad. Yo recuerdo haber pensado –porque siempre me intrigó– una pregunta referente a los poemas ingleses, es decir, al por qué esos dos hermosísimos poemas están escritos en inglés. Borges se evadió mediante antiguos dichos con astucia y vaguedades, como solía hacerlo cuando se negaba, con consumada destreza, a suministrar alguna información novedosa. Años después, en un reportaje posterior con algún entrevistador más avezado que yo, confesó –como yo lo imaginaba– que los poemas se escribieron en inglés porque estaban dedicados a una mujer con la que solía hablar en inglés.

Es obvio que Alejandra había reflexionado sobre la poética de Borges, que se situaba, en cierto modo, en las antípodas de la suya propia. Precisamente esta tensión establece la riqueza y la libertad del período en que ambos coincidieron –un período que podría llamarse el *boom* de la poesía argentina– engarzado, naturalmente, en una explosión previa y general de poesía latinoamericana, con la precedencia ilustre de Vallejo y la poderosa presencia de Neruda –de quienes tanto Pizarnik como Borges se mantienen igualmente alejados–. A ambos se les había reservado la oportunidad de renovar el lenguaje poético del continente, desenlazándose de estas influencias monumentales, y ambos estaban plenamente persuadidos, cada uno a su manera, de su capacidad para llevar a cabo las transformaciones que conducirían a una nueva poética.

Alejandra había estudiado también el impacto profundo que la escritura de Borges representaba en la literatura argentina, tratando asimismo de indagar en los motivos de la fascinación que ejercía a su alrededor. Quizá –reflexiono ahora– hubiera propósitos en cierto modo tácticos en esta reflexión. Amar a Borges excesivamente, compenetrarse con sus mundos grandiosos pero fundamentalmente conceptuales y marcados indudablemente por una erudición insondable, podía significar cerrarse las puertas al mundo de Alejandra, también penetrado de referencias, pero mucho más afín con los abismos del inconsciente y más abierto a los dictados del delirio. Aunque los dos habían meditado largamente sobre el lenguaje, Borges había ido ante todo en busca de una sintaxis depurada, demistificante de la retórica hispánica, y sus metáforas jugaban con las sorpresas de la razón antes que con el mundo de cimientos trepanados, la conmoción permanente de la palabra de Alejandra.

Quedan huellas de este sondeo de Alejandra en el mundo de Borges. Así, entre algunos de los materiales preciosos que guardo de Alejandra, está el Cuaderno Verde, (circa 1964), uno en la serie de los cuadernos en los cuales Alejandra recortaba o copiaba aquellos textos que le parecían particularmente inspirantes y reveladores. Allí aparecen lado a lado Dylan Thomas y la literatura azteca, Quevedo y Safo, Rilke y San Juan de la Cruz. También aparecen pequeñas anotaciones críticas intercaladas que iluminan esas extraordinarias lecturas que sólo Alejandra sabía hacer, despojando al texto de toda otra fuente que no fuera él mismo, con esa puntería que le permitía ir como un rayo al corazón de la materia. Allí reencuentro ese breve párrafo sobre Borges, que me parece de una extraordinaria lucidez:

> *Borges - Poemas* - Lenguaje exacto, conceptual. Lo valioso de estos poemas consiste en que Borges *mira* como nadie. De allí los conceptos novedosos, profundamente originales. ¿Es esto poesía? Tal vez. Lo curioso es que sus poemas parecen maravillosas traducciones –tal vez porque los poemas traducidos evidencian sobre todo los conceptos– y a veces transforman en conceptos lo que en el original era una imagen. Borges da siempre con la palabra justa. Y ello irrita cuando la palabra es desagradable por su sonido o sentido. (ejemplo *"terror que usurpa toda el alma"*)

La intuición de que los poemas de Borges parecen maravillosas traducciones porque, aunque sostenidos por una mirada única, son ante todo conceptuales, más que imaginísticos, revela esa capacidad también única de Alejandra de clavar el estilete en el lugar exacto de la grieta crítica. Borges transforma el castellano desde una experiencia excepcional del inglés; Pizarnik, la que escribe *cuando a la casa del lenguaje se le vuela el techo*, lleva las formas del idioma a un paroxismo que las conduce más allá de sí mismas.

"La rebelión consiste en mirar una rosa hasta pulverizarse los ojos", era su lema, al que permaneció fiel hasta la muerte. Una frase imposible en el universo de Borges, donde la inmarcesible rosa vive congelada en el cielo platónico. Pero como lo dice Mariano Calbi, Alejandra invierte la operación de Rimbaud: el desarreglo de los sentidos no es la causa de la visión, sino el efecto que produce lo indecible de los objetos en nosotros —y el poeta va al encuentro de lo indecible—.

Una aventura solitaria y dramática. Como ella lo decía:

> La poesía tiene que ser el lugar del encuentro. Un espacio donde encontrarse con lo ausente, con el ausente, con lo que no está. Lugar de la obsesión. De allí que todo poema inauténtico significa falta de obsesión o de necesidad de ese encuentro. Dije lo ausente. Por ello entiendo el deseo, el lugar vacío o la herida que nos dejó alguien (¿Dios?) yéndose para sólo dejar sed de su presencia imposible.

BIBLIOGRAFÍA

Calbi, Mariano. "Prolongaciones de la vanguardia". *La irrupción de la crítica*. Susana Cella, ed. Buenos Aires: Emecé, 1999. 235-258.

Cobo Borda, Juan Gustavo. "Alejandra Pizarnik, 1936-1972". *Eco, 1960-1975*. Bogotá: Biblioteca Colombiana de Cultura, 199-217.

Pezzoni, Enrique. "Alejandra Pizarnik". *El Porteño* (1983): 52.

Pizarnik, Alejandra e Ivonne Bordelois. "Entrevista con Jorge Luis Borges". *Zona franca* 2 (septiembre 1964): 8-9.

La biblioteca alejandrina

CRISTINA PIÑA

...al leer imprimimos también una determinada
postura al texto y por eso está vivo
Roland Barthes

I

Como bien lo señaló Ivonne Bordelois (277-278), todavía en 1998 no se había realizado un estudio sistemático de Pizarnik como lectora, que recorriera desde los subrayados de sus libros a sus cuadernos de citas —que a partir de la apertura de su archivo en Princeton conocemos como "diarios de lectura" y *Palais du vocabulaire*— para finalizar en sus interesantes ensayos sobre diversos escritores.

Por suerte el tiempo no pasa en vano y así, en primer término, por un lado sus diversos manuscritos —diarios y papeles literarios en general— bastante voluminosos desde el momento en que ocupan diez cajas (Di Ció 1) se depositaron en el Departamento de Manuscritos de la Biblioteca de la Universidad de Princeton y los estudiosos pudieron tener acceso a ellos y, por el otro, Editorial Lumen emprendió la publicación de tres volúmenes que reúnen una amplía selección de su poesía, sus prosas y sus diarios.[1] Esto permitió que se publicaran lo que podríamos denominar "artículos de segunda generación" sobre Pizarnik, a los que denomino así porque, a raíz del nuevo material que fue surgiendo, cambiaron su enfoque y se pasaron a centrar más en las peculiaridades de su proceso de producción, en la asociación lectura/escritura y en sus vínculos con la reescritura posmoderna —generalizada en la actualidad, pero no así en los sesenta y en nuestro país, a excepción hecha del pionero Borges–, que en la interpretación de su obra. Entre ellos, cabe destacar los de Patricia Venti, Fiona Mackintosh y Mariana Di Ció.

En este sentido, junto con otros que se citan a continuación, empezarían a responder, si bien no asumiendo explícitamente la invitación, al reclamo antes citado de su amiga y editora de su correspondencia. Los otros ejemplos de atención a su actividad lectora son el artículo de Jason Wilson centrado en Pizarnik como lectora de los surrealistas, el capítulo que Nora Catelli le consagra a sus *Diarios* en su ensayo *En la era de la intimidad* (199-205), donde se detiene en sus lecturas –que ya había destacado en "Invitados al palacio de las citas"– así como en el efecto que su modelo narrativo para la intimidad escrita podría tener sobre las posibilidades expresivas del género,[2] y el de Alberto Giordano en *Una posibilidad de vida. Escrituras íntimas*, también centrado en su forma de leer, pero en este caso los diarios de escritores como Du Bos y Katherine Mansfield, según lo registra en sus *Diarios*.

Por su parte, Florinda Goldberg siguió explícitamente la sugerencia de Bordelois al concentrarse en analizar la figura de Alejandra como crítica a través de los diversos ensayos sobre libros, textos y autores que ésta escribió. En tal decisión, sin duda, también tuvo que ver la publicación del volumen de prosas de Lumen, ya que, a pesar de ser incompleto –como en lo relativo a la crítica lo demuestra la exhaustiva bibliografía que incluye Goldberg (108-109)–, permitió que se volvieran a leer textos inhallables desde mucho tiempo atrás, por figurar en revistas que en su mayoría dejaron de publicarse.

Es decir que, de lo reclamado por Bordelois, lo que hasta ahora no se ha hecho sino mínimamente y apuntando más a recoger datos sobre su formación poético-intelectual que a un estudio específico de la escritora como lectora, es relevar la parte de su biblioteca abierta a los investigadores y el invalorable material que significan los subrayados y las anotaciones manuscritas en los libros.[3]

Creo que tal perspectiva de estudio –la atención a los aspectos formativos– estuvo, en buena medida, vinculada con el hecho de que los libros de la escritora que se podían consultar, de ninguna manera eran todos los que ella tuvo y atesoró, dato que conocíamos quienes tuvimos acceso a ellos. En efecto, la parte de su biblioteca que se podía revisar parcialmente[4] desde 1988 y que estaba en manos del poeta y traductor

Pablo Ingberg, era la que había guardado su madre, Rejzla Bromiker de Pizarnik, tras regalarle una cantidad innominada a los amigos más cercanos de su hija. Cuando ella, a su vez, murió, Mario Nesis, sobrino de Alejandra y compañero de trabajo de Ingberg en el Banco Central, se la regaló a él en su casi totalidad, quedándose sólo con unos pocos volúmenes.[5]

Pero en otro sentido, incidían las características mismas de ese conjunto, ya que si bien su tamaño es considerable –663 libros–, cuenta con numerosos volúmenes de poesía –254– y con muchos textos fundamentales con abundantes subrayados y anotaciones –de *Las iluminaciones* de Rimbaud al *Ulises* de Joyce, los seis volúmenes de *En busca del tiempo perdido* de Proust o *Los raros* de Rubén Darío, por ejemplo–[6] en ella falta la obra de casi todos los poetas y pensadores fervientemente admirados por Pizarnik, de Baudelaire a Lautréamont, Artaud, Breton, Michaux, Char, Eluard, Trakl, Rilke, Bataille, Blanchot.

Desde este punto de vista, la donación de su amiga y editora Ana Becciú a la Biblioteca Nacional de Maestros de los libros que, según una comunicación personal de la donante con el profesor Daniel Link, la madre de Alejandra le regaló dos años después de la muerte de ésta,[7] significa un hito fundamental desde diversos puntos de vista, más allá del simple hecho de que se encuentre en una biblioteca pública –y de la excelencia de la Biblioteca Nacional de Maestros– lo cual facilita enormemente el trabajo de los investigadores.[8]

En primer término, permite trazar un panorama mucho más completo de las lecturas de la escritora, no sólo porque nos encontramos con muchos de los libros que se añoraban en la parte de la biblioteca que estaba en manos de Ingberg –pero no todos, como veremos más adelante–, o con buen número de aquellos de los que la escritora copió fragmentos en su *Palais du vocabulaire*, sino por la presencia de otros libros no nombrados ni en sus diarios ni en su correspondencia y que aparentemente no dejaron huella directa en su escritura, pero que, a juzgar por las marcas, tuvieron singular importancia para la autora en un determinado momento de su vida. Entre estos –que son muchos y de variado carácter– resulta especialmente significativo, como se verá más adelante, un estudio de Pedro Salinas sobre Jorge Manrique, que aporta elementos nuevos para evaluar el proceso creativo de la autora. Junto con ellos, hay muchos otros que, más allá del desinterés o incluso el desprecio que despertaron en ella –o precisamente por eso–, contribuyen a completar su horizonte de lecturas, sus gustos, su formación y la delimitación de su identidad como lectora/escritora.

En segundo término –y esto lo comparte con la sección ya conocida, sólo que por la naturaleza de los libros estos resultan todavía más productivos para el estudioso– nos permite captar de primera mano su reacción inmediata a la palabra de los escritores descubiertos, admirados o despreciados, no sólo a través de las anotaciones y los subrayados sino del directo abandono de la lectura, testimoniado por la suspensión de las marcas personales o por la presencia de pliegos de hojas sin abrir. Recordemos, al respecto, que hasta bien entrados los años 50 era preciso abrir los libros para leerlos y que Pizarnik, como lo señala en su diario y se comprueba al revisar los casi 280 volúmenes donados por Becciú, era buena compradora de libros viejos (*Diarios* 47), tanto en la Argentina como en Europa, ya que hay una importante cantidad de libros que compró allá, tanto en París como en España.

Por último, se puede advertir la evolución en sus intereses literarios y personales, a la vez al confrontar sus reacciones ante un mismo autor a lo largo del tiempo y al advertir que sus obras persisten o dejan de figurar en su biblioteca.

En razón de estos motivos, lejos de perder interés en relación con los "cuadernos de lecturas" y el *Palais du vocabulaire* depositados en Princeton, el relevamiento de su biblioteca, como lo señaló Bordelois, constituye el primer paso para dilucidar su figura como lectora.

Lo único que cabe lamentar es que esa elucidación –ahora lo sabemos– está condenada a ser parcial, porque ni con el aporte de la donación Becciú se logra completar La Biblioteca Alejandrina, ya que faltan muchos de los libros que, tanto por las referencias de sus *Diarios* y su correspondencia como por lo que dejan transparentar su obra y sus cuadernos de trabajo,[9] fueron capitales para Pizarnik: los *Diarios* de Kafka, la obra de Lautréamont, los poemas de T.S. Eliot, Michaux, Vallejo u Olga Orozco, la narrativa de Cortázar, Borges o Djuna Barnes, para sólo nombrar algunos.

Es preciso aclarar, sin embargo, que esa inalcanzable Biblioteca Alejandrina de ninguna manera abarcaría la totalidad de las palabras ajenas a partir de las cuales se fue formando su propia escritura, como nos lo demuestra el mero hecho de hojear alguno de sus "cuadernos de lectura" o "casa/palacio de citas". Pues allí hay mucho más que lo transcripto de los libros de su propiedad, desde recortes de diarios y revistas a citas tomadas de fuentes no identificadas o no identificables, como es el caso de autores totalmente desconocidos hasta para el lector versado.

II

En razón de las prácticas posmodernas que rompen con la concepción romántica del autor/creador *ex nihilo* y el fetiche de la "originalidad", se ha teorizado amplia y productivamente sobre las diferentes formas de transtextualidad, la escritura como reescritura, la parodia, el pastiche, la repetición y la diferencia; se han revalorizado la copia,[10] el *collage*, el corte y la recontextualización como procesos de escritura o, también en función del desplazamiento del lugar central antes atribuido al autor/creador, se ha subrayado el carácter "escriturario" de la lectura, en tanto que producción y diseminación de sentido.[11] Sin embargo, tanto como se teorizó mucho sobre tales procesos, poco y nada se ha reflexionado sobre las inscripciones en los libros, se trate de subrayados, marcas o anotaciones.

Porque si conocer la lista de los libros que un escritor tiene en su biblioteca apenas nos pone al tanto del conjunto más o menos heterogéneo de lecturas por él realizadas, sin jerarquización alguna ni posibilidad de comprobar qué volúmenes se leyeron realmente y con qué grado y tipo de actitud subjetiva, sino sólo informándonos con más o menos confiabilidad de sus preferencias en razón de la cantidad de libros de un autor, grupo, movimiento o género que reunió, por el contrario, seguir el camino de sus marcas y comentarios manuscritos nos convierte en testigos de su diálogo íntimo con los libros. Y en él se manifiesta, de primera mano, su admiración, su coincidencia, su entusiasmo, su disidencia y a veces hasta su furia en relación con lo que ha leído. Es decir que tales subrayados y comentarios serían la materialización de ese juego entre absorción fascinada y distancia que Roland Barthes distingue en la práctica de la lectura (46-47) por lo cual, en tanto que recortan y jerarquizan o producen un sentido entre los muchos posibles, constituirían el germen primero de su escritura.

En este punto es inevitable recordar la glosa de los copistas medievales, que, como bien lo sabemos por las *Glosas Silenses y Emilianenses*, se trata de una nota escrita en los márgenes o entre las líneas de un libro, en la cual se explica el significado del texto en su idioma original y a veces en otro idioma. Es decir que las glosas pueden variar en su complejidad y elaboración, desde simples notas al margen de algunas palabras que un lector puede encontrar oscuras o difíciles, hasta traducciones completas del texto original y referencias a párrafos similares.[12]

Por cierto que en los libros de escritores encontramos este tipo de glosas —como lo veremos al referirnos a las anotaciones de esclarecimiento semántico que recorren los libros de Pizarnik desde sus primeras hasta sus últimas lecturas— pero las hay de otro tipo, como las que abren juicio sobre lo escrito, establecen vinculaciones entre lo destacado y otros textos o autores, o indican explícitamente el destino escriturario de lo subrayado. Estas desbordan ampliamente el valor explicativo y de traducción de la glosa tradicional y, por lo general, se vinculan no ya con la comprensión del texto glosado sino con el proceso de escritura y de construcción de una identidad.

Asimismo, este tipo de glosa —a la que propongo llamar glosa escrituraria, frente a la glosa lingüística ampliamente practicada en el medioevo y en íntima relación con la copia de manuscritos— se distingue de lo que el DRAE indica como 4ª definición de glosa: "Composición poética a cuyo final, o al de cada una de sus estrofas, se hacen entrar rimando y formando sentido uno o más versos anticipadamente propuestos". Esta definición, si bien se conecta con lo que modernamente llamamos "reescritura" e "intertextualidad", constituyendo un tipo específico de ella, implica un cambio de soporte —del libro ajeno al papel propio— lo cual entraña una serie de transformaciones, como se verá a continuación al considerar los conceptos de intervención y *subjectile*.

Si, como se dijo antes, las marcas funcionan como el primer germen de la escritura, las podríamos asimilar a lo que en pintura se denomina intervención, ya que de la misma manera en que cualquier objeto o cuadro intervenido por un artista se convierte en su propia obra —pensemos en el que quizá sea el primer cuadro de un autor intervenido por otro, la *Gioconda con bigotes* de Marcel Duchamp—, todo libro marcado y comentado por un lector pasa a ser una producción de sentido propia. La diferencia entre un lector que, *a posteriori* de este tipo de intervención, no "escribe su lectura" en otro soporte que el libro marcado y a quien podríamos llamar "lector/anotador", y el lector/escritor, que construye su obra deliberada o inconscientemente como un mosaico de citas, pasando o no, como Pizarnik, por "diarios de lectura" o un *Palais du vocabulaire* personal, es decir, por un proceso consciente que entraña diversos pasos, es la potencia del deseo de escritura. Éste, mientras en el artista y el escritor en general es dominante, en el lector/anotador, desde el punto de vista productivo se agota en el acto de la intervención, transformándose ya en conocimiento o fruición estética, ya en pautas de vida, conducta o actitud, con lo cual sale del estatuto estético-productivo[13] para incorporarse en el intelectual, ético o psicológico.

Al respecto, es importante señalar que el hecho de que las intervenciones del lector/escritor se orienten al plano de la escritura –es decir, al estético-productivo– no implica que ellas mismas no puedan desbordar sobre el intelectual, ético o psicológico cuando se produce una asociación estrecha entre vida y escritura. Precisamente este último es el caso de ciertas "poéticas/propuestas vitales" como la del romanticismo alemán, con su peculiar articulación entre arte, vida y filosofía o, en mayor medida aún, los surrealistas y los radicalizados poetas malditos, para quienes vivir poéticamente era el centro de su propuesta, más allá de la producción de obras de arte, y que fueron de singular importancia para Pizarnik (Piña, *Alejandra Pizarnik* 19, 53-54; *Poesía y experiencia* 19-23; Depetris 97-106). En este punto, me parece importante mencionar también al existencialismo sartreano, que a partir de bases filosófico-políticas sin duda distintas, también asocia estrechamente vida y escritura, y que, como veremos al pasar al análisis de los libros depositados en la Biblioteca Nacional de Maestros, tuvo una singular importancia para Pizarnik durante su adolescencia. Es decir, entonces, que las intervenciones, además de tener diferentes funciones, pueden ser polifuncionales.

En este sentido, me parece interesante retomar una consideración hecha por Marina Di Ció en su artículo, a fin de desarrollarla en relación con las inscripciones o intervenciones en los libros. La ensayista, que centra su artículo en la función de los diversos soportes en los que se inscribe la escritura de Pizarnik, se detiene en las connotaciones que tiene para la poeta convertir el propio cuerpo en *subjectile*[14] de la escritura, estableciendo una asimilación entre sujeto y obra (2). Si consideramos a los libros anotados y subrayados de la biblioteca de un escritor como primer *subjectile* de su escritura, en tanto que superficie de inscripción de sus gérmenes escriturarios, según la funcionalidad que adquieran tales inscripciones el *subjectile* pasará a ser el papel donde escribe –función estético-productiva– o el propio cuerpo, caso en el que la función ético-psicológica y la estético-productiva se articulan. Esto, por cierto, no impide que muchas inscripciones realizadas por el lector/escritor, al igual que las que hace un lector/anotador, tengan una función exclusivamente intelectual, ética o psicológica.

Pero al mismo tiempo, las intervenciones actúan como un mecanismo casi biológico de selección de la propia familia, en la medida en que inscriben al lector/escritor en una genealogía literaria, concretando el proceso que Borges describió en "Kafka y sus precursores". Tal inserción progresiva en una estirpe, a la vez, implica como resultado la formación de la identidad individualizada del lector como escritor, la cual, siguiéndolo a Foucault, cristaliza en el "nombre de autor", cuya singular significación se construye no sólo a partir de su escritura, sino de ese juego de apropiaciones y rechazos, de inscripciones e intervenciones en los libros de su biblioteca –o de otras– que portan la palabra ajena (Foucault 92-94). Por cierto que al referirme al ensayo de Borges, también estoy aludiendo a la reversibilidad del rizoma genealógico que apunta el narrador argentino, por lo que además de leer a Schehadé o Paz en Pizarnik, podemos leer a Pizarnik en Schehadé y Paz.

Dicha identidad, de más está decirlo, por lo general no se mantiene fija, sino que va variando y enriqueciéndose a lo largo del tiempo, no sólo en relación con las lecturas/escrituras del autor, sino con las lecturas de la crítica tanto en vida del escritor –pensemos en las lúcidas reflexiones de Bourdieu en su artículo "Campo intelectual y proyecto creador" acerca de la función que cumple la crítica a la hora de ubicar a un autor dentro del campo intelectual (155-157)– como después de su muerte, según la dinámica de construcción o no de diversos objetos estéticos a partir del artefacto descripta por Mukarovsky (36).

A esto último, debemos agregarle las transformaciones que acarrea el progresivo acceso a los papeles y la biblioteca del escritor, situación singularmente importante en el caso de Alejandra Pizarnik y en razón de la cual, como se señalaba al comienzo del presente artículo, el eje de interés de los artículos y libros consagrados a ella ha variado, pasando de un primer momento centrado en la poesía, los poemas en prosa y ciertas prosas a un segundo que indagó prioritariamente sus prosas heterodoxas y, que en la actualidad, se concentra en sus diarios, papeles inéditos y actividad lectora (Goldberg 91). Correlativamente con tal variación del interés y del material disponible, su imagen de escritora y su situación dentro del campo intelectual han ido cambiando.

Tras las sucintas consideraciones anteriores –que sin duda merecerían un mayor desarrollo y profundización a fin de dar cuenta de manera más pormenorizada del amplio campo de la significación que tienen las marcas autógrafas en los libros– es posible adentrarse en el sentido y valor de los subrayados y anotaciones en los libros de Alejandra Pizarnik.

III

Si bien, como está consignado en la parte I del presente trabajo, he tenido acceso, con diferencia de dieciocho años, a los dos sectores de la biblioteca de Pizarnik que los investigadores pueden consultar, el presente artículo sólo se centrará –y con un criterio abarcador– en la donación a la Biblioteca Nacional de Maestros realizada por Becciú.

Como, asimismo, dentro de la extensión de un artículo, sería imposible detenerse con detalle en la totalidad del material, se seleccionarán para su análisis los subrayados y anotaciones que, por un lado, confirman las suposiciones básicas de la crítica acerca de la formación, las preferencias y el proceso de escritura de Pizarnik y, por el otro, aquellos que se revelan como aportes nuevos o directamente sorpresivos. Asimismo, se tomará en consideración el factor tiempo –cuando sea posible determinarlo– a fin de captar las variaciones o continuidades en la genealogía de la escritora, así como en su proceso de escritura.

Antes de hacerlo, sin embargo, es importante referirse a lo que nos revela, acerca de su relación con los libros y revistas, su forma de marcarlos, anotarlos, a veces recortarlos. Por un lado, la utilización de muy variados elementos para marcar y anotar –desde marcadores de colores generalmente fuertes hasta biromes de diversos colores y un tenue lápiz negro– y de un código de marcas muy amplio –subrayados, líneas horizontales a lápiz junto a cada verso o renglón, cruces, flechas, líneas verticales que abarcan estrofas o párrafos enteros, corchetes que delimitan la sección destacada, rectángulos que encierran un párrafo o estrofa, números dentro de un círculo que funcionan como indicadores de notas y que se repiten en la parte inferior, superior o en los márgenes de la página, acompañando a la explicación semántica o a la reflexión a la que remiten– revelan la relación básicamente instrumental que Pizarnik tuvo con los libros. La denomino "instrumental" pues los maneja como auténtico material en bruto para su perfeccionamiento lingüístico – tanto en castellano como en francés–, para su propia escritura o para la construcción de una poética/propuesta vital.

En tal sentido, no hay el menor "respeto" o cuidado por el libro como objeto, ya que las marcas no varían en función del valor o la antigüedad de los ejemplares –hay, por ejemplo, una edición española de 1916 de poemas de Darío muy marcada– o por el hecho de que tengan reproducciones, como es el caso del catálogo: *Exposition Les eaux fortes de Goya: octobre 1960 - janvier 1961*, donde están marcadas con una cruz las aguafuertes que más le interesan. Ese manejo del libro como material alcanza quizás su manifestación más significativa en el hecho de que a veces recorta ilustraciones, según ocurre con la espléndida revista de 1947 *Cahiers du College de Pataphysique*, cuyas páginas 81, 89 y 97 está recortadas, sin duda para sacar ilustraciones. Es que, si las palabras destacadas se pueden "extraer" para trabajarlas como parte de la propia escritura –pasando o no por los cuadernos de citas– las ilustraciones tienen que recortarse directamente para ingresar en sus *collages*, cartas a amigos, cuadernos propios, es decir, para construir su propia obra plástica.[15]

En este sentido, su actitud es la contraria de la que manifiesta respecto de los papeles, cuadernos e instrumentos para escribir –la famosa máquina con letra cursiva de la que Bianciotti, en una carta, le dijo genialmente que era "...una máquina de escribir a mano" (DiCió 1)– que elige y atesora cuidadosamente, confesándose "amoureuse del papier à écrire, una Gaspara para la Stampa de la estampa, una Louise Labbé de las imprentas..." (Bordelois 151) y cuya posesión o falta puede determinar su relación con la escritura, como lo testimonia la entrada de su diario del 13 de junio de 1968:

Este cuaderno, tan confortable y por fin extranjero, puede ayudarme a reanudar mi vínculo con las obras literarias, las propias y, sobre todo, las ajenas. Inclusive mi caligrafía se mejora y se armoniza por no escribir con un cuaderno argentino. (443)

y, todavía más palmariamente, el comentario a Silvina Ocampo, en una carta sin fecha, sobre la lapicera que le regaló:

> Me siento muy orgullosa y con un poquito de miedo –a causa de la responsabilidad que implica– escribiendo con tu lapicera. Tengo que acostumbrarme a ella pues exige una impetuosidad y una generosidad y una entrega propias en mí de un instante privilegiado [...] Quiero decir que no será extraño si ella cambia de forma –sobre todo el sentido– de mis poemas venideros. (Bordelois 204)

Dicha inversión, volviendo a lo desarrollado acerca del *subjectile*, parece apuntar a que, mientras éste carece de importancia cuando se trata de un libro ajeno intervenido –pues lo que importa es la intervención y la escritura propia de la que es germen– está fuertemente estetizado y valorizado cuando se trata del que soporta la propia, en una nueva confirmación del valor de material apropiable atribuido a la palabra ajena. En este sentido, el libro de otro autor, para Pizarnik, en rigor no tiene valor *per se*. Por cierto que esto no implica que no haya hermosas ediciones en su biblioteca –sobre todo, una serie de libros pequeños encuadernados–, pero que también muestran marcas en su fino papel, aunque siempre en lápiz negro.

Tal vez lo que se acaba de señalar explique por qué, casi invariablemente, no marca los libros ni de sus coetáneos argentinos o latinoamericanos –hay innumerables libros de amigos poetas más o menos de su edad o menores que sin duda ha leído pero que no presentan un solo subrayado o marca– ni de sus amigos escritores de otros países. Al respecto, el caso de André Pieyre de Mandiargues –a quien por un lado valoraba como persona y artista, como lo demuestra el texto de su autoría que incluyó en la contratapa de *Extracción de la piedra de locura* y la traducción que hizo de *La marea*, pero cuyo estilo novelístico estéticamente trabajado le resultaba ajeno (*Diarios* 479)– resulta especialmente llamativo, ya que las únicas marcas que aparecen en los cinco libros conservados en su biblioteca están en el poemario *Ruisseau des solitudes* de 1967. En la página 22, junto al poema "Variante" anota "inspirado en un poema de la maldita A.P." y en la portadilla del largo poema glosolálico y humorístico "Chapeaugaga ovvero Academic mic mac" (87) anota "pas mal".[16] En cierta forma, es como si la palabra de los coetáneos y los amigos no tuviera el estatuto de "palabra apropiable" que tienen desde el *Bhagavad-Gita* hasta los poemas de sus contemporáneos mayores Michaux o Schehadé.

Dentro de tal restricción, sin embargo, no entra Octavio Paz, por quien sin duda Pizarnik tuvo una singular admiración, como lo demuestran no sólo los dos artículos que le dedicó a su obra, sino las cuidadosas y variadas marcas que se pueden ver en los cuatro libros que hay en su biblioteca: *Libertad bajo palabra* (poesía), *Puertas al campo* y *Los signos en rotación* (ensayo) y la *Antología* de Fernando Pessoa que Paz armó, tradujo e introdujo.

Sin embargo, antes de introducirnos en el tipo de intervenciones que registran los libros de Paz o de cualquier otro autor significativo –y a fin de establecer un mínimo orden en el amplísimo material que ofrece esta colección– es importante señalar que de los casi 280 volúmenes de libros y revistas que incluye, sólo 113 están intervenidos, de manera que, por cierto, no son sólo los libros de coetáneos los que sistemáticamente no se marcan. Aclaremos, asimismo, que a veces los motivos de dicha ausencia de marcas nada tiene que ver con la no utilización, por parte de la poeta, del material lingüístico o de la poética de un autor. Esto lo demuestra el hecho de que entre los "vírgenes" haya libros que, a partir de la obra de Pizarnik y del testimonio de sus amigos, sabemos que se contaban entre sus predilectos. Sin entrar en las diferentes variantes de explicaciones posibles para dicha falta de marcas, cabe detenerse en el caso de la *Obra poética* de Mallarmé traducida al castellano, que no tiene ni un solo subrayado. Casi seguramente se vincula con la insuficiencia de toda traducción del poeta francés –no por incapacidad del traductor, que en este caso es Blas Matamoro, sino por la radical intraductibilidad de Mallarmé–, a quien Pizarnik conocía en francés, como lo demuestra, en primera instancia, la estupenda *Anthologie de la poésie fraçaise moderne* de Valentina Bastos que hay en su biblioteca, la cual, además de traer una amplia selección de cada poeta incluido, tiene poemas de Mallarmé especialmente marcados.[17] Si digo "en primera instancia" es porque resulta difícil suponer que no haya conocido otros poemas de él –el *Coup de dés*, por ejemplo– así como sus deslumbrantes reflexiones sobre la poesía.[18]

De esos 113 libros marcados, una gran parte tiene, además de otro tipo de glosas, la glosa lingüística de tradición medieval a la que se ha aludido antes y que se vincula, de manera general, con la actitud estudiosa de la poeta y específicamente con su empeño por mejorar su conocimiento del castellano, idioma con el que mantiene una relación ambigua si nos atenemos a sus *Diarios*. Así, por un lado, siente que no tiene la menor idea de cómo manejarlo literariamente (274-275) y que la expulsa de él (286), mientras que, por el otro, afirma que ningún escritor de lengua castellana le puede servir de modelo para el libro que aspira a escribir, el cual sin embargo tiene su modelo en francés: el *Aurélia* de Neval (412).

Más allá de tal ambigüedad, recorrer sus libros es encontrarse constantemente y hasta el fin de su vida –por cierto que en mayor cantidad cuanto más jovencita es– con las mencionadas glosas, que en el caso de los libros en francés lógicamente se reduplican. A partir de esta práctica, y en relación con el francés, se puede medir su progresivo dominio de la lengua, como cuando comparamos, por ejemplo, *Contes et récit pour tous* de Ariel Maudet –fechado en marzo de 1957–, típica compilación de estudio que se utilizaba en la Alianza Francesa, donde hay decenas de glosas de traducción en cada página, con las escasas que aparecen en libros que leyó en París o en Buenos Aires tras su estadía en la capital francesa –las apenas tres que se encuentran en un texto tan complejo como la traducción al francés realizada por Louis Aragon de *La Chasse au Snark* de Lewis Carroll son buena ilustración–, así como en la adopción del francés para anotaciones personales en los libros. Entre muchos otros ejemplos, lo vemos en *Libertad bajo palabra* que, según la dedicatoria, Octavio Paz le regaló el 18 de febrero de 1961 –es decir, mientras ambos vivían en París– y donde una gran proporción de las glosas escriturarias están en francés. Como ejemplo, cito la de la página 297, donde la nota al pie manuscrita indicada por una "a" dentro de un círculo que ha puesto junto a los versos subrayados –"años fantasmas, años circulares/ que dan al mismo patio, al mismo muro"– dice: "Cf. cahier vert: sur Nerval (Reneville)".

Pero Pizarnik también invierte la funcionalidad habitual de las glosas, como se ve claramente en los subrayados y anotaciones de "Las zahúrdas de Platón" de *Los sueños* de Quevedo. En este volumen – fechado en 1967 en la portada– cuyas páginas empieza a abrir a partir de la 84 y a subrayar desde la 159, las marcas que aparecen entre las páginas 160 y 201 demuestran una deliberada búsqueda de palabras y expresiones insólitas, que va señalando primero con lápiz y luego con marcador rojo, y que sin duda recogió para sus textos humorísticos. Así destaca, entre otras, "poligrafía" –de donde podemos suponer que surgió Hilda, la polígrafa– y "esteganografía" (162), "haciendo las tablillas" (164); "puteoritas", "herejes veraníseos" y "bahalitas" (174); "torreznos", "perniles" (180); "pipotes", "pesquisidores", "poyatas", "penadas como tazas" (185). Es decir que, lo que en la glosa lingüística habitual es voluntad de aprendizaje y clarificación, aquí deviene cosecha de curiosidades y rarezas lingüísticas para apuntalar la propia escritura. Los subrayados de la sección siguiente, "Visita de los chistes", tienen una función totalmente diferente –como ya lo anuncian las palabras anotadas y subrayadas debajo, en brutal contradicción con el título quevediano, "El sueño de la muerte", por lo que se tomarán en cuenta más adelante.

Si atendemos a este tipo de ejercicio, adquiere una singular pertinencia la afirmación de Mariana Di Ció de que Pizarnik, en la estela de Mallarmé, considera a la palabra como elemento esencial y estructurante de la poesía (5), a la par que se percibe en su nivel más acotado el valor de *block* (ladrillo) que la palabra ajena tiene para la construcción de su propia poesía –entendida como "morada", "pequeña casa del canto" o "casa de la mente"– según la acertada y productiva metáfora de Fiona Mackintosh (115).

En este sistema de intervenciones que va trazando una escritura propia a partir la palabra ajena se advierte, en otro sentido, un cambio a lo largo del tiempo, en relación con la conciencia de la escritora respecto del destino de los fragmentos que destaca. Así, hasta 1967 no se registra en los libros de su biblioteca ninguna mención explícita del *Palais du vocabulaire* –de la misma manera que los cuadernos de lectura, excepto el *cahier vert* en la cita que he consignado antes, no aparecen mencionados, a diferencia de lo que ocurre en los *Diarios*–, que a partir de esa fecha comienza a aparecer junto a algunas de las intervenciones bajo la forma de las iniciales PV, las cuales revelan su destino final: ser copiadas en el *Palais*. Así, seis fragmentos destacados de *Cantos de vida y esperanza* de Darío prologada por J.C. Ghiano en 1967 las llevan, al igual que cuatro provenientes de *Tout Ubu,* también de 1967. Lo mismo se repite en tres libros de 1968: la *Obra completa* de Trakl en traducción de Modern –a la que nos referiremos más adelante a raíz de las notas a la traducción que realiza–, la *Antología poética* de Rilke en traducción de Ferreiro Alemparte y *La danse des morts* de Carco –de donde lo señalado es la significativa frase "une abjecte poupée"–; por fin en uno de 1969 –*Vida y poesía de Li Po* de Arthur Waley– y *La revolución surrealista* de 1971, donde remite al *Palais* dos citas del artículo de Blanchot, "El mañana jugador", dos de "La autoridad suprema" de Jean Starobinski, y uno de "Un héroe del mundo occidental" de Jean Paulhan.

En todos los casos, se trata de textos, verbos o frases que establecen una profunda resonancia con la escritura de Pizarnik –sea por cuestiones temáticas, formales o vinculadas con su poética– y que probablemente utilizara, de manera idéntica o con variaciones, como ocurre, por ejemplo, con un verso de Lautréamont en el poema "En un ejemplar de *Les Chants de Maldoror"* (Mackintosh 117), en alguno de sus textos. Pero si nos atenemos a cuatro ejemplos anteriores a esa fecha de versos o frases directamente incorporadas a sus poemas o prosas sin que medie ninguna marca de traslado a una instancia intermedia del proceso de escritura, como serían sus cuadernos de lectura o el *Palais,* se podría pensar que Pizarnik fue delineando dicho proceso de manera más estructurada con el correr del tiempo. Así, lo que hasta 1967 habría remitido a dos empresas diferentes: por un lado, la construcción de una "biblioteca paralela", como la llama Catelli ("Invitados" 5), o de una "biblioteca esencial intervenida", como prefiero llamarla, y en consecuencia "propia" por apropiación escrita de la palabra ajena; por el otro, la construcción de su propia escritura, de esa fecha en adelante se unificó en un reservorio de material lingüístico para su escritura personal.

Es decir, entonces, que antes de 1967 las dos prácticas estarían desglosadas y los versos o frases pasaban directamente a sus poemas. Tal sería el caso de los dos versos de Schehadé –cuyas *Poésies* están fechadas en 1957 por Enrique Molina, a quien ha de haber pertenecido el libro– citados a continuación: "Je ne sais pas si c'est un signe ou une torture" y "…chiens parfumés"; de la expresión "la noche de los cuerpos", que aparece en la página 83 de *Libertad bajo palabra* de Octavio Paz, de 1961; y de las palabras con que Breton se refiere a la relación entre Bettina, von Arnim y Goethe como "une véritable trahison mystique" en el prólogo a la antología de 1964 de los cuentos de Achim von Arnim y que se convierten en título de su texto en prosa de 1966 "Una traición mística" (Pizarnik, *Textos de sombra* 35-37).[19]

Sin embargo, no es posible tener certezas absolutas al respecto, ya que si atendemos a dos citas de sus *Diarios*, parecería, por un lado, que la tarea de compilar lo descubierto a través de la lectura no se mantuvo de manera constante a lo largo del tiempo y, por otro, que sólo al final de su vida hizo un uso verdaderamente consciente del *Palais*. En efecto, el 5 de julio de 1968 manifiesta:

> El haber dejado de mantener mi *cahier vert* con fragmentos de poemas ha contribuido a mi alejamiento del poema. Es preciso, cuanto antes, reiniciar otro con el mismo procedimiento... (451)

mientras que en marzo de 1970 todavía afirma:

> Pienso que mi PV es una excelente idea. No importa si *hasta ahora no he descubierto de qué manera puede servirme*. Pero es excelente como ejercicio de sensibilización del idioma. (491; énfasis mío)

Volviendo ahora a las glosas y las intervenciones de tipo más lingüístico que escriturario de sus libros, hay muchas vinculadas con la traducción que también se apartan de la función tradicional. Así, por un lado, corregir las traducciones de poemas al castellano y, por otro, anotar la traducción al castellano de algunos versos en los poemas en francés —cuando la traducción existente la satisface— son otras de las constantes que encontramos en sus libros. La peculiaridad de la primera de estas prácticas es que no está exclusivamente guiada por un criterio de fidelidad al original —ya que lo hace también con poemas en lenguas que no conoce— sino por uno estético.

El ejemplo más claro es el trabajo que hace sobre la traducción de los poemas de Trakl realizada por Modern, que corrige ampliamente. Alejandra no sabía alemán, de lo cual se deduce que sus modificaciones obedecen ya a la consulta de otra traducción —sea al castellano o al francés, las dos lenguas que la poeta manejaba—, ya a decisiones personales a partir de su propio gusto, porque invariablemente las correcciones tienden a hacer más eufónicos los versos y a conseguir un efecto más poético. Al respecto, parecería remitirnos a la consulta de otra traducción el hecho de que, junto a los poemas –corregidos o no– figure un número, el cual suponemos que remite a la página de otra traducción, hipótesis reforzada porque los números que anota guardan una cierta correlación. Así, En el poema "Elis" de la página 132, está anotado 77, en "Canto de las horas" de página 135, figura 80 y en "Infancia", de página 138, el número 82.

Asimismo, cuando llegamos al poema "La noche" de página 227, por más que junto al texto está anotado el número 71, la singular diferencia entre la versión de Modern y la que Pizarnik escribe debajo –y que con ciertas variaciones a las que luego me referiré, ha sido el epígrafe de su libro *Las aventuras perdidas* de 1958–, sobre todo en el último verso de los tres anotados, demuestra la sensibilidad de la poeta a un lenguaje que desconocía y su intuitiva selección del sentido verdaderamente poético. Así, mientras Modern traduce:

> Sobre riscos negruscos
> ebrio de muerte se precipita
> el ardiente huracán

Pizarnik escribe:

> Sobre negros peñascos
> ebria de muerte se precipita
> la ardiente enamorada del viento.

En efecto, cuando vamos al texto original de Trakl, que dice: "*Die erglühende* **Windsbraut**"[20] (énfasis mío), advertimos que la palabra en cuestión se puede traducir de dos maneras ligeramente diferentes: en su sentido más prosaico, como "huracán" –o "vendaval", según traduce Aldo Pellegrini en una antología posterior (*Poemas* 222)– y en su sentido más poético asociado con la formación de la palabra (*Wind*, "viento"; *Braut*, "novia o prometida"), es decir, "enamorada, prometida o novia del viento", término que se vincula, a su vez, con leyendas germánicas sobre el carácter femenino de este tipo de viento.

Por desgracia, la consulta de su biblioteca no nos ayuda a saber de dónde tomó la traducción acertada, ya que si bien entre sus libros hay una traducción al francés de Editions Pierre Seghers de 1964, por un lado, la numeración de las páginas no coincide con los números que figuran en la traducción de Modern y, por otro, el hecho de que su fecha de edición sea 1964 demuestra que no fue de dónde la tomó originariamente como epígrafe de *Las aventuras perdidas*. Asimismo, por su manejo todavía defectuoso del francés, seguramente se trató de una traducción al castellano.

En cuanto a tal epígrafe, presenta nuevas variantes menores, ya que el segundo verso dice "se precipita, embriagada de muerte", lo cual terminaría de demostrar que en ese momento manejó otra traducción —más sensible a la poesía de Trakl que las dos citadas—, pero que desgraciadamente hasta el momento no se ha podido ubicar.[21]

En cuanto a la expresión en concreto, sin duda tuvo una especial resonancia para la poeta, como lo demuestra el aprovechamiento ulterior que hace de ella, pues aparece en el primer verso de su poema "Carolina de Gunderode" –"La mano de la enamorada del viento/ acaricia la cara del ausente"– incluido en la sección "Otros poemas" (1959) de su libro *Árbol de Diana* de 1962, poema éste en el que también se apropió de palabras de Achim von Arnim, como lo señala Negroni en "Los sueños de una espía: Final de un juego" (78-79).

En otro sentido, si atendemos al imaginario propio de Pizarnik, no es de extrañar que la expresión "la enamorada del viento" tenga una fuerte carga estético-emotiva, pues antes de convertirla en metáfora de la mujer poeta, encarnada en la romántica alemana Carolina de Gunderode, nos remite, si dividimos el sintagma, a dos de sus poemas que tienen singulares nexos con su propia figuración como poeta. En efecto, por un lado se vincula con el poema "La enamorada" de *La última inocencia*, cuya primera estrofa dice:

> esta lúgubre manía de vivir
> esta recóndita humorada de vivir
> te arrastra alejandra no lo niegues (*Última inocencia* 15)

y por otro, con "Hija del viento" de *Las aventuras perdidas*, donde —en un recurso que se irá refinando a medida que se sucedan sus libros de poemas— aparece un "tú" al que la voz poética se dirige y al que implícitamente se atribuye tal denominación, al que nuevamente podemos asociar con la propia poeta por la vinculación de uno de sus versos: "Tú lloras debajo de tu llanto" (*Aventuras perdidas* 11) con el famoso "Solo un nombre" que cierra *La última inocencia*:

> alejandra alejandra
> debajo estoy yo
> alejandra (27)

Como ya se ha señalado lo sustancial respecto de las glosas de tipo lingüístico realizadas por la autora, correspondería ahora pasar a las que se han denominado "escriturarias" en la parte II y que abarcan no sólo glosas en sentido estricto, sino marcas que destacan elementos.

Entre estas, hay básicamente de tres tipos: 1) las que se vinculan con identificaciones estéticas o temáticas con determinados poetas, ensayistas o narradores y su inversión, es decir las que manifiestan una postura que puede ir de la duda, a la crítica o el rechazo abierto; 2) las que apuntan a una coincidencia en cuanto a la concepción del poeta, el poema y su relación con la vida; y 3) las que directamente nos remiten a aspectos vitales. Estas últimas, sin embargo, al menos en dos temas que sin duda es relevante destacar están en íntima relación con lo anterior: el suicidio y el horror a la vejez. Entre todas ellas, como lo veremos, hay sorpresas o descubrimientos que sólo la frecuentación de sus libros nos puede revelar.

Acerca de las identificaciones estéticas, temáticas o figurativas, de la gran cantidad de ejemplos que se nos ofrecen y de los que ya han sido señalados –Trakl, Schehadé– elijo la poesía de Rilke y Paz –menos vinculadas por la crítica con la obra de Pizarnik– y la prosa *Los sueños* de Quevedo.

Cuando revisamos la traducción de Ferreiro Alemparte de la amplia antología poética del escritor checo, en el poema "El libro de la pobreza y de la muerte" de *El libro de las horas,* no sólo están destacadas dos bellísimas y conocidas estrofas referidas a la muerte:

> Allí es la muerte. No la que en la infancia
> les rozó como un extraño saludo.
> Pequeña muerte es la que allí se abraza,
> la propia cuelga verde y sin dulzura
> como fruta que en ellos no madura.
>
> Señor, da a cada uno su muerte propia
> el morir que de aquella vida brota
> en donde él tuvo amor, sentido y pena

sino que se ha corregido el último verso, agregando en el margen inferior: "en la que tuvo el amor, un sentido y la desdicha", seguramente siguiendo una traducción francesa, como lo anota en la portadilla donde figura el título del libro: "francés de p. 89 a 102", como vuelve a ocurrir en la página siguiente del poema. Pero no es esto lo que en este caso interesa, sino la atracción que las referencias a la muerte o los muertos ejercen en la poeta, según se vuelve a ver en la Cuarta, la Novena y la Décima elegías del Duino.

Así, en la Cuarta, subraya con marcador verde el siguiente grupo de versos:

> Fácil es admirar
> a los asesinos (...) albergar a la muerte
> toda la muerte, así, tan dulcemente
> todavía en el umbral de la vida, sin una queja,
> eso es indescriptible. (123)

en la Novena, entre otras marcas, se destacan dos segmentos de verso hacia la mitad de la página 135 y otro hacia el final

> como la queja misma que brota del dolor.........
> .... o muere para ser cosa

> ...la muerte amiga

subrayados, respectivamente, con marcador negro y marcador rojo, y de la Décima destaca

> Pero si ellos, los infinitamente muertos, pudiesen resucitar
> en nosotros ese símbolo
>
> ....
> pensarían en la lluvia que cae sobre la tierra oscura
> en primavera. (139)

Ahora bien, cuando llegamos a "Visita de los chistes" en *Los sueños* de Quevedo, que como se señaló tiene escrito debajo y subrayado "El sueño de la muerte", nos encontramos con que no se trata ya del tema de la muerte, sino de una afinidad con la figuración de la muerte como personaje, ya que sin duda algunos aspectos del retrato que de ella hace Quevedo incidieron en el poema propio a que alude el título, "El sueño de la muerte o el lugar de los cuerpos poéticos" de *Extracción de la piedra de locura* (59-63).[22] En efecto, cuando en el texto quevediano, en medio del desfile de habladores, chismosos y enfadosos se presenta la muerte, Pizarnik destaca con rojo el párrafo, subrayando las siguientes frases: "Un ojo abierto y otro cerrado y vestida y desnuda de todos colores. (…) Parecía que estaba lejos y estaba cerca" (211), y más adelante, en la página 220 subraya: "Estaba la muerte de amores, la muerte de frío, la muerte de hambre, la muerte de miedo y la muerte de risa, todas con diferentes insignias". Como resonancia o huella concreta de esta lectura en su poema, encontramos en el comienzo de la última sección estas palabras: "La muerte azul, la muerte verde, la muerte roja, la muerte lila…" (63).

Pasando ahora a la poesía de Paz, es conveniente tomarla no sólo en sí misma sino en correlación con su obra ensayística, también abundantemente marcada, lo cual demuestra la importancia que tuvo para Pizarnik como intelectual completo, impresión confirmada por las diversas entradas de los *Diarios* en las que se refiera a él. En ese sentido, la afirmación de Wilson de que Paz fue su "mentor" (84) es totalmente acertada.

Esta doble valoración se refleja en el tipo de marcas que hace en sus ensayos y su poesía, que manifiestan criterios diferentes. Así, cuando nos centramos en su poesía –a la que ya nos hemos referido al señalar el fragmento de verso que la poeta toma de su libro *Libertad bajo palabra*, único poemario conservado en la donación–, el criterio de glosas y subrayados tiene que ver con la fruición poética y con la correlación con otras lecturas. Veamos, si no, estos ejemplos, tomados del extenso "Piedra de sol", quizás el poema más marcado de toda la colección, a su vez anotadísima.

Por un lado, tenemos dos ejemplos en que las palabras del poeta despiertan en la lectora/escritora asociaciones personales o culturales, como se ve en el hecho de que en el margen de los siguientes versos subrayados con lápiz negro:

>...busco el agua
y en tus ojos no hay agua, son de piedra
y tus pechos, tu vientre, tus caderas
son de piedra (299)

escriba: "el tú (la qualité effroyable de la pierre)". Asimismo, en la página siguiente, 300, también en el margen de los siguientes versos subrayados con marcador turquesa, un guión horizontal en lápiz en cada verso y una línea vertical también a lápiz que une a los cuatro siguientes como indicaciones de la importancia atribuida al fragmento:

>miradas que nos miran desde el fondo
de la vida y son trampas de la muerte
—¿o es al revés: caer en esos ojos
es volver a la vida verdadera

la correlación será de tipo cultural, según lo revela la anotación a lápiz: "*Comme Breton (par ex. Nadja) il y a, avant tout, les yeux*". Destaquemos, asimismo, el sentido especial que dicha vinculación tiene para la poeta, para quien el surrealismo —como lo han destacado diversos estudiosos y lo prueba la cantidad de libros relacionados con este movimiento que se encuentran en la donación— es una referencia insoslayable, por más que su apropiación no pase por la escritura automática y el azar objetivo de Breton —transformados en vigilancia extrema en su escritura— y que, como dice acertadamente Wilson (86-89), sus promesas de renacimiento y de transformación finalmente le hayan fallado. En este sentido, la coincidencia con Paz, como se verá sobre todo al considerar su concepción del poeta, el poema y la relación vida-poesía, pasa por su carácter de poeta que si bien, como dice la propia Pizarnik, es y no es surrealista, está "fincado en las más bellas conquistas del surrealismo: lo maravilloso, el mundo onírico" (Wilson 84).

Pero, por otro, además de las glosas que tienen el valor recién destacado, hay marcas en que las que se manifiesta la pura fruición y coincidencia poético-intelectual, como en la siguiente sucesión de versos triple y hasta cuádruplemente destacados, ya que además del subrayado a lápiz, cada verso tiene al lado un guión y dos o tres cruces, y algunos una raya vertical del otro lado, todos los cuales gráficamente comunican el entusiasmo de la lectora:

La biblioteca alejandrina • 45

nunca la vida es nuestra, es de los otros,
la vida no es de nadie, todos somos
la vida............................

....
soy otro cuando soy, los actos míos
son más míos si son también de todos,
para que pueda ser he de ser otro
salir de mí, buscarme entre los otros
....

....
no soy, no hay yo, siempre somos nosotros (308)

Frente a esta oscilación entre glosas escriturarias y estallidos identificatorios, cuando pasamos a los ensayos advertimos que Pizarnik se mueve con tres criterios para hacer sus intervenciones. Por un lado, con uno que podríamos llamar "estudioso" o de "aprendizaje", en tanto que los subrayados, cruces y flechas tienden a destacar los contenidos fundamentales y las ideas que vertebran las reflexiones de Paz acerca de los diversos escritores o textos que va analizando, estableciendo además jerarquías entre ellos, como se ve en *Puertas al campo*, donde, más allá de que todo el libro –excepto precisamente el prólogo a *Arbol de Diana*– esté marcado, en el índice la lectora/escritora subraya los ensayos dedicados a Donne, Apollinaire y Pasternak. En estas marcas, lo que sobre todo se revela es su admiración por la deslumbrante cultura del mexicano, sobre la cual reflexiona en sus *Diarios* (476) como un bien que nunca podrá conseguir.

Por el otro lado, por medio de glosas escriturarias establece sus propias relaciones con lo afirmado por el autor o manifiesta su opinión al respecto. Así, en la página 18 del mismo libro traza un signo de interrogación, revelador de su disidencia, en el margen de la afirmación de Paz de que la obra de Borges postula la inexistencia de América, y en la 20, ya en el ensayo sobre Donne, anota a lápiz "Artaud de Quincey" junto a estas palabras del autor: "Las cosas tienen su nombre y cuando ese nombre se vuelve indecible es que la infección ha alcanzado también a las palabras".

Por último, hay subrayados que se revelan como manifestaciones de coincidencia profunda con lo afirmado por el ensayista y amigo, más allá cualquier voluntad de aprendizaje, exteriorización de una disidencia o establecimiento de relaciones a través de glosas escriturarias. Entre ellos señalo dos como ilustración: la raya y la flecha roja en el margen que destacan estas palabras de la página 108: "Quizá la misión de la poesía, en el mundo moderno, no consiste en profetizar lo que vendrá sino en ayudarle al hombre a resistir, a persistir.", y el subrayado de la página 136: "El poema es una ceremonia fúnebre: la máscara solar del poeta esconde un rostro comido por la muerte".

Esta última clase de marcas del tipo 1), nos ha llevado, insensiblemente a introducirnos en lo que se caracterizó como el tipo 2) –coincidencias en cuanto a la concepción del poeta, el poema y la relación vida/poesía–, pero antes de ocuparnos de él, es preciso mostrar cómo Pizarnik invierte las glosas identificatorias convirtiéndolas en repudio de lo leído. Hay numerosos ejemplos, pero tal vez uno de los más palmarios sea el que acompaña al poema "¡Ay triste del que un día...!" de la antología de Rubén Darío prologada por J.C. Ghiano (97). En él nos encontramos con el siguiente comentario a lápiz en el margen superior derecho: "Ejemplo de no saber, de frivolidad", al que sigue un lapidario: "Bestia" junto a la primera estrofa. Esto, sin embargo, no impide que al lado de la segunda escriba: "no es cierto pero bien formulado" y agregue las letras "PV", que como se señaló indican que la copiará en su *Palais du vocabulaire*. Tampoco, que apunte en sus *Diarios*: "Me gusta Rubén Darío, me gusta interiormente. Empiezo a quererlo si bien era un poeta "burgués" (475).

Volviendo al segundo tipo de glosas, uno de los ejemplos más deslumbrantes de coincidencia se registra en el "Prólogo" de Paz a la antología de Fernando Pessoa. En efecto, si desde el comienzo de las reflexiones del ensayista sobre el poeta y la poesía, Pizarnik ha marcado incansablemente fragmentos con los que coincide, cuando llegamos a la página 26, a los subrayados en birome roja se agrega una doble línea vertical en el margen y la utilización de birome verde para destacar todavía más un par de líneas, realce que culmina con el comentario manuscrito: "ver mi diario 24/2", junto al siguiente párrafo de Paz:

> El poeta real sabe que las palabras y las cosas no son lo mismo y por eso, para restablecer una precaria unidad entre el hombre y el mundo, nombra las cosas con imágenes, ritmos, símbolos y comparaciones. Las palabras no son las cosas, son los puentes que tendemos entre

ellas y nosotros. El poeta es la conciencia de las palabras, es decir, la nostalgia de la realidad real de las cosas. Cierto, las palabras también fueron cosas antes de ser nombres de cosas.

Cuando, siguiendo la indicación, vamos a la entrada indicada –domingo 24 de febrero de 1963– nos topamos con la siguiente reflexión:

> En mi caso, las palabras son cosas y las cosas palabras. Como no tengo cosas, como no puedo nunca otorgarle realidad las nombro y creo en su nombre (el nombre se vuelve real y la cosa nombrada se esfuma, es la fantasma del nombre). Ahora sé por qué sueño con escribir poemas-objetos. Es mi sed de realidad, mi sueño de materialismo dentro del sueño. (326)

Al tocar esta coincidencia, que se vincula con el principio de unidad buscado por el surrealismo y la "crisis del objeto" tan bien planteada por Breton, es preciso referirse mínimamente a la importancia que este poeta y este movimiento tuvieron para Pizarnik, a partir de lo que testimonia su biblioteca. Porque si sobre todo en los artículos de Lasarte, Aira y Wilson se ha desentrañado con más o menos acierto la estrecha vinculación de la autora con este movimiento, y sobre todo con los *fringe surrealists* (Wilson 81) o "post-surrealistas", la revisión de su biblioteca demuestra que se trata además del movimiento del cual, desde sus orígenes hasta sus seguidores –de Jarry a Michaux– más libros atesoró, pues nos encontramos con casi veinte obras, entre textos sobre el movimiento y su jefe, ensayos de Breton, obras poéticas o teatrales de diversos autores, y revistas, todas abundantemente marcadas y anotadas.

En ellas, y si nos limitamos a una mirada panorámica, se destacan, por un lado, los subrayados de las teorías principales de Breton acerca de la articulación vida-poesía, la crisis del objeto, el humorismo, la búsqueda de unión de los contrarios, la confluencia entre poema y pintura, el cadáver exquisito, etc.[23] Por el otro, sobre todo en la compilación de *Todo Ubu* de Jarry y en los *Cahiers du College de Pataphysique*, hay una observación atentísima del funcionamiento del humor, ya cuando se apoya en el absurdo o el juego lingüístico –el famoso "*merdre*" que genera una larga serie de derivaciones jocosas–, ya cuando se mezcla con una situación atroz invirtiendo su tenor trágico (229), se asocia con el desenfreno propio de Ubu (273), o cristaliza en los desopilantes

"Almanachs du Père Ubu", donde se juega con los nombres de escritores, artistas e intelectuales, como en los siguientes casos, subrayados en el original con marcador verde y cruces a lápiz:

> Moreno   celle qui Ophélie
> Henri de Reigner   celui qui cyclope
>
> ....
>
> Odilon Redon   mystère
>
> ....
>
> Degas   bec
> Becque   de gaz (380-382)

Pero además de esto, en la revista-libro *Chemins du Surréalisme* de Waldberg, destaca sistemáticamente tanto las fechas de suicidio de los surrealistas –una gran cantidad de los cuales se mataron– así como la edad y la forma en que lo hicieron. Las anotaciones aparecen en dos partes: en primer término, entre las páginas 125 y 131, donde están las *Notes biographiques*. Aquí, además de subrayar los nombres, anota las edades respectivas, pero sólo cuando se mataron jóvenes, como se ve en los casos de Arshile Gorka, cuyos 44 años al suicidarse no registra, pero sí su forma de muerte *"par pendaison"* y de Wolfgang Paalen, que se *"donna la mort"* a los 52. En cambio destaca los nombres y anota las edades de Renée Crevel, 35 años; René Daumal, 36; Jean Pierre Dupuy, 30 –del que nuevamente subraya la forma de muerte *"par pendaison"*–, Roger Gilbert-Lecomte, 36; Jacques Regaut, 30 y Jacques Vaché, 23, en cuyo caso destaca la aclaración *"sa mort, accidentelle ou volontaire"*. Asimismo, en la nota biográfica de Vaché subraya:

> La rencontre, en 1916, dans un hôpital de guerre, fut décisive pour l'orientation de Beton. Celui-ci a précisé la nature de cette influence dans *Les Pas Perdus*, Gallimard, Paris, 1924. Depuis sa (...) Vaché est devenu, pour les surréalistes, un héros mythique (132)

En segundo término, en la contratapa, que es desplegable y lleva una cronología del surrealismo, además de las fechas de suicidio de los autores ya señalados, destaca con subrayado las de Oscar Domínguez,

1958, Kay Sage (pintora, poeta y viuda de Yves Tanguy), 1968 y Kurt Seligman, 1962.

Sin caer en reduccionismos, sobre todo tras haber leído sus *Diarios*, donde desde 1961 todo parece jugarse entre la escritura y el suicidio, no deja de resultar estremecedora la coincidencia entre las edades de los poetas surrealistas que destaca y la suya propia. Como si en este sentido también se confirmara lo que he sostenido en mi planteo central sobre la figura de Pizarnik: la plasmación de su vida según un ideal poético tomado de la literatura, en una textualización o literalización de la propia vida. Asimismo, coadyuva con esta interpretación el hecho de que, en fecha tan temprana como 1956, uno de los subrayados de *Los fragmentos de Novalis* sea esta reflexión de la sección "Filosofía y física": "El suicidio es el verdadero acto filosófico, el comienzo real de toda filosofía" (56).

En relación con esto se pueden poner los subrayados, rayas y cruces con que interviene *Diario de la guerra del cerdo* de Adolfo Bioy Casares, que el autor le dedicó en 1969, novela donde se plantea la guerra que declaran los jóvenes contra los viejos y donde se encuentran algunas de las reflexiones más amargas de la narrativa argentina sobre la vejez. Y Pizarnik, en un gesto de coincidencia total con lo dicho, además de ciertas anotaciones sobre el lenguaje, destaca numerosos pasajes que presentan a la vejez como una etapa –para decirlo con palabras del propio Bioy marcadas por Pizarnik– "insidiosa [...] pavorosa" (163). De los numerosos fragmentos subrayados, cito dos, pues, además de dar la pauta del rechazo de la autora a llegar a ese estadio vital, están triplemente marcados: con subrayado, raya vertical y cruz:

> –Estuve pensando [...] que no hay lugar para los viejos, porque nada está previsto para ellos. Para nosotros. (77)

> La gente joven no entiende hasta qué punto la falta de futuro elimina al viejo de todas las cosas que en la vida son importantes. (197)

Al tomar en consideración estos dos tipos de intervenciones, nos hemos desviado hacia aquellas que toman, no ya el papel sino el cuerpo del poeta como *subjectil* donde inscribirse como pautas de conducta, es decir que entramos en el tercer tipo de glosas escriturarias. Sin embargo, en relación con la idea de la convergencia entre vida y escritura ha quedado sin consignar un texto que, desde un planteo filosófico y bases ideológicas diferentes, también lo propugna, así como no se ha registrado una de las tantas sorpresas que depara la biblioteca de Pizarnik y que se relaciona con su concepción de la escritura como reescritura a partir de la lectura, según se señaló al comienzo de este artículo.

Ese otro texto donde vida y escritura se vinculan es el famoso ensayo *¿Qué es la literatura?* de Jean Paul Sartre, filósofo existencialista y escritor que, en la adolescencia de Pizarnik, tuvo una importancia capital para ella, según lo señalaron sus compañeras de escuela secundaria (Piña, *Alejandra* 27; 36; 38) y se puede confirmar sumando a los siete libros de o sobre Sartre y el existencialismo, los cinco del autor que hay en la biblioteca que estuvo en poder de Ingberg, todos cuidadosamente marcados. Por cierto que, a medida que fue aproximándose al surrealismo, la poeta dejó de lado su inicial apego al existencialismo – sobre todo en lo relativo a la literatura comprometida y la articulación de lo político con lo literario, como lo testimonian diversos pasajes de los *Diarios*– pero esas diferencias capitales se moderan cuando rescatamos este párrafo de la página 39 del ensayo sartreano, que sin duda ya en 1957 incitó a Alejandra Pizarnik a proponerse una vida consagrada a la escritura: "... para él [el escritor] es lo mismo vivir que escribir, no porque el arte salva la vida, sino porque la vida se expresa en empresas y la empresa del escritor es escribir".

Pasando ahora a la concepción de la escritura como aprovechamiento de la lectura, si tal práctica se puede vincular, por un lado, con Borges y, por otro, con dos autores a quienes en sus *Diarios* se refiere como grandes plagiadores, grandes calculadores –el Julio Cortázar de *La vuelta al mundo en 80 días* y T. S. Eliot– y cuya habilidad admira (444-445), entre sus libros hay un ensayo de Pedro Salinas, *Jorge Manrique o tradición y originalidad*, que ya en 1958 le habría indicado el camino del aprovechamiento de la palabra ajena –entendida en el caso de Salinas como tradición–, según los subrayados que encontramos en él.

Así, el poeta español afirma, reflexionando sobre la relación de los escritores con la tradición:

> La grandeza de un artista se mide por su grado de capacidad para asimilar la mayor parte posible de esa totalidad de la tradición, por su vitalidad combinatoria. (129)

idea que se completa y especifica más con dos ulteriores afirmaciones propias y una cita de André Gide, autor que sabemos, por sus *Diarios*, tuvo especial importancia para Pizarnik y de quien la biblioteca que estaba en manos de Ingberg conservaba ocho libros. Tales reflexiones terminan de configurar la idea de que la voz propia se obtiene a partir de la capacidad de combinar la tradición:

> Los que tienen miedo de las influencias, los que huyen de ellas, confiesan tácitamente su pobreza de alma [...] educarse, expandirse en el mundo parece que no es otra cosa sino ir encontrándose pares. (Cita de Gide 132)

> ... la tradición consiste en tener presente ante la conciencia el pasado literario, sobre el cual pueda actuar libremente el artista aprovechándose de aquel o aquellos impulsos, de los muchos que contiene en su hoy la tradición, que mejor le ayuden a la realización de su obra. (135)

> Un gran poema es una serie de repeticiones. (137)

Es decir que lo que tendemos a considerar un rasgo prototípico de la actitud posmoderna frente al arte y el acto creador, la autora lo habría recogido por primera vez en un texto y de un autor ajeno a las transformaciones que, en nuestro país, encarnó Borges.

IV

Si bien se ha intentado dar una visión panorámica de la riqueza de la colección depositada en la Biblioteca Nacional de Maestros, quedan muchos otros aspectos de ella que resultaría esclarecedor, si no revelador, analizar, pero que por cuestiones de espacio no es posible abordar aquí. Para dar una idea de las zonas no analizadas en este artículo señalo, entre otras, la presencia de libros intervenidos que expanden todavía más su horizonte de lecturas –de *El desesperado* de Leon Bloy al *Bhagavad-Gita* y *La tumba sin sosiego* de Cyril Connolly–; la incorporación, de 1969 en adelante, de libros de poesía oriental –*Tres maestros del haiku, Los poetas de la dinastía Tang* y *Vida y poesía de Li Po*–; los comentarios y las intervenciones en dos libros que nos remiten a la teología negativa –*La gravedad y la gracia* de Simone Weil (lectura comentada en sus *Diarios)* y la antología de la *Guía espiritual* del místico quietista español del siglo XVII Miguel de Molinos–; las marcas en las letras de tangos compiladas por Idea Vilariño que luego insertaría en *Los poseídos/perturbados entre lilas*; los fragmentos de poemas propios y de reflexiones sobre la poesía manuscritos en los libros; los papeles guardados en diversos volúmenes –desde un prospecto de anfetaminas compradas en Francia y olvidado en *Le génie d'Oc et l'homme méditerranéen: études et poémes*, a una hoja con "voces" manuscritas inéditas de Antonio Porchia adentro de la edición de *Voces* que el poeta le dedicó–; los libros dedicados y el tenor de las dedicatorias.

Como se puede ver, un amplísimo material que ilumina con otra luz aspectos conocidos o directamente nos enfrenta con aspectos nuevos de su escritura y nos vuelve a desafiar con la seducción de una voz que, si bien está atravesada por una densa red de citas heterogéneas, sigue siendo la personalísima e inimitable "voz Pizarnik".

Notas

[1] Mis observaciones acerca de la edición, mal calificada en el caso de los volúmenes de poesía y prosa como "completa" y en el de los *Diarios* defectuosa por diversos motivos se pueden consultar en mis dos artículos citados en la bibliografía del año 2007.

[2] Cabe destacar que Catelli, al escribir en 2004 el artículo que se publica en 2007, como antes el de 2002, da por sentado que los *Diarios* se publicarán sin censura. Su acceso a ellos en carácter de primera editora propuesta para dicha tarea se confirma en la última página de su artículo, donde hace apreciaciones sobre los diarios de 1971 y 1972 que, hecha excepción de tres páginas y media del de 1971, no figuran en la edición de Becciú, así como cita un fragmento también ausente.

[3] Personalmente la revisé en 1990, durante mi investigación para redactar la biografía de Pizarnik.

[4] Si utilizo la denominación "parcialmente" no es porque existiera la menor reticencia por parte de su generoso depositario, pero el mero hecho de estar en manos privadas lógicamente condicionaba las consultas a la disponibilidad de tiempo de su poseedor.

[5] Comunicación personal con Pablo Ingberg.

[6] Destaco estos títulos por la especial significación que tienen, en cada uno de ellos, los subrayados y anotaciones de Pizarnik, por más que sean de muy diferente naturaleza. Así, mientras los seis volúmenes de *En busca del tiempo perdido* están subrayados a partir de la identificación y la coincidencia y *Las iluminaciones* también, pero asimismo para recoger material para su propia escritura, *Los raros*

de Darío fue jubilosamente saqueado para la escritura paródica de "Una musiquita muy cacoquímica" de *La bucanera de Pernambuco o Hilda la Polígrafa* y diversos fragmentos de *La noche de Ulises* se entretejieron en *El infierno musical* y *La bucanera de Pernambuco*...

7   Tomado de la conferencia de Daniel Link en la Sala Americana de investigadores de la Biblioteca Nacional de Maestros el 31 de noviembre de 2008, en ocasión de la apertura oficial al público de la Colección Pizarnik.
8   Cabe señalar que, en la actualidad, los libros que estaban en poder de Ingberg se encuentran en la Biblioteca Nacional de la República Argentina.
9   He tenido ocasión de consultar el que la poeta llamaba *Cahier vert*, que no está depositado en Princeton sino en manos privadas.
10 En este punto me parece especialmente conveniente transcribir las palabras del escritor francés Jacques Roubaud citadas por Marina Di Ció en su artículo: "*Tout poème que je copie, et apprends et répète, deviene un poème composé pour moi, par moi. Tout poème que je compose est prêt à être copié. La copie fait partie de la copia de l'art de poésie, au sens où la Renaissance entendait ce mot, synonyme presque d'abondance, de richesse, de trésor*" (Di Ció 3).
11 Asimismo, y considerándola exclusivamente en relación con el escritor, Barthes ha señalado el carácter de *autonimia* que tiene, en tanto que la situación de un escritor que lee libros —como la de una cocinera que cocina o un mozo que se hace servir en un bar– se constituye en una copia enigmática, que al mismo tiempo reproduce y devuelve, perturbando el encadenamiento de los hechos, en una "... operación circular: algo como un anagrama, una sobreimpresión invertida, un **aplastamiento de niveles**" (Barthes, *Roland Barthes* 34; la negrita es mía).
12 Prefiero llamar "glosa" antes que "marginalia" a este tipo de anotaciones porque me resulta más amplio.
13 No limito a lo estético el estatuto de la escritura pues hay formas de escritura, desde la historia a la filosofía y las ciencias, para las cuales la función estética es secundaria respecto de la instrumental específica, para decirlo con términos de Mukarovsky.
14 Concepto tomado de Derrida, quien resemantiza el sentido estrictamente plástico del término como superficie externa sobre la cual se agregan otras capas (de pintura, de enduido, de barniz) para hacerlo aludir a: "...*le support, la surface ou le matériau, le corps unique de l'oeuvre en son premier événement, à la naissance, ce qui ne se laisse pas répéter, ce qui se distingue autant de la forme que du sens et de la représentation...*" (Di Ció 7, n. 13).
15 Recordemos, al respecto, además de la asistencia de Pizarnik al taller del pintor surrealista Battle Planas, tanto el valor general que tuvo el *collage* para el surrealismo como los que, entre nosotros, realizaba Enrique Molina, poeta especialmente admirado por Pizarnik, al que, junto con Olga Orozco, considera los mejores poetas de la Argentina del momento, según le dice en la carta 11 a su amigo Antonio Beneyto del 27 de noviembre de 1969 (*Dos letras* 55).
16 Si tenemos en cuenta la similitud de los juegos fonéticos cómico-escatológicos que realiza Pieyre de Mandiargues en ese poema con los que luego Pizarnik desarrolla hasta el extremo en *La bucanera de Pernambuco o Hilda la polígrafa*, no cabría desestimar una especie de devolución por lo que consideró un "robo" de su amigo.

[17] Se trata de *"Apparitions"*; *"Angoisse"*, *"Don du poème"* y *"Le tombeau d'Edgar Poe"*. A estos habría que agregar *"Le vierge, le vivace, et le bel aujourdhui"* que según Ivonne Bordelois, Pizarnik sabía de memoria cuando se conocieron en París. (Comunicación personal).

[18] Alguna vez habría que evaluar la importancia capital que tuvo la mencionada *Anthologie de la poésie française moderne* confeccionada por Valentina Bastos —mujer del poeta Calos Mastronardi— y con prólogo de Roger Caillois, que editó la librería de Buenos Aires L'Amateur en 1945, para el conocimiento de los poetas franceses desde el romanticismo a los años cuarenta entre los artistas e intelectuales argentinos. Lo señalo porque, por ejemplo, el poeta Arnaldo Calveyra —de la misma generación que Alejandra— ha comentado que entre otros, conoció a O.W. de Lubicz Milosz a través de esa misma antología (Gianera).

[19] Cuando no hay variantes entre los textos o poemas, prefiero citar por la edición de *Textos de sombra y últimos poemas* que por la de *Poesía completa* o *Prosa completa*. En cuanto a los demás libros de poemas, también cito de su primera o segunda —el único caso es *Las aventuras perdidas*— edición.

[20] Tomado de <http://www.versalia.de/archiv/Trakl/Die_Nacht.3073.html>.

[21] Cecilia rossi, quien tradujo su obra poética completa al inglés como parte central de su tesis doctoral en traducción literaria en la Universidad de East Anglia, tampoco logró ubicarla.

[22] Las fechas confirman esta posibilidad, pues el libro de poemas es de 1968 y el de Quevedo está fechado en la portada en 1967.

[23] Esto se ve básicamente en los libros sobre el movimiento de Carrouges, Tzara, Waldberg, Clancier, Arrabal y otros, así como en el ensayo sobre humorismo de Breton que prologa el libro de Achin von Arnim y en el dedicado por Gracq a Breton.

Bibliografía

Aira, César. *Alejandra Pizarnik*. Rosario: Beatriz Viterbo, 1998.

Barthes, Roland. *Roland Barthes por Roland Barthes*. Caracas: Monte Ávila Editores, 1975.

_____. "Sobre la lectura". *El susurro del lenguaje*. Barcelona: Paidós, 1987.

Bordelois, Ivonne. *Correspondencia Pizarnik*. Buenos Aires: Seix Barral, 1998.

Borges, Jorge Luis. "Kafka y sus precursores". *Obras completas II*. Buenos Aires: Emecé, 1996 (11ª reimp.).

Bourdieu, Pierre. "Campo intelectual y proyecto creador". *Problemas del estructuralismo*. México: Siglo XXI, 1967. 135-182.

Catelli, Nora. "Invitados al palacio de las citas". *Clarín Cultura y Nación* (sábado, 14 sept. 2002).

_____ *En la era de la intimidad. El espacio biográfico*. Rosario: Beatriz Viterbo, 2007.
Depetris, Carolina. *Aporética de la muerte: estudio crítico sobre Alejandra Pizarnik*. Madrid: Universidad Autónoma de Madrid, 2004.
Di Ció, Mariana. "Una escritura de papel: Alejandra Pizarnik en sus manuscritos". Revue *Recto/Verso* 2 (décembre 2007) <http://www.revuerectoverso.com>. 1 ago. 2014.
Foucault, Michel. "¿Qué es un autor? *Conjetural* 4 (agosto 1984): 87-111.
Gianera, Pablo. "La música de las palabras". *La Nación. Suplemento Cultura* (domingo, 1 oct. 2006). <http://www.lanacion.com.ar/nota.asp?nota_id=844871>.
Giordano, Alberto. *Una posibilidad de vida. Escrituras íntimas*. Rosario: Beatriz Viterbo, 2006.
Goldberg, Florinda F. "Alejandra Pizarnik, the Perceptive Reader." *Árbol de Alejandra Pizarnik Reasssessed*. Fiona J. Mackintosh y Karl Posso, eds. Great Britain: Tamesis, Woodbridge, 2007. 91-109.
Lasarte, Francisco: "Más allá del surrealismo: la poesía de Alejandra Pizarnik". *Revista Iberoamericana* 125 (1983): 867-77.
Mackintosh, Fiona J. "Alejandra Pizarnik's 'palais du vocabulaire': Constructing the 'cuerpo poético'". *Árbol de Alejandra Pizarnik Reasssessed*. Fiona J. Mackintosh y Karl Posso, eds. Great Britain: Tamesis, Woodbridge, 2007. 110-129.
Mukarovsky, Jan. *Escritos de estética y semiótica del arte*. Barcelona: Gustavo Gili, 1984.
Negroni, María. *El testigo lúcido. La obra de sombra de Alejandra Pizarnik*. Rosario: Beatriz Viterbo, 2003.
Piña, Cristina. *Alejandra Pizarnik*. Buenos Aires: Planeta, 1991.
_____ *Poesía y experiencia del límite. Leer a Alejandra Pizarnik*. Buenos Aires: Botella al mar, 1999.
_____ "Poder, escritura y edición. Algunas reflexiones acerca de la *Poesía completa*, la *Prosa completa* y los *Diarios* de Alejandra Pizarnik". *Páginas de guarda. Revista de lenguaje, edición y cultura escrita* 3 (otoño 2007): 61-77.
_____ "The 'Complete' Works of Alejandra Pizarnik?: Editors and Editions". *Arbol de Alejandra: Pizarnik Reasessed*. Fiona Mackintosh y Karl Posso, eds. Gran Bretaña: Tamesis Books, 2007. 148-164.

Pizarnik, Alejandra. *Las aventuras perdidas*. Buenos Aires: Altamar, 1958.
_____ *Árbol de Diana*. Buenos Aires: Sur, 1962.
_____ *Extracción de la piedra de locura*. Buenos Aires: Sudamericana, 1968.
_____ *La última inocencia y Las aventuras perdidas*. Buenos Aires: Botella al Mar, 1976.
_____ *Textos de sombra y últimos poemas*. Olga Orozco y Ana Becciú, eds. Buenos Aires: Sudamericana, 1982.
_____ *Poesía completa*. Ana Becciu, ed. Barcelona: Lumen, 2000.
_____ *Prosa completa*. Ana Becciu, ed. Prólogo Ana Nuño. Barcelona: Lumen, 2002.
_____ *Dos letras* (Cartas a Antonio Beneyto). Presentación Carlota Caulfield. Barcelona: March Editor, 2003.
_____ *Diarios*. Ana Becciú, ed. e intro. Barcelona: Lumen, 2005. (2ª ed.).
Trakl, Georg. *Poemas*. Aldo Pellegini, trad., prólogo y notas. Buenos Aires: Ediciones Corregidor, 1972.
_____ Die Nacht. <www.venalia.de/orduv/Trakl/Die_Nacht.3073.html>. 1 ago. 2014.
Venti, Patricia. "*Palais du vocabulaire* de Alejandra Pizarnik: cuadernos de notas o apuntes para sobrevivir". *Espéculo. Revista de estudios literarios*. Madrid: Universidad Complutense de Madrid, 2005. <http://www.ucm.es/info/especulo/numero31/palaisap.html>. 31 julio 2014.
_____ "El discurso autobiográfico en la obra de Alejandra Pizarnik". *Grafemas: Boletín electrónico de la AILCFH* (diciembre 2007): s/p.
_____ *Bibliografía completa de Alejandra Pizarnik*. Madrid: del Centro Editores, 2008.
_____ *La escritura invisible. El discurso autobiográfico en Alejandra Pizarnik*. Barcelona: Anthropos, 2008.
Wilson, Jason. "Alejandra Pizarnik, Surrealism and Reading." *Arbol de Alejandra: Pizarnik Reassessed*. Fiona Mackintosh y Karl Posso, eds. Gran Bretaña: Tamesis Books, 2007. 77-90.

Libros citados de la biblioteca de Alejandra Pizarnik

Arnim, Achim von. *Contes bizarres*. Introd. André Breton; Théophile Gautier, trad. París: Editions Julliard, 1964.

Arrabal, Fernando y otros. *La revolución surrealista: a través de André Breton*. María Raquel Bengolea, trad. Caracas: Monte Ávila Editores, 1970.

Bastos, Valentina (comp.) *Anthologie de la poésie française moderne; en appendice, La poésie anonyme 1940-1944*. Roger Caillois, prol. Buenos Aires: Edition de l'Amateur, 1945.

Bhagavad-Gita, o, Canto del bienaventurado. José Barrio Gutiérrez, trad. Buenos Aires: Aguilar, 1953.

Bioy Casares, Adolfo. *Diario de la guerra del cerdo*. Buenos Aires: Emecé Editores, 1969.

Bloy, León. *El desesperado*. Armando Bazán, trad. Buenos Aires: Ediciones Siglo Veinte, 1946.

Bousquet, Joe y otros. *Le génie d'Oc et l'homme méditerranéen: études et poémes*. Marseille: Les Cahiers du Sud, 1943.

Carco, Francis. *La danse des morts: comme l'a décrite Fraçois Villon*. Genève: Editions du Milieu du Monde, 1944.

Carroll, Lewis. *La chasse au snark: une agonie en huit crises*. Louis Aragon, trad. París: Pierre Seghers, Editeur, 1949.

Carrouges, M. *André Breton et les données fondamentales du surréalisme*. París: Gallimard, 1950.

Clancier, Georges-Emmanuel. *De Rimbaud au surréalisme: panorama critique*. París: Pierre Seghers, Editeur, 1959.

Collège de Pataphysique. *Cahiers du Collège de Pataphysique*. París: Collège de Pataphysique, 1947.

Connolly, Cyril. *La tumba sin sosiego: ciclo verbal por Palinuro*. Ricardo Baeza, trad. Buenos Aires: Ediciones Sur, 1949.

Darío, Rubén. *Cantos de vida y esperanza; Los cisnes y Otros poemas*. Juan Carlos Ghiano, prol.; Ana María Lorenzo, coment.; Rebeca Guitelzon, ilust. Buenos Aires: Centro Editor de América Latina, 1967.

Donoso, Roberto, comp. *Los poetas de la dinastía Tang*. Buenos Aires: Centro Editor de América Latina, 1970.

Galerie Gaveau. *Exposition Les eaux fortes de Goya: octobre 1960 - janvier 1961.* París: Imprimerie A. Nory, 1960.

Gracq, Julián. *André Breton, quelques aspects de l'écrivain.* Hans Bellmer, ilust. París: Librairie José Corti, 1948.

Jarry, Alfred. *Tout Ubu.* Maurice Saillet, ed. París: Librairie Générale Française, 1962.

Mallarmé, Stéphane. *Obra poética.* Blas Matamoro, trad. Buenos Aires: Ediciones del Mediodía, 1967.

Maudet, Ariel, comp. *Contes et récits pour tous.* Buenos Aires: Emecé Editores, 1954.

Molinos, Miguel de. *Guía espiritual: antología.* Arturo Serrano Plaja, prol. Buenos Aires: [s.n.], 1944.

Novalis. *Los fragmentos. Los discípulos en Sais.* Maurice Maeterlinck, intro. Buenos Aires: Librería y Editorial El Ateneo, 1948.

Paz, Octavio. *Libertad bajo palabra: obra poética: 1935-1958.* México, D.F.: Fondo de Cultura Económica, 1960.

———. *Puertas al campo.* Mexico, D.F.: Universidad Nacional Autónoma de México, 1966.

———. *Los signos en rotación.* Buenos Aires: Sur, 1965.

Pessoa, Fernando. *Antología.* Octavio Paz, comp. Mexico, D.F.: Universidad Nacional Autónoma de México, 1962.

Pieyre de Mandiargues, André. *La marea.* Alejandra Pizarnik, trad. Buenos Aires: Aquarius Libros, 1971.

———. *Ruisseau des solitudes; suivie de, Jacinthes; et de, Chapeaugaga.* París: Gallimard, 1968.

Porchia, Antonio. *Voces.* Buenos Aires: Sudamericana, 1956.

Quevedo, Francisco de. *Los sueños. Tomo I.* Julio Cejador y Frauca, ed. Madrid: Espasa Calpe, 1961.

Rilke, Rainer María. *Antología poética.* Jaime Ferreiro Alemparte, trad. Madrid: Espasa Calpe, 1968.

Salinas, Pedro. *Jorge Manrique o tradición y originalidad.* Buenos Aires: Sudamericana, 1952. 2ª ed.

Schehadé, Georges. *Les poésies.* Paris: Gallimard, 1952. 2e éd.

Svanascini, Osvaldo. *Tres maestros del haiku.* Issa Buson, intro. Buenos Aires: Editores dos, 1969.

Trakl, Georg; Modern, *Obra completa.* Rodolfo E. Modern, trad. Buenos Aires: Editorial y Librería Goncourt, 1968.

Tzara, Tristán. El *surrealismo de hoy.* Raúl Gustavo Aguirre, trad. Buenos Aires: Ediciones Alpe, 1955.
Vilariño, Idea, comp. *Tangos.* Montevideo: Arca, 1967.
Waldberg, Patrick. *Chemins du surréalisme.* Brussels: Editions de la Connaissance, 1965.
Waley, Arthur. *Vida y poesía de Li Po: 701-762 d.C.* Marià Manent, trad. Barcelona: Seix Barral, 1969.
Weil, Simone. *La gravedad y la gracia.* María Eugenia Valentié, trad.; Gustave Thibon, prol. Buenos Aires: Sudamericana, 1953.

El taller de "corte y confección" de Alejandra Pizarnik. Pequeña anatomía de la escritura[1]

Mariana Di Ció

Aunque no lo quiera (o no sea consciente de ello), todo escritor mantiene una relación física con sus manuscritos: además del placer sensual, a la vez visual y táctil, que puede tener al rozar la materialidad de los soportes e instrumentos de escritura, cada uno de los pequeños gestos implicados en el acto creador traduce la íntima comunión que existe entre la mano y el espíritu. Así, los manuscritos conservan alternativas y caminos no tomados, pero también dan cuenta de los tropiezos y de los arrepentimientos en la escritura. Incluso cuando se trata de descartar o de amputar un texto, la supresión sólo se vuelve efectiva gracias a un acto físico (tachar, borronear, arrancar hojas....) que refuerza la idea de una interdependencia entre la escritura (o mejor dicho, el sujeto que escribe) y el modo en que éste se apropia del soporte.

Si el conjunto de indicios visibles resulta útil para precisar la función indicial de dibujos y siglas o para identificar campañas de escritura (Hay 1993), el examen de la materialidad de los manuscritos de Alejandra Pizarnik pone en evidencia su voluntad de intervenir sobre los soportes antes, durante y después de la escritura. Porque materializan los hábitos de trabajo y las inquietudes estéticas de Pizarnik, estas intervenciones sobre el soporte dan cuenta de una conquista del material, así como de una puesta en obra de la escritura. De manera análoga, su organización de lo escrito en el espacio de la hoja y, con mayor razón, los diversos modos en que se apropia de los soportes de escritura nos permiten vislumbrar nuevas perspectivas de análisis para su obra.

CORTAR

> *Es la disociación que viene galopando con sus*
> *tijeras bajo el cinto [...]*
> Pizarnik, *Diarios*, 8/12/1957

Si bien la disgregación o dislocación puede manifestarse tanto en el plano material como textual, se trata de un mecanismo que remite siempre a la segmentación, al fraccionamiento. Desde el desprendimiento de hojas, hasta el arrancado más brutal,[2] pasando por el desmembramiento, el destrozo o el recorte más o menos cuidado, estas figuras de la división materializan la voluntad de Pizarnik de desvencijar viejas estructuras, de disociar y descomponer, real y metafóricamente, el lenguaje, hasta desencajarlo y convertirlo nuevamente en algo funcional. No es extraño, por ejemplo, encontrar libros mutilados o con páginas faltantes –parecería que Pizarnik hubiera arrancado la mayor parte de sus propios artículos de las revistas en los que aparecieron[3]–, o cuadernos desmembrados al punto de quedar prácticamente desprovistos de páginas, como el "Cuaderno N° 450/H", significativamente llamado por la autora "Ultimo cuaderno" (*APP*, B.6; f.1), cuyo margen derecho ha sido recortado de manera considerable.[4]

La disminución de formato es, sobre todo, una escisión fuertemente simbólica; es un gesto que se acerca a una curiosa maniobra que refiere Chateaubriand y que Alberto Manguel recoge (123): parece ser que el moralista francés Joseph Joubert había arrancado de sus libros todo lo que no le gustaba, hasta llegar a conformar una biblioteca "a medida", constituida por libros vaciados y tapas demasiado grandes. Después de relatar la anécdota, Manguel continúa su reflexión y sostiene que, en el fondo, Joubert no destruía el orden secuencial de las páginas sino que simplemente interrumpía la continuidad discursiva con momentos de silencio. Se trata, claro está, de un caso extremo; sin embargo, el espíritu que pareciera animar a Joubert en su manía de arrancar lo "inútil" o "superfluo" recuerda aquel que inspira la consolidación del *Palais du vocabulaire* de Pizarnik: de alguna manera, su "libro de libros" también se forja por el "atrincheramiento" de pedazos, ya no materiales sino simbólicos.

Si consideramos que, estrictamente, el trabajo preparatorio no desaparece sino que, por el contrario, se reabsorbe en el texto terminado, es posible considerar el borrado, o incluso la aniquilación de palabras como un avatar más de los mecanismos que animan la práctica del recorte o de la sustracción. Así, las tachaduras y supresiones (de palabras, de frases, de párrafos enteros) que van ganando, de manera progresiva, el espacio de la página, dan cuenta de la amputación que todo trabajo de escritura conlleva.

Cabe señalar que Pizarnik tenía el hábito de destruir sus manuscritos, o al menos de decir que eso hacía: "Ayer he roto alrededor de cien poemas y prosas. He quedado asombrada de mi falta de calidad poética, mis gritos, mi exasperación. Hay que empezar de nuevo. Además, me quedan doscientos poemas más que seguramente romperé"; "No sé por dónde comenzar a reescribir mis escritos pulverizados" (*Diarios* 142, 458) escribe, en eco a René Char, en su diario. Las consideraciones sobre las diferentes formas de supresión textual también aparecen con bastante frecuencia en la correspondencia de Pizarnik: "Je passe la journée à déchirer de vieux poèmes et des anciens proses" ["Me paso todo el día rompiendo poemas viejos y prosas antiguas"], escribe a Pieyre de Mandiargues en una carta no fechada. También en una carta a Mujica Láinez expresa una idea similar: "Y el cuento hallará sin duda su consumación lógica en el incinerador, aparato tan útil como la maquinita de escribir" (*MMLP*, B. 4; f.9).

A pesar de estas palabras —y de muchas otras del mismo tenor—, contamos con una buena cantidad de borradores, de notas de lecturas y de material preparatorio, de varios proyectos de textos poéticos y de ensayos, que resultan elocuentes y que revelan su concepción de la escritura: la conservación de cada huella, por ínfima que sea, equivale, en cierto modo, a documentar la propia práctica. Desde ese punto de vista, conviene señalar que la mayor parte de los papeles que integran el fondo Alejandra Pizarnik de la biblioteca de la Universidad de Princeton son posteriores a la publicación de *Árbol de Diana*, un libro que se presenta, precisamente, como un importante punto de clivaje en la recepción de su obra. Parecería, entonces, que el cumplimiento efectivo de la destrucción importara mucho menos que su enunciación; es decir que, independientemente del destino real de los papeles, el hecho de postular su destrucción alcanza para construir una cierta imagen de autor, para tejer lazos simbólicos con otros escritores que hayan realizado prácticas similares y cuyo ejemplo emblemático es, por supuesto, el caso Kafka.

Es evidente que el gesto de destruir un manuscrito implica mucho más que el mero acto físico: el alcance simbólico del gesto es innegable –y difícilmente ignorable. "La littérature, c'est la rature" [«La literatura es la tachadura»],[5] sostiene Roland Barthes en una fórmula ya clásica, que los teóricos de la crítica genética han transformado en mandamiento: "Lis tes ratures" ["Lee tus tachaduras"] (Biasi). En efecto, así como hoy podemos descubrir, bajo el lienzo de una pintura, figuras escondidas o proyectos descartados, los manuscritos y papeles de trabajo de los escritores nos dejan entrever las diferentes etapas del proceso de escritura, como si se tratara de las capas arqueológicas de la antigua Troya. Su análisis permite reconstruir una pequeña anatomía de la creación, reconstruir el aspecto de sombra y de muerte que se esconde detrás de toda frase que ha sido suprimida –un aspecto sobre el cual también insiste la poeta canadiense Anne Carson:

> Crossouts are something you rarely see in published texts. They are like death: by a simple stroke – all is lost, yet still there. [...] Death hides right inside every shining sentence we grasped and had no grasp of. ["Las tachaduras son algo que rara vez vemos en un texto publicado. Son como la muerte: con un solo trazo – todo está perdido, y sin embargo allí [...] La muerte se esconde en el interior mismo de cada frase luminosa que captamos y que no captamos"]. (166; la traducción es mía)

Al poner de manifiesto esta tensión entre luz y sombras, entre lo que se muestra y lo que se esconde, entre lo que se dice y lo que se calla, los manuscritos de Alejandra Pizarnik repiten visualmente algunos rasgos fundamentales de su poética, como la disputa entre contrarios y el carácter compuesto de sus versos. Por eso la perspectiva genética se presenta como una herramienta especialmente productiva para abordar su obra: porque las sombras no sólo son argumentos temáticos sino más bien un reflejo metonímico de las distintas etapas del trabajo creador y, de una u otra manera, reenvían tanto a la oscuridad como a la visibilidad –en el sentido en que la entiende Leonardo da Vinci, es decir, en tanto que principio activo que permite *ver*–. Desde ese punto de vista, los manuscritos permiten recobrar aquello que había sido descartado, revelar la parte de sombra que todo texto implica: iluminar, en definitiva, el imaginario del soporte, mediante la delimitación del rol de la materialidad espacial y plástica del soporte en relación a la construcción del texto.

Aunque por momentos sea difícil empalmar la materialidad de la obra con una operación textual o creativa en particular, las tachaduras y las variantes nos permiten ver de qué manera la autora modula el grado de legibilidad o de opacidad de sus textos. Como buena lectora de Mallarmé, Pizarnik es particularmente sensible al "misterio en las letras": no ignora el valor simbólico de las tachaduras e incluso parece ver en ellas la garantía de una percepción total, de una aprehensión más profunda y perfecta de su secreto, tal como se desprende de una carta enviada a Antonio Requeni: "(Dicen que Rabindranath Tagore descubría formas divinas en sus tachaduras)" (211). Así, mientras Pizarnik considera las tachaduras como fuerzas ocultas que fomentan o propician la aparición del sentido, nuestro enfoque pretende relacionar la "voluptuosidad de superficie"[6] con la elaboración progresiva de la escritura.

Si bien es cierto que la materia verbal no siempre guarda rastro de las operaciones que intervienen en la elaboración de la obra, los archivos de la autora refuerzan la idea de un vínculo entre la modificación de los soportes y la gestión textual, en particular a través de las operaciones del recorte y de la extracción. En efecto, las huellas de estos recortes –lúcidos, cuando no sistemáticos– pueden observarse a la vez en los borradores y en los restos de su biblioteca personal, hoy desperdigada y conservada parcialmente en la Biblioteca Nacional Argentina y en la Biblioteca de Maestros.[7] Por otra parte, también se conservan algunas palabras, unos cuantos recortes de dibujos –que ella misma extrajo de su correspondencia– y una serie de imágenes ilustrando juegos infantiles, cuyo origen no hemos podido identificar hasta el momento.[8] Y aunque sería inexacto circunscribir el fraccionamiento a la sola forma del recorte material, vale la pena mencionar el hecho de que la iconografía elegida por Pizarnik esté siempre en relación con el universo lúdico o el mundo de la infancia.

El destino que Pizarnik reservaba para estos fragmentos gráficos es incierto, aunque resulta evidente que están en íntima relación con sus escritos: se trata, en efecto, de imágenes que reenvían tanto a sus procedimientos de composición como a las principales temáticas de sus textos. Así, el carácter mecánico y lo insólito de ciertas alianzas que muchas veces caracterizan estas diversiones infantiles (el gran "almacén" o la "cocina moderna" para preparar la comida a las muñecas, el zepelín-calesita o incluso los títeres que, movidos por un imán eléctrico que funciona a pila, forman parte de un pequeño aparato denominado "los pequeños bailarines de vals eléctrico", entre otros) recuerdan, en mayor o menor medida, el carácter discordante de sus textos en prosa, que explicitan textualmente los mecanismos (recorte y/o segmentación, descontextualización, ensamblajes impertinentes...) de su escritura.

Ahora bien: del mismo modo en que todo recorte supone una selección previa, toda unión de elementos discordantes supone, a su vez, una extracción (de palabras, de imágenes). En otras palabras, la importancia que adquiere el dispositivo "cortar/pegar" en la obra de Pizarnik refleja la lógica de desarticulación y de dislocación que impregna sus textos: el carácter heterogéneo no solamente se apodera de la temática sino también, por añadidura, de la disposición y del arreglo mismo de las palabras.

PEGAR

> ¿Cómo unificar los textos?
> Alejandra Pizarnik (*APP*, B. 2; f. 10; 96)

De manera significativa y previsible, la fragmentación y la heterogeneidad parecen más marcadas en la obra "subterránea" o inédita de Pizarnik que en su obra "visible".[9] Esto resulta particularmente cierto en *La bucanera de Pernambuco o Hilda la polígrafa*, una obra humorística cuyo carácter disparatado se anuncia desde el título mismo, a la vez por medio de la fórmula parafrástica y por el empleo del término "polígrafa". Se trata, en efecto, de una obra íntegramente construida a partir de la juxtaposición insólita, que desmantela toda lógica a través de la carnavalización de las convenciones culturales ("Tutankamon" se transforma en el "Faraón Tristán Come On", "Guillermo el Rojo" se vuelve "Guillermito el Cojo" (*Prosa completa* 87),[10] y así sucesivamente) y de la presencia desfasada de objetos triviales o incongruentes, tales como un zepelín en "Helioglobo – 32". Es por lo menos llamativo que un objeto tan inhabitual como un dirigible aparezca tanto en este texto como en las imágenes recortadas por Pizarnik; precisamente, aun si se trata de un vínculo difícil de delimitar o de asir, la repetición del zepelín sugiere la existencia de un lazo (del orden de la asociación de ideas, por ejemplo) entre estos dos códigos semióticos.

Por otro lado, el ensamblaje inesperado de referencias a la llamada "alta cultura" reposa en general sobre la descontextualización: por ejemplo, en "Verdi que te quiero Verdi" (*Prosa completa* 106) vemos inmiscuirse el nombre del compositor italiano en el recordado verso de García Lorca, al tiempo que la intromisión de citas deliberadamente falseadas o abiertamente paródicas conlleva una suerte de "degradación ontológica". Tal es el caso de una reescritura burlesca de la última *Quimera* de Nerval: "Soy el andrófobo, el príncipe verde en su percha abolida. Mi única papa ya la he comido y mi pirulín muerto revive al sol tuerto de mi redonda tía –dijo Pericarlo de Nervicles" o de un texto donde reconocemos fácilmente el *Golpe de dados* de Mallarmé en "Soigneur dés, un coup de dieux n'abolira pof la lézarde" (*Poesía completa* 118, 106).

Otras veces, el ensamblaje desenfrenado se construye a partir de la interacción de modos de expresión *sui generis*, mayormente articulados a partir de notas musicales ("Mi-rémi-rém-mí-sí-ré-dó-lar..."), de retruécanos fundados sobre semejanzas fónicas ("Me cago en Cartago", "Circo Circe", "pavada para una infanta enjuta"...) (*Prosa completa* 136, 158-159) o incluso sobre jitanjáforas, es decir, sobre onomatopeyas y combinaciones eufónicas que por momentos se acercan al balbuceo infantil ("Etónse, Mossié Ornitorrinco, güí, etónse lloré, bú-bú-bú").[11] Siempre en esta lógica de alianzas incongruentes, Pizarnik recurre también a la mezcla de lenguas, mediante la incorporación del alemán ("Mein Goethe"), del italiano ("Il professore Fiore Chuti") y de algo que quiere parecerse al ruso ("Bostacára právda crasávitza jarrazo") o la inclusión risueña del francés (el cementerio parisino del Père-Lachaise es trastocado en "Mère Lâchez-Tout"), del latín ("In culo volens loquendi chorlitos"), o del inglés ("Time is mami"). En otras palabras, Pizarnik no se priva de entremezclar varias lenguas y registros, corroborando así la voluntad de travestir las normas sociales y lingüísticas, tanto por el empleo de un lenguaje macarrónico como por el uso de un tono abiertamente carnavalesco:

- [...] ¿De quién es esa horripilante canción? – preguntó el psiquiatra.
- De Carl Jung – dijo la Puti riendo y guiñando un ojo al espectador desinteresado quien se apresuró a lanzarle un beso con la mano.
- [...] Quand il fait Freud, il fait pas chaud – dijo A. con una fina sonrisa.
- Mais tu est [sic] Jung encore...– dijo el psiquiatra siguiéndole el juego de palabras [...] (Pizarnik, *Prosa completa* 87)

Los artificios verbales que encontramos en las prosas póstumas de Pizarnik –la introducción de elementos en lenguas extranjeras, la irrupción de onomatopeyas, la incorporación de balbuceos o incluso el empleo de términos soeces que permitirían el "retorno de lo reprimido"– se presentan como un modo de hacer entrar en la lengua a la vez el murmullo del mundo y todo lo que se relaciona con lo instintivo, como un modo de reflexionar sobre la poesía en tanto expresión de una experiencia inefable, siempre a mitad de camino entre la enunciación y el balbuceo. En otros términos, se trata de cuestionar el discurso normativo o prescriptivo al mismo tiempo que se interroga al lenguaje poético.

Es desde tal punto de vista que conviene leer, por ejemplo, "Dificultades barrocas", un texto que recoge todo tipo de problemas comunicativos, pasando por el tartamudeo, las dificultades de pronunciación o incluso el bilingüismo:

> Hay palabras que ciertos días no puedo pronunciar. Por ejemplo hoy, hablando por teléfono con el escritor D. –que es tartamudo– quise decirle que había estado leyendo un librito muy lindo titulado *L'impossibilité d'écrire*. Dije "L'impossibilité..." y no pude seguir. Me subió una niebla, me subió mi existencia a mi garganta, sentí vértigos, supe que mi garganta era el centro de todo y supe también que nunca más iba a poder decir "écrire". D –bien o mal– completó la frase, lo cual me dio una pena infinita pues para ello tuvo que vencer no sé cuántas vocales a modo de escollos. ¡Ah esos días en que mi lenguaje es barroco y empleo frases interminables para sugerir palabras que se niegan a ser dichas por mí! [...] (*Prosa completa* 62-63)

Lejos de ser una temática anodina, todas estas "complicaciones" no hacen sino insistir sobre los límites del lenguaje, consolidando así la idea de que habría cosas que no pueden ser dichas o que no pueden siquiera ser caracterizadas a través del lenguaje –dos imposibilidades que se sueldan y se confunden en la palabra "indecible". Por otro lado, si el pasaje a otra lengua se emplea con frecuencia como metáfora del exilio y de la errancia, la interpenetración de lenguas que encontramos en muchos de los textos en prosa de Pizarnik parece más bien alimentar la idea de insuficiencia, o incluso de incomunicabilidad intrínseca al lenguaje, y no privativa de una lengua en particular (en este caso, el español). Podríamos incluso decir que estos textos reenvían al mito de la torre de Babel, en tanto nos confrontamos a una aglomeración de retruécanos, de alusiones y de referencias culturales que fomentan la confusión de lenguas y de géneros.

En otros términos, si estos textos en prosa escenifican la oscuridad y el desasosiego que son, para la escritora, propios de toda lengua, el carácter heterogéneo y canturreante de los textos en prosa apuntaría a traducir la desenvoltura y las libertades formales que ésta también permite. Si bien podemos, por momentos, restablecer algunos de los elementos que Pizarnik ha omitido o comprimido (en "culicidio" reconocemos, por ejemplo, los términos "culo" y "suicidio") y reconstruir fragmentos de sentido, la abundancia y la frecuencia de estas palabras *portemanteau* culmina, muy frecuentemente, en una jerga poco inteligible:

–El culicidio por culcusida de la culbuta – dijo Gregoria.
–¡Puta mandria que me fadraga! Nadie me entiende en el festilogio. ¿Hablo en catamitano? ¿Nací en Pacacuellos de Giloca?
–Dale, ché, te presto La Culomancia.
–Nepote – dijo, sentada en una escupidera, Festa.

Un comentario de su amigo Juan José Hernández resulta bastante revelador de las implicancias poéticas que se esconden detrás de estas mutaciones y rupturas sucesivas que, en definitiva, preconizan la fusión de contrarios y la liberalización entre las artes:

En este último libro de Alejandra [*Textos de sombra y últimos poemas*], a las palabras, en vez de hacerles el amor, como quería Breton, se las violenta semánticamente para dar lugar a engendros verbales, a mutaciones perversas que hacen pensar en la pintura de Jerónimo Bosch. Poseída por lo que Octavio Paz llama "el demonio de la aliteración", Alejandra se complace lúdicamente en otorgar significaciones inquietantes a lugares comunes del habla cotidiana, o de la cultura. (94)

No deja de ser significativo que, en muchos casos, Pizarnik utilice esta combinación de *mots-valises*, de neologismos y de otros procedimientos que atañen a la armonía imitativa (aliteraciones, onomatopeyas, cacofonías...) para intentar nombrar el oficio de escritor:

> –¿Estribor? ¿No dijiste más bien escritor, escuchador, escuchimizado, escudriñador, escupidor, esenciero, esfíngido, estornutatorial o, digamos, estreculiestrellamar? (*Prosa completa* 114)

Parecería que a través de estas palabras compuestas, Pizarnik se propone discutir el conjunto del sistema cultural; más aún, al exhibir la impotencia frente a un lenguaje convencional que se presenta como limitado e insuficiente, no hace sino cuestionar su propio trabajo.

En efecto, la pluralidad de escrituras y la diversidad genérica son forjadas bajo el mismo principio: primero la descontextualización – tanto simbólica como material– y luego el montaje por superposición. Así, el desvío de referencias culturales y el desplazamiento semántico aparecen como el reverso de la "preparación a la obra" antes evocada, al mismo tiempo que estas prácticas de desplazamiento simbólico pueden asimilarse a dispositivos tales como el "cortado/pegado" (o su variante, el "copiado/pegado"), especialmente relacionados con el trabajo de la materialidad de la obra. Por otro lado, también el recorte de palabras y de imágenes se acerca al mecanismo de la "extracción" (un término que, dicho sea de paso, se alinea perfectamente con las afinidades estéticas de Pizarnik), que consiste en retirar de un lugar todo cuerpo extraño, todo elemento inútil o molesto, en separar un elemento de la materia prima de la que forma parte, en la mayor parte de casos para "transplantarla" luego a otro soporte. Sin embargo, conviene precisar que, tal como la entendemos, esta correspondencia está totalmente desprovista de la carga negativa que se atribuye generalmente a la expresión "cortar/pegar", hoy día corriente gracias a la popularidad de la técnica y a la irrupción de la informática en la vida cotidiana.

Lejos de retomar este material "recortado" al azar o a la ligera, Pizarnik selecciona cuidadosamente –y en ocasiones desplaza– los fragmentos (imágenes o textos) para integrarlos ya sea en un texto preexistente, ya sea en un nuevo proyecto. Otras veces, la segmentación se limita al interior de los textos, lo que acentúa aún más el carácter compuesto de su obra. Esto dicho, resulta evidente que la autora recurre con frecuencia a la heterogeneidad porque su escritura misma nace de una tensión insoluble, que se construye y oscila entre la fragmentación y los ensamblajes incongruentes: "Además, ¿qué es y para qué sirve la unidad? Poco me importa ser moderna, pero si mi poesía lo es, se debe, más que nada, a su fragmentación, a su disgregación, a su pulverización" (*Diarios* 452).

Claro está, desde el advenimiento de las vanguardias históricas, y principalmente desde la "revolución total del objeto" y de la "mutación de roles" preconizadas por el Surrealismo (Breton, *Le surréalisme* 359-360), parecería que no hay nada más típicamente moderno (¿postmoderno?) que la fragmentación y el "estallido" de las obras, que la hibridación y las alianzas inverosímiles. Sin embargo, la fragmentación y la desintegración son rasgos que escapan al encorsetamiento de una sola época (Molinet): la brevedad y la concisión de los primeros poemas de Pizarnik recuerda tanto el laconismo de los epigramas de la Antigüedad clásica como los "poemas pulverizados" de René Char, mientras que los desconcertantes acercamientos de *Extracción de la piedra de locura* o de *El infierno musical* hacen pensar en el imaginario desbocado de los surrealistas pero también de todos aquellos artistas que, fraternizando con su espíritu, "no habían escuchado la voz surrealista" (Breton, *Manifestes* 38). En ese sentido, los monstruos que pueblan los cuadros de los pintores flamencos del siglo XVI, las umbrosas figuras de un Goya o de los simbolistas resultan buenos ejemplos de composiciones construidas en base a acercamientos inesperados, sin hablar de las *Quimeras* de Nerval, de *Los Cantos de Maldoror* de Lautréamont o de los animales fantásticos y otras "quimeras textuales" de Henri Michaux –todos autores que, por otro lado, despertaban la admiración de Pizarnik. De manera análoga, la mayor parte de los textos de Pizarnik proclaman de viva voz la heterogeneidad, tanto en su estructura (en la mayoría de sus poemas, los conectores son raros y los versos se hilvanan por simple yuxtaposición) como en su temática o incluso en la disposición misma de las palabras (los textos en prosa resultan elocuentes ejemplos de estos "encastres" léxicos).

Es así que los borradores se presentan como un conglomerado de huellas, que no sólo dejan ver algunos de los temas predilectos de la escritora sino también el movimiento mismo de la escritura, incluyendo sus vacilaciones y sus tachaduras; se trata, en última instancia, de un conglomerado que refleja la afinidad que existe entre la escritura en marcha y los temas y operaciones textuales puestos en práctica por la escritora, a los que muchas veces se añade un juicio estético explícito. Sin embargo, conviene recordar que estos ensamblajes no son sino una cara de la moneda, ya que si bien la división y el fraccionamiento estructuran temáticamente los textos de Pizarnik, ocupan un lugar igualmente central entre los procedimientos conducentes a la escritura. Más aún, esta práctica del enlace o de la articulación (de palabras, de términos de una serie, de elementos dispares, de fragmentos de imágenes...) queda, muchas veces, "a la vista", es decir, como algo aparente o por lo menos fácilmente perceptible. En otras palabras, la fragmentación se presenta como una práctica cursiva pero también discursiva y, en tal sentido, es lógico que ocupe un lugar central en las cavilaciones de Pizarnik. El 11 de julio de 1968 escribe en su diario:

> 13/VII
> [...] Unificar y reunir. La improbable tarea. Este cuaderno, por ejemplo, debería reunir notas personales con notas de lectura con poemas, etc. El problema con los poemas es ¿qué hacer con ellos una vez finalizado un cuaderno de diario y comenzado otro? Por eso necesito un 2º cuaderno para anotar poemas lindos, que apenas leo, por otra parte. (*APP*, b.2; f.7, 20)[12]

Más allá del interés de esta entrada en relación con la práctica de la fragmentación –en relación, entonces, con la "improbable tarea" de combinar los fragmentos de textos y de conciliarlos, a su vez, con las notas de lecturas y otros materiales de trabajo–, se desprende de esta anotación que Pizarnik solía copiar ciertos pasajes como complemento y contrapunto de su trabajo creativo. Por supuesto, el "pasado en limpio" responde a la necesidad bien concreta de "deshacerse" de todo lo que había sido dejado de lado, siquiera de manera temporaria; pero también –y sobre todo– responde a la necesidad de visualizar claramente el texto a medida que éste se va haciendo. Porque Pizarnik es, ante todo, una "grafómana", que no deja de llenar la página, que copia frenéticamente citas y diferentes versiones de sus textos. Y sin embargo, este impulso escritural no siempre aparece reflejado en el laconismo de sus versos, en su estilo vivo y conciso.

BORRAR

> ... *y la voz que viene desde los manchones oscuros que van borrándose...*
> Juan José Saer, *El limonero real*

Incluso si se trata de un espacio lleno de potencial, la página en blanco es el espacio de desahogo del sujeto y, a la vez, la fuente de su angustia. Por funcionar como "bambalinas de la creación", los borradores y los manuscritos de trabajo, así como las notas preparatorias y otros textos inéditos, nos permiten descubrir tanto las "zonas de sombra" de la creación como las modalidades de lucha contra la página en blanco, una problemática a la que Pizarnik no es ajena:

> Comparto las hojas Japon Lenerimand del oncle A.[rmand]. No te fíes del membrete "Bruno Bredhal". Soy yo la que las mandé emblocar (sí señor, así dicen los papeleros) porque no soporto una única hoja vacía que la blancheur, etc. ¿Cómo serían las hojas que usaba Mallarmé? [En francés en el original]. (Haydu 104)

Tomando como punto de partida un comentario de circunstancias, Pizarnik hace un comentario metapoético que, por un lado, le permite tejer lazos simbólicos –la sola mención de Mallarmé alcanza para evocar cierta concepción de la poesía "espacial" (una constelación de palabras dispuestas "libremente" sobre una página en blanco donde, paradójicamente, el azar entra dentro del ámbito de lo previsto)– y, por otro lado, le permite desarrollar la metáfora de la inspiración literaria, de la cual se creía desprovista.

Para contrarrestar tal dificultad, y según su costumbre, Pizarnik convoca nuevamente a una figura de prestigio: "No sé por dónde empezar a escribir. El vacío. Apollinaire aconsejaba para vencer el vacío escribir una palabra luego otra y otra hasta que se llene" (27), escribe en sus diarios. La voluntad de retomar la propuesta de Apollinaire es, en sí misma, significativa: el "ennegrecimiento" de la página implica, en cierto sentido, una "conquista del material", un "llenado" esencialmente físico cuyo objetivo sería el de combatir el bloqueo de la escritura a partir de la escritura misma. En ese sentido, las listas de palabras que encontramos entre los papeles de la autora serían no solamente una parte importante del trabajo preparatorio sino también un modo de luchar contra la angustia de la página en blanco, como lo son también las mil y un versiones de textos que Pizarnik copia una y otra vez.

Esta profusión de citas propias y ajenas también se refleja en el plano material: los soportes de escritura se multiplican y generan nuevas superficies capaces de albergar la palabra poética –en general, el muro o el piso, pero también el cuerpo humano–.[13] El abandono de la página en blanco, es decir, del lugar tradicional para el "desborde" de la escritura es revelador de la poética de Pizarnik, que elige infringir las reglas y "rebasar" los límites de la página, tanto material como simbólicamente. Menos convencionales que la hoja en blanco, el empleo de soportes tan variados como improbables reproduce la profusión de fuentes y de variantes que advertimos en la etapa redaccional, refuerza la dimensión material de su escritura. Por otro lado, estas instancias alternativas de objetivación contribuyen a borrar las fronteras que separan al yo lírico del soporte sobre el cual se expresa, fomentando así una asimilación casi orgánica entre los textos y el artista-productor: "es verdad que en lo oscuro / hay esta confusión de ojos y hojas" (*Poesía completa* 324).

En tanto indicios visuales y espaciales, las paredes llenas de resquicios ("Grietas en los muros") traducen la rigidez propia de los soportes pero también el deterioro material y el paso del tiempo: las rajaduras, intersticios y hendiduras no son sino los signos externos de esta degradación. Desde ese punto de vista, y presentándose siempre como una forma de lucha contra la hoja en blanco, como una tentativa de escaparse de los límites impuestos por el lenguaje mismo, la insistencia en la contingencia y en la materialidad de los signos parece traducir y subrayar las dificultades y los estorbos ligados a la composición poética. En su ensayo "Lingüística y poética", Roman Jakobson había señalado ya que la función poética "pone en evidencia el aspecto palpable de los signos" (218), especialmente a través de la paronomasia. Desde el momento en que la materialidad de los sonidos vuelve "más tangible" el lenguaje, al mismo tiempo que promueve una lectura metapoética, no parece casual que sea éste el procedimiento central al que Pizarnik recurre para "La verdad de esta vieja pared":

> que es frío es verde que también se mueve
> llama jadea grazna es halo es hielo
> hilos vibran tiemblan
>   hilos
> es verde estoy muriendo
> es muro es mero mudo es mudo mira muere (*Poesía completa* 194)[14]

Es interesante constatar que, de una u otra manera, el muro remite con frecuencia a la dimensión metaescritural de la obra: ya sea como lugar donde se alojan los signos ("Signos en los muros / narran la bella lejanía" (*Poesía completa* 232); como lugar de renovación del mito de la caverna platónica ("Alguien proyecta su sombra en la pared de mi cuarto. Alguien me mira con mis ojos que no son los míos" (407); como lugar que desencadenaría la creación, en el sentido en que, tal como sostenía Leonardo da Vinci (333), las manchas de un muro pueden esconder figuras –"Huella azul en esta vieja pared" (203); "Otoño en el azul de un muro" (218)– o incluso como espacio receptor de aquellas "marcas" o restos de la escritura que, tal como lo vemos en "Nombrarte", traducen el desgarro del decir:

> No el poema de tu ausencia,
> sólo un dibujo, una grieta en el muro,
> algo en el viento, un sabor amargo. (169)

Los papeles de Pizarnik nos muestran un trabajo metódico y consciente, aplicado a las palabras, decididamente lejos de la llamada escritura "automática" con la que tantas veces se la ha asimilado. Pero si el despojamiento progresivo de los textos nos permite establecer un vínculo entre el dinamismo de la escritura de Pizarnik y el trabajo de composición de los escultores, las abundantes referencias al muro sugieren, por el contrario, un fuerte lazo con el universo de la pintura. Esforzándose por poner en valor la dimensión plástica y visual de los manuscritos (a través de la puesta en página, de la presencia de grafismos para indicar los distintos grados de avance de un texto, del empleo de tintas de diferentes colores, de la mezcla entre escritura dactilográfica y manuscrita, o incluso del uso de ganchos y de cinta *scotch*, entre otros dispositivos tendientes a realzar la cualidad visual de los textos), la autora no hace sino fomentar la analogía que existe, en su obra, entre la escritura y la pintura.

El trabajo preparatorio para "Linterna sorda", un texto de la primera sección de *Extracción de la piedra de locura* (*Poesía completa* 215) del que disponemos al menos cinco versiones anteriores (*APP*; B. 4; f.6; 22, 23, 25, 26 y 27), constituye un buen ejemplo de este verdadero trabajo de hormiga que es la escritura para Pizarnik, y de la necesidad de *visualizar* el texto a medida que va surgiendo. En efecto, al analizar cada una de estas versiones sucesivas, descubrimos la intimidad de una escritura que se construye en base al implícito, que se pule y se perfecciona, que se encamina progresivamente hacia el estilo lacónico y despojado que caracteriza a muchos textos de Pizarnik:

Linterna sorda

> Los ausentes soplan y la noche es densa. La noche tiene el color de los párpados del muerto.
> Toda la noche hago la noche. Toda la noche escribo. Palabra por palabra yo escribo la noche. (215)

Este trabajo de "depuración verbal" sugiere una analogía con el trabajo del escultor que labra la piedra a golpe de cincel, que retira lo que está de más a fin de hacer resurgir la imagen que estaría atrapada en el bloque de piedra. No sorprende, entonces, que el *Palais du vocabulaire* recoja una cita de Valle-Inclán que va en el mismo sentido, y que parece haber inspirado a Pizarnik esta política de supresión y de recorte progresivo que constatamos en sus textos: "No hay diferencia esencial entre el verso y prosa [...] los grandes poetas eliminan los vocablos vacíos, las apoyaturas, las partículas inexpresivas, y se demoran en las nobles palabras, llenas, plásticas, dilatadas" (*APP*, b.4; f.9; 23). Porque implica no sólo una lucha entre la materia y el espíritu sino también una concepción de la literatura que incluye el trabajo que vuelve la obra visible, este ejercicio de sustracción –la liberación del sentido o de la idea que estarían "aprisionados" en la materia– resulta a la vez un proceso lingüístico y estético.

Al analizar las distintas versiones de "Linterna sorda", una de las cosas que primero se advierte es la labilidad con que Pizarnik pasa de la prosa al verso, y del verso a la prosa. Si bien este tipo de modificación se da con cierta frecuencia en su obra, no deja de sorprender que Pizarnik oscile tan abiertamente entre estas dos formas de expresión y, tal vez más aún, que retorne a la prosa (cuarta y sexta versión) después de varios intentos en verso (segunda, tercera y quinta versión). Por otro lado, la versión inmediatamente anterior a la publicación muestra sin ambigüedades la importancia de la redistribución de las palabras en la página, y la necesidad de visualizar esta "puesta en verso": así, hay una estrofa que se repite tres veces en la misma página, con variantes y correcciones mínimas y que, sin embargo, desaparece íntegramente en la versión publicada:

> Veo crecer hasta mi mirada ~~cantos~~
> sombras de una materia
> ~~algo de una materia~~ desesperadas que
>   un pueblo llorando
> disuenan como ~~alguien que llora~~
>   que llora.
>
> Veo crecer hasta mi mirada ~~una~~ sombras
>   silenciosa
> de una materia ~~desesperada~~ que
> ~~resuena como~~ que disuena como
> un pueblo q' llora.
>
> Veo crecer hasta mi mirada sombras
> de ~~un material si~~ una materia
> silenciosa y desesperada. Escucho
> los grises, densas plegarias
> despeñarse hacia el antiguo
> lugar del corazón. (*APP*, B.4; f.6, 37)

También muchas de las referencias espacio-temporales o circunstanciales ("Escucho a las grises, densas aguas despeñarse hacia el antiguo lugar del corazón. Me voy a anochecer. Me van a morir",

APP, B.4; f.6; 33) se borran a favor de una universalización del texto. Por otro lado, gran parte de los verbos ("grito"; "me confino"; "me alejo"; "pido...") se eclipsan, atenuando el carácter narrativo del texto, así como los rasgos más propiamente subjetivos. Pero si la desaparición de lo contingente apunta a otorgar validez universal a lo enunciado, el gradual escamoteo de pronombres y de subjetivemas ("Veo crecer hasta mi mirada algo de una materia silenciosa y huérfana que disuena como alguien que llora"; "Miro crecer en mi mirada figuras de un material vacante y desesperado" (*APP*, B.4; f.6, 28 y 33, respectivamente) matiza, por así decirlo, la intensidad de la voz lírica, que se muestra más contenida, más discreta –en cierto modo, más próxima al estilo de las sentencias o de la poesía gnómica–.

En efecto, si la supresión de elementos implica el avance o crecimiento de los espacios en blanco, que de alguna manera inscriben en la página misma la dimensión temporal, la urgencia con la que se repite, en la versión publicada, la palabra "noche" contribuye a sugerir, incluso en prosa, la existencia de un ritmo seco e insistente, de un ritmo perentorio y definitivo. Junto con la simplificación de la sintaxis, el empleo de verbos en presente del indicativo refuerza el tono sentencioso, a la vez que "congela" la temporalidad en una suerte de inacabamiento perpetuo que termina por identificarse con el poder preformativo de la lengua y, en definitiva, con la escritura misma: "Toda la noche hago la noche. Toda la noche escribo. Palabra por palabra yo escribo la noche" (*Poesía completa* 215).

Es interesante notar que, además del "desmantelamiento" o del "despojo" progresivo del texto inicial, las fluctuaciones léxicas nos permiten, en cierto modo, reconstruir el pensamiento de la autora. Mucho más importante que un mero cambio de vocabulario, el titubeo entre "cantos" y "sombras" refleja, en definitiva, dos concepciones de la escritura: mientras que la referencia al canto sugiere el aspecto musical y melódico, la alusión a las sombras propone la opacidad o la falta de luz, la asociación con espectros o apariciones y, en última instancia, con las personas ausentes o difuntas. Se trata, entonces, de dos modos antagónicos de pensar la escritura, que coexisten y están siempre en pugna en la obra de Pizarnik.

Las diferentes versiones de "Linterna sorda" culminan en un texto breve de carácter metapoético, que se esconde y se repliega sobre sí mismo. Sin embargo, y a la manera de la ley de conservación de la materia formulada por Lavoisier, la autora brinda a menudo una nueva vida a sus "residuos" textuales, ya sea desplazando fragmentos para integrarlos luego en otro proyecto, ya sea transplantándolos a un texto preexistente. Es el caso, por ejemplo, de "Sous la Nuit", que Pizarnik envió a Félix Grande, de *Cuadernos hispanoamericanos*, en 1972, y que finalmente integró la edición de *Textos de Sombra y otros poemas* (*Poesía completa* 420). Varios años después de su escritura –la tercera variante de "Linterna sorda" está fechada el 25 de septiembre de 1967–, Pizarnik retoma gran parte de lo que había sido descartado y lo incluye, apenas con alguna modificación menor, en un texto que dedica "*A Y. Yván Pizarnik de Kolikovski, mi padre*".

En otras palabras, tanto el desplazamiento como la reinserción parcial de la escritura en un nuevo contexto confirman el carácter móvil de las palabras, que las huellas de cinta adhesiva y de ganchos, pero también el uso del pizarrón, es decir, un soporte de escritura efímero, ya habían insinuado. En cierto modo, entonces, esta "migración de palabras" no hace sino traducir la versatilidad verbal inherente a todo trabajo de composición, si bien la circulación de la palabra sólo resulta posible en obras que, como la de Pizarnik, se caracterizan por su coherencia interna. Cabe destacar que las modificaciones que sufre el texto no se limitan de manera exclusiva al desplazamiento de fragmentos, sino que incluyen la sustitución o incluso la desaparición de términos (el "canto de duelo" se transforma en "un canto para mis males", mientras que "la casa de la noche" y la "materia silenciosa que disuena" se volatilizan). Al igual que en otros textos, también "Linterna sorda" entabla, desde el espacio paratextual, un diálogo con la tradición: en efecto, el título remite directamente a la obra homónima de Jules Renard (1931), traducida por Ramón Gómez de la Serna, con quien Pizarnik tuvo lazos de amistad. Así, los diferentes tipos de "reciclaje" textual nos permiten seguir el hilo de una escritura siempre cambiante y en constante interacción a la vez con el propio discurso (metapoética) y con los discursos ajenos (metaliteratura).

Así, si el cincelado de palabras permite explicar la economía del lenguaje de Pizarnik, los diferentes dispositivos que intervienen en la distribución y en el "montaje" de los textos concretizan temas centrales en su obra, tales como la dicotomía entre lenguaje y silencio, o la primacía de la visión sobre el canto. Es decir que el cuestionamiento de las posibilidades y de los límites del lenguaje verbal no sería tan sólo una temática recurrente en la obra de Pizarnik sino más bien una disposición estética que guiaría el trabajo de "construcción de la obra" en cuanto tal.

Sobre el blanco

Les vides comptent autant que les pleins
Archipenko

Si nos interesamos por los papeles de Pizarnik, es porque nos permiten comprender mejor las distintas estrategias que la llevan a la escritura, porque permiten restablecer todo aquello que, en las obras publicadas, permanece entre tinieblas. Pizarnik se refiere a menudo a la naturaleza oscura, secreta, de su voz y de sus letras: "Estoy hablando, o mejor dicho, estoy escribiendo con la voz. Es lo que tengo: la caligrafía de las sombras como herencia" (*Prosa completa* 179).[15] Ahora bien, así como las tachaduras vuelven visible aquella realidad invisible que es la obra en potencia, también permiten, como lo sugiere Serge Tisseron (30), dar cuenta de la "respiración" del texto.

Aunque la puntuación de sus textos es débil, Pizarnik otorga un lugar considerable al "aliento", y se sirve de las pausas y de la segmentación sintáctica para marcar el ritmo de su trabajo. Es así que los saltos a la línea y otro tipo de espacios blancos, las barras oblicuas, los paréntesis y, ocasionalmente, los guiones, le permiten representar visualmente el recorte y volverlo, por tanto, más visible:

> [...] En el poema en prosa los espacios son necesarios (cada párrafo una frase como las de Rimbaud. O varias frases. Pero todo dentro de tres o cuatro líneas. Y con espacios dobles. En caso contrario hay que olvidarse de la economía del lenguaje y escribir del modo más fluido que existe: Miller).
> [...] Lectura de *Les illuminations*. Un tanto desilusionada. Lectura opaca.
> Poemas en prosa: necesidad de los espacios dobles. Al menos, para mi "estilo".
> Narciso: ver. (*Diarios* 418-419)

Parecería, entonces, que todo el trabajo de puesta en escritura fuera un trabajo de "mostración" de los fundamentos simbólicos y de la concepción del lenguaje poético tal como lo entiende Pizarnik. En ese sentido, es significativo que se aluda en varias oportunidades a aquel que insistía en la necesidad de "hacerse vidente". Pues si la célebre formulación implica, ante todo, un cambio de estado, el empleo de la forma pronominal evoca también un proceso cuyo objetivo último sería el de no limitarse a las apariencias o al aspecto visible de las cosas sino, ante todo, aprehender lo desconocido. Al preocuparse por fomentar una lectura en paralelo con la obra de Rimbaud, Pizarnik insinúa una filiación simbólica; sin embargo, no por ello debemos olvidar que también se inspira de sus innovaciones formales (la virtual desaparición de la rima a favor de la asonancia, la aliteración, el atrevimiento en el uso de los conectores...).

Sin perjuicio de esta dimensión rítmica pero también simbólica del blanco (basta pensar en Mallarmé, en Blanchot, en Melville...y en tantos otros), el empleo que Pizarnik hace de la página en blanco también parece responder a la necesidad, muy concreta, de "mostrar la obra", en complemento, entonces, de otras estrategias ya evocadas, como el "pasado en limpio" sistemático, el empleo de tintas de distintos colores, la utilización del pizarrón, etcétera. Así, de la misma manera en que Pizarnik interviene sobre los soportes para prepararlos, pero también para apropiarse de ellos, los espacios en blanco le permiten traducir gráficamente el *tempo* característico de su "canto". Además de los saltos a la línea y de la inserción de espacios blancos en medio de algunos versos, la autora recurre en esta etapa preparatoria a la página en blanco como marco o como *passe-partout*, es decir, para pegar allí lo previamente seleccionado: textos dactilografiados, fotos, postales, imágenes recortadas de libros o revistas, páginas arrancadas de libros...

Se instaura, entonces, una especie de encuadre, a la vez real y virtual (en tanto podemos decir de una imagen que está "enmarcada" pero también que está bien "encuadrada"), cuyo objetivo sería reforzar aquello sobre lo cual se focaliza la mirada y, por tanto, volver los textos más visibles, y más *legibles*. En efecto, los marcos ocupan un lugar tan importante dentro de la construcción de esta poética de lo visual precisamente porque Pizarnik no sólo se sirve de ellos para transmitir una reflexión sobre los límites (de la obra de arte, del lenguaje...)

sino también para circunscribir o determinar visiones o imágenes en particular; en otros términos, porque contribuyen a *dirigir* la mirada.

Desde este punto de vista, cabe señalar que los papeles de trabajo de Pizarnik también revelan la presencia de otras prácticas que parecieran tener un propósito similar. Así, podemos interpretar el considerable número de flechas y de "índices dadaístas" desparramados por los manuscritos como metamorfosis o "cristalización" plástica del gesto de ostensión que el dedo índice materializa. Del mismo modo que un marco, estos signos orientan nuestra mirada, nos indican, nos muestran, nos llaman la atención sobre algo en particular. Pero si bien es cierto que las obras publicadas no siempre guardan rastro explícito de las operaciones que intervienen en su génesis, los deícticos y otros índices de ostensión que Pizarnik convoca traducen, en los textos, una mostración en algún punto análoga a la puesta en marco que acabamos de evocar (Caws).

El encuadre material creado por el blanco parece perseguir un objetivo doble: por un lado, crear una fuerza o más bien un "espacio de atracción" capaz de atraer y fijar la atención del lector de un solo gesto y, por otro lado, conceder una extensión vacía e inhabitada que sirva de contrapunto a la escritura: un espacio que pueda representar la nada, el silencio, lo incomunicable, lo indecible, pero también el espacio vacío que precede a la creación.

Parece evidente que esta estrategia de rodear los textos de un espacio en blanco descansa sobre (o al menos fomenta) una analogía con el universo de la pintura, que se presenta como complementaria a esta utilización "plástica" de la página en blanco, del deseo de "visualizar" las palabras *en el espacio*, que ya habíamos adivinado en las palabras recortadas y en el uso sistemático del pizarrón. Precisamente, Susana Haydu ve un lazo entre el hecho de que Pizarnik asistiera al taller de Battle Planas y este tratamiento plástico de la página: "Ese año [1954] abandona la carrera de Letras y comienza a estudiar pintura, con Juan Battle Planas, quien contribuyó a la evolución de sus conceptos sobre poesía y a su modo de tratar la distribución del texto sobre la página en blanco, como una forma, un dibujo" (Haydu 17). Por su parte, Enrique Pezzoni (158) ya había señalado, al momento de publicarse *Los trabajos y las noches*, la función del blanco —y, por lo tanto, del recorte— como elemento estructurante y de encuadre.

Los grandes espacios en blanco que en *Los trabajos y las noches* enmarcan cada uno de los breves textos no obedecen a un mero afán ornamental. El vacío de la página donde el texto parece sustentarse en sí mismo es un modo de aludir a la existencia de los dos ámbitos (creación y también revelación de la experiencia); éste del cual huye el poeta en busca de sí, aquel donde se produce el encuentro.

El blanco de los poemas de Pizarnik constituiría, entonces, una especie de "pasaje", un espacio que fomentaría la oscilación de la mirada entre lo visible y lo invisible. Por otro lado, en su espesor de silencio, este "encuadre blanco" recuerda el espacio construido por Kasimir Malevitch en su *Cuadrado blanco sobre fondo blanco* (1918), en tanto se abre hacia el infinito, en tanto nos permite descubrir diferencias en las texturas, en tanto permite, entonces, la interrogación sobre el arte y su práctica –en este caso, sobre el arte de la escritura, claro está, pero también sobre su interacción con otras formas de expresión artística–. En definitiva, en la obra de Pizarnik el blanco parece el resultado de un proceso de depuración que consistiría en "desollar" los textos, deshaciéndose progresivamente de todo elemento superfluo, hasta detenerse en las "inmediaciones de lo innombrable" (Laurent 159).[16]

Las prácticas o las estrategias de adición (recortes y ensamblajes de palabras y de materias) y de sustracción (borrado de palabras, gestión de los espacios blancos) puestos en práctica al momento de disponer los poemas nos permiten reconstruir, a grandes rasgos, las diferentes etapas de composición: no solamente reflejan la manera en que Pizarnik piensa y concibe la escritura sino que, además, ponen en evidencia las relaciones particularmente complejas que todo escritor mantiene con sus "materiales". En efecto, si Pizarnik no deja de "concretizar" o de "materializar" el lenguaje gracias a la imagen del muro e incluso de aquellas "moradas imaginarias", no por ello escapa al riesgo de reificar el lenguaje que, en definitiva, es a la vez la sustancia y el medio mediante el cual construye su obra: "Terror de cosificar la obra. ¿Y por qué no lo haría? Vínculo sádico. La desmenuzo, la fragmento" (Pizarnik, *Poesía* 4854).

Mecanismo esencial en la creación poética de Pizarnik, la desintegración física del material (observable, por ejemplo, en las palabras recortadas o en los pedacitos de papel) anuncia ya la desintegración simbólica del discurso, a través del empleo de versículos, de sintagmas nominales, de frases inacabadas. Esta fragmentación se infiltra igualmente en los textos, en especial por la presencia de grietas en los muros o de otras imágenes que materializan la idea de ruptura, de división, de degradación.

Haciendo referencia a la brecha que se abre entre el significante y el significado, así como también a la distancia que se instaura entre las palabras y las cosas, estas figuras de disolución (material y simbólica) se presentan como un medio más de cuestionar el poder de la lengua, de plantear de otro modo la noción de representación, ya sea textual o referencial:

> [...]
> entre lo decible
> que equivale a mentir
> (todo lo que se puede decir es mentira)
> el resto es silencio
> sólo que el silencio no existe
>
> no
> las palabras
> no hacen el amor
> hacen la ausencia
> si digo agua ¿beberé?
> si digo pan ¿comeré? (*Poesía* 398-399)

El poema se nos presenta, entonces, como un espacio parcelado, como un espacio discontinuo que concretiza a la vez la influencia del tiempo y la acción del cálamo sobre la materia. Es, en definitiva, un espacio que conserva las huellas o los restos del trabajo luego descartado: "como una niña de tiza rosada en un muro muy viejo súbitamente borrada por la lluvia" (*Poesía* 241). Un espacio que refleja aquella herida que parece caracterizar la escritura de Pizarnik y que, por ello mismo, fomenta una analogía con el espacio siempre cambiante y fugaz de los manuscritos.

Por otro lado, el carácter discontinuo y fragmentario de muchos de los textos de Pizarnik tejen un lazo con la muerte, ya sea porque implican la desarticulación o la disgregación de partículas o porque se presentan como una vía de paso entre dos universos: "En realidad no escribo: **abro brecha** para que hasta mí llegue, al crepúsculo, el mensaje de un muerto" (361). A su manera, César Aira ya había establecido un lazo entre las restricciones temáticas y léxicas que se impone Pizarnik y la noción de muerte, que decididamente impregna sus textos:

> [...] un autor que se impone restricciones léxicas o temáticas se está adelantando a su propia muerte, al cierre de su obra. Es un modo económico, aunque incómodo, de incorporar la muerte a su obra. En fin, como el stock es limitado, la poeta se obliga a la combinatoria de una cantidad limitada de términos. Y la combinatoria actúa sobre el horizonte de su agotamiento. ¿Cuántas "tiradas" distintas pueden salir del puñado de figuras disponibles, albas, niñas, noches, muertes, espejos, etc.?
> Muchos poemas de A.P. pueden leerse en este marco; en rigor, todos; algunos, se diría que tematizan la cuestión. [...] (39)

Separación, desintegración, repetición, restricción: distintos modos de significar la pulsión tanática que parece insuflar el trabajo de composición de Pizarnik. Y sin embargo, al mismo tiempo que dan cuenta de la movilidad física y simbólica de los textos, las huellas de cinta adhesiva o de ganchitos que encontramos con frecuencia en sus papeles de trabajo revelan la voluntad de acoplar las palabras sueltas, de recomponer aquello que previamente había sido desmantelado.

Tal como lo entiende Pizarnik, el trabajo de composición poética se lleva a cabo en varios movimientos de dos tiempos: el de la fragmentación o la disección (que incluye el "pulido" de palabras), pero también el del "rejunte" o entrelazamiento de palabras (ya sea por interpolación, por combinación o por yuxtaposición de fragmentos textuales), es decir, a través de estrategias que implican la inserción o reinserción de fragmentos en un nuevo contexto y la reutilización o la reconversión de lo ya dicho. Así, mientras las diferentes modalidades de "corte" y "confección" nos permiten reconstruir la dinámica específica del trabajo de escritura de Pizarnik, la presencia del blanco, metáfora por excelencia de los desafíos y de las limitaciones inherentes a la creación literaria, sugiere una escritura que se despoja progresivamente, una escritura que roza los límites del lenguaje hasta decir lo mínimo indispensable.

Notas

[1] Este artículo presenta algunas de las principales hipótesis de mi tesis doctoral, publicada originalmente en francés (*Une calligaphie des ombres. Les manuscrits d'Alejandra Pizarnik*, Saint-Denis, Presses Universitaires de Vincennes, 2014) y retoma, en particular, el capítulo "Petite anatomie de l'écriture" (269-294).

[2] El fondo Pizarnik contiene fragmentos de algunas hojas hechas trizas por la autora poco antes de su muerte (*APP*, B. 7, f. 54), entre las cuales figura un fragmento de carta y algunos borradores incompletos y, por lo tanto, difícilmente reconocibles.

[3] Faltan las páginas 50 a 53 de la revista *El corno emplumado* (n°13; enero 1965); también fueron arrancadas las páginas 159 a 162 del ejemplar n° CLXX de *Papeles de Son Armadans* y las páginas 286 a 296 del n° CLXXVII de la misma revista, por citar tan sólo algunos ejemplos. Todas estas revistas «amputadas», que habían pertenecido a Pizarnik, forman parte ahora del fondo de la autora en la Biblioteca Nacional Argentina.

[4] Por ejemplo, el cuaderno Peuser (*APP*, B.5; f.5), o bien aquel que lleva por título «Fragmentos» (*APP*, B.6; f.2), cuyo formato también fue alterado por medio del recorte. Fechado en 1972, el "Cuaderno N°450/H" está prácticamente vacío.

[5] Se trata, por supuesto, de un juego fónico entre "littérature" (literatura) y "rature" (tachadura).

[6] La expresión es de Severo Sarduy, que la emplea en una reseña del libro *Surfaces*, de Octavio Armand ("*Superficies*: la fundación de un tono", *escandalar* 13, vol. 4, n° 1, enero-marzo 1981).

[7] Allí también encontramos, por ejemplo, algunos volúmenes de los *Cahiers du Collège de Pataphysique*, cuyas tapas están manchadas de pintura a la manera de los cuadros de Pollock.

[8] Se trata, seguramente, de una enciclopedia o de un manual en francés, que recopila juegos y otras formas de recreación a lo largo del tiempo y que contiene, entre otros materiales, recortes del diario *La Nature*, algunas ilustraciones de Poyet e imágenes de Epinal. Conviene señalar, por otra parte, que la descontextualización de dibujos para su posterior donación o venta es una práctica frecuente en algunos escritores, a la que se podría agregar una tercera posibilidad: la exhibición pública. Una exposición reciente ("L'un pour l'autre, les écrivains dessinent", IMEC, Abbaye d'Ardenne, 19 de enero - 6 de abril de 2008) presentaba el trabajo plástico de algunos escritores, ya sea en su contexto original o separados de sus archivos. En el ámbito latinoamericano, algunos dibujos de Amalia Nieto, recortados de su correspondencia con Felisberto Hernández, fueron expuestos en la Galería Jorge Mara ("Cartas a Felisberto", Buenos Aires, 13 de septiembre - 20 de octubre de 2008). Fue, en definitiva, el cambio de estatuto –de complemento de la escritura a obra autónoma– lo que permitió que esta obra resultara accesible al público.

[9] Retomo la célebre fórmula con que Borges se refiere a las obras de Pierre Ménard precisamente porque subraya la dicotomía visible/invisible. Por otra parte, el autor de *Ficciones* no deja de mencionar –en apostillas– las tachaduras que poblaban los manuscritos de Ménard ni el proceso de su destrucción: "Recuerdo sus cuadernos cuadriculados, sus negras tachaduras, sus peculiares símbolos tipográficos, y su letra

de insecto. En los atardeceres le gustaba salir a caminar por los arrabales de Nîmes; solía llevar consigo un cuaderno y hacer una alegre fogata" (450).

[10] Pizarnik se refiere aquí a Guillermo II de Inglaterra (William Rufus), hijo de Guillermo el Conquistador, que sucedió a su padre en el trono de Inglaterra. Apodado "Guillermo el rojo", su condición de delfín explica el uso del diminutivo, mientras que el mote burlón "Guillermito el cojo" se funda sobre un juego fónico.

[11] Pizarnik, *Prosa completa* 114; 100; 98; 106; 153; 152; 106 y 107, respectivamente.

[12] Ignoro por qué este fragmento no fue incluido en la edición de los diarios de Pizarnik (452): no sólo su contenido es estrictamente literario sino que, además, prolonga una reflexión (citada parcialmente en este trabajo) donde describe su propia escritura como fragmentaria, desagregada y pulverizada.

[13] Ver, por ejemplo: "La verdad de esta vieja pared", "Una palabra" o "Noche compartida en el recuerdo de una huida" (Pizarnik, *Poesía completa* 194, 367 y 257, respectivamente).

[14] En una versión anterior, este poema se llamaba "Vieja pared".

[15] Esta cita resulta, en el fondo, bastante paradójica, ya que Pizarnik desliza en su texto dos versos de Nelly Sachs sobre la sombra que, de este modo, permanecen ocultos: "[...] La caligrafía de las sombras / como herencia. / Paisajes coloreados de verde/ con sus aguas clarividentes / ahogados/ en los callejones de las tinieblas [...]"; ("El contorno").

[16] La expresión es de Laurent Jenny, que la emplea en relación a Víctor Hugo. (*La terreur et les signes*. Paris: Gallimard, 1982).

Bibliografía

Aira, César. *Alejandra Pizarnik*. Rosario: Beatriz Viterbo, 1998.

Biasi, Pierre-Marc de. "Qu'est-ce qu'une rature?" *Ratures et Repentirs. Vème Colloque du CICADA, Université de Pau, 1-3 décembre 1994.* Pau: Publications de l'Université de Pau, 1996. 17-47. <http://www.pierre-marc-debiasi.com/letterature/affiche.text.php2src_texte=2016&id_rul=2> 6 ago. 2014.

Borges, Jorge Luis. *Obras completas*. Buenos Aires: Emecé, 1974.

Breton, André. "Manifeste du surréalisme". *Manifestes du surréalisme*. 1924. París: Gallimard, 1979.

Breton, André. "Crise de l'objet". *Le surréalisme et la peinture*, nouvelle édition revue et corrigée (1928-1965). 1936. París: Gallimard, 1979.

Carson, Anne. *Men in the Off Hours*. New York: Vintage, 2000.

Caws, Mary Ann. "Pointing: Wittgenstein and Duchamp". *The Surrealist Look. An Erotic of Encounter*. Cambridge: MIT Press, 1999. 257-281.

Hay, Louis. *Les manuscrits des écrivains*. París: CNRS–Hachette, 1993. 122-137. "Les manuscrits au laboratoire" [en línea]. <http://www.item.ens.fr/index.php?id=64253> 10 julio 2007.

Haydu, Susana. *Alejandra Pizarnik: evolución de un lenguaje poético*. OEA, Interamer, 1996 [Cultural Series, 52]. <http://www.educoas.org/Portal/bdigital/contenido/interamer/interamer_52/index.aspx?culture=fr&navid=240>.

Hernández, Juan José. *Escritos irreberentes*. Buenos Aires: Adriana Hidalgo, 2003.

Jakobson, Roman. *Essais de linguistique générale*. París: Minuit, 1963.

Laurent, Jeny. *La terreur et les signes*. Paris: Gallimard, 1982.

Manuel Mujica Láinez Papers [MMLP], Manuscripts Division, Rare Books and Special Collections Department, Princeton University Library, [CO819].

Manguel, Alberto. "Breve historia de la página". *Páginas de guarda. Revista de edición, lenguaje y cultura escrita* 3, Universidad de Buenos Aires, otoño 2007.

Molinet, Emmanuel. "L'hybridation: un processus décisif dans le champ des arts plastiques". *Le portique. Revue de philosophie et des sciences sociales* ("Varia"), diciembre de 2006. e-portique 2 (2006). <http://leportique.revues.org/document851.html>. 4 ago. 2014.

Pezzoni, Enrique. "Alejandra Pizarnik: la poesía como destino". *Sur* 297 (Buenos Aires, nov-dic 1965): 101-104 (incluida en Pezzoni, Enrique. *El texto y sus voces*. Buenos Aires: Sudamericana, 1986).

Pizarnik, Alejandra. *Poesía completa*. Barcelona: Lumen, 2001.

_____ *Prosa completa*. Buenos Aires: Lumen, 2002.

_____ *Diarios*. Barcelona, Lumen: 2003.

Alejandra Pizarnik Papers [APP], Manuscripts Division, Department of Rare Books and Special Collections, Princeton University Library [CO395].

Requeni, Antonio. "Recuerdo de Alejandra Pizarnik". *Alba de América* 4/6-7 (julio 1986).

Sarduy, Severo. "*Superficies*: la fundación de un tono". *Escandalar 13* 4/1 (1981)

Tisseron, Serge. "All Writing is Drawing: the Spatial Development of the Manuscript". *Yale French Studies 84, Boundaries: Writing & Drawing*. New Haven: Yale UP, 1994. 29-42.

Vinci, Leonard de. *Traité de la peinture*, textes traduits et présentés par André Chastel. París: Editions Berger-Levrault, 1987.

Versiones y perversiones
Una propuesta de lectura para dos textos inéditos de
Alejandra Pizarnik

Paulina Daza

sólo palabras
las de la infancia
las de la muerte
las de la noche de los cuerpos
Alejandra Pizarnik

I. Versiones y perversiones

Presentaciones

Este trabajo constituye un acercamiento a dos textos inéditos de la poeta argentina Alejandra Pizarnik. Este primer esbozo parte del interés por comprender la obra poética publicada, inédita y la prosa de la escritora como un todo complementario que revela una poética escritural fascinante, en la cual la relación de Pizarnik con el lenguaje pasa por distintos momentos, así como también su relación con temas como la infancia, la muerte, la ausencia, el silencio y la reflexión poética. Desde esta perspectiva la obra inédita constituye un eslabón importante para tal estudio. Este análisis se limita sólo a examinar el poema "*Epitafio.* Contra una nadería [de mi amor]" (1972) y un poema sin título que denominaré por su primer verso "En esta noche en este mundo" (1971). Pude tener acceso a estos textos inéditos gracias a la Doctora Patricia Venti García, destacada investigadora de la obra de Pizarnik que ha revisado en dos oportunidades la colección de textos inéditos de la escritora en la biblioteca de la Universidad de Princeton.

Estos textos pueden pensarse como una secuencia en la que se hace manifiesta la desintegración de un sujeto concebido a través de la escritura. Tal desintegración se manifiesta por medio de la presencia y ausencia del deseo en las dimensiones escritural y corporal. Los textos escogidos serán examinados, además, a partir del diálogo intertextual que se registra al interior de la obra poética publicada e inédita de la autora revelada a través de la intertextualidad restringida o autotextualidad.

"En esta noche en este mundo" está formado por cuarenta versos a diferencia del poema publicado bajo este título que está conformado por cuarenta y nueve versos divididos en siete estrofas de desigual número de versos. El poema publicado muestra una búsqueda intelectual sugerida por el deseo vital del lenguaje (de palabras) que le permitan la creación poética. El texto inédito, por su parte, evidencia una búsqueda del placer suscitada por el deseo vital del cuerpo y el erotismo que se libera en el poema.

Propongo que a través del diálogo entre ambas versiones, la publicada que remite a la relación de la poeta con el lenguaje y la inédita que hace referencia a la relación de la autora con su cuerpo, es posible descubrir un momento de disociación y al mismo tiempo de complementación entre el abandono del lenguaje (del deseo escritural) y la presencia del cuerpo (deseo sexual) que le permite sobrevivir a la poeta.

El poema "*Epitafio*. Contra una nadería [de mi amor]" corresponde al momento en que la poeta abandona la escritura: el período más cercano a su muerte. Este texto está conformado por veintisiete versos en los cuales se pone en evidencia la muerte del sujeto que se construye con lenguaje. Esto es reconocible a partir del examen, en el poema, de las características asociadas a un yo poético presentadas a lo largo de su poesía y que se manifiestan en el poema en estudio. Se trata de delicados encuentros en el campo temático que permiten un diálogo entre textos de la misma autora revelando una sutil intertextualidad.

II. Versiones y perversiones

Noches y mundos

El poema "En esta noche en este mundo" fue publicado por primera vez (según se indica en *Poesía Completa* de Alejandra Pizarnik, edición a cargo de Ana Becciu) en *Árbol de fuego* (1971), y *La gaceta del Fondo de Cultura Económica*, Nueva Época, n° 19 julio 1972. En *Poesía Completa*, lo encontramos reunido junto a otros textos bajo el título de "Pequeños Cantos". Se trata de uno de los últimos poemas publicados antes del suicidio de la escritora argentina. El análisis del poema publicado y de la versión inédita del mismo evidencia el encuentro de ambos como complemento y fórmula de resistencia contra la muerte. Estos textos se presentan como versiones del deseo que la embarga en "su" noche, en "su" mundo.

En el poema publicado, el lenguaje parece haber sido estudiado finamente de manera que el texto se convierte en una estrategia contra la muerte. Una muerte acechante y desconocida que podría ser negativa, una muerte real que despierta el sentido de la pérdida. Cristina Piña menciona, en su biografía de Pizarnik, que luego del fallecimiento de su padre, la muerte se había convertido en la "Loba azul", y que la "sombra" de ésta ocupaba gran parte de sus últimos poemas. Esta podría ser una muerte intangible que, en los inicios de su escritura, le produce curiosidad, una muerte que se enreda con la vida, con el miedo, con el amor, una muerte indefinible a la que no sabe si temer o acercarse y con la que intenta luchar. Como cuando escribe en el poema "Cenizas": "Hemos dicho palabras,/ palabras para despertar muertos" (82). Decir palabras puede ser no sólo una forma de resistencia sino también una soberanía momentánea sobre ella,[1] pues despertar a los muertos significa darles vida. El deseo de escritura es una vinculación con la noche, con el mundo y con la vida, pero poco a poco va dando cuenta de su debilitamiento. El orden perfecto de las palabras, siempre puras, se precipita así hacia el caos por lo que el refugio-poema se vuelve insatisfactorio. La muerte ya no se mantiene merodeando la vida, está junto a ella y parece no haber manera de luchar y resistir en medio del caos, donde imperan la duda y la sinrazón: "Palabras embozadas/ Todo se desliza/ Hacia la negra licuefacción" (398). La pérdida de la fe en el lenguaje se hace manifiesta. Las palabras no alcanzan para decir, revelándose así el desgaste de la lengua y de su estudio para obtener la palabra perfecta. La lengua no da ni devuelve la vida. Ella es, en efecto, "el órgano[2] de la re-creación/ del re-conocimiento/ pero no el de la resurrección" (398). En el poema, en la medida en que la esperanza en el lenguaje se debilita, la aparición del cuerpo se presenta sutilmente como otra alternativa para alcanzar un nuevo conocimiento, produciendo una nueva fuerza que la acerca o ata a la vida. En el poema escribe:

> los deterioros de las palabras
> deshabitando el palacio del lenguaje
> el conocimiento entre las piernas
> ¿qué hiciste del don del sexo? (399)

Podemos comenzar a explorar, en este contexto, la complementariedad presente entre las versiones publicada e inédita del texto examinado.

En el poema inédito, Pizarnik intenta resistir la muerte a través del deseo sexual. Dicho deseo se vincula a la vida y al mismo tiempo a la escritura, pues esta última es el medio para expresar el deseo y el reconocimiento del cuerpo, siempre velado en la escritura poética corregida y escogida para su publicación. No hay disimulos al mencionar la fuerza del deseo sexual. Su despliegue genera la posibilidad de reaccionar y de exorcizar la muerte. Pizarnik se libera de sus propias limitaciones con respecto a la aparición del cuerpo en el poema, dejando que el deseo desborde los límites, lo que se evidencia en la irrupción de un lenguaje obsceno que en su poesía publicada no tiene lugar. Es su deseo sexual lo que la mantiene viva y la impulsa a escribir detallada y explícitamente su deseo. Es el roce producido entre el deseo de escritura y el deseo del cuerpo aquello que le permite aferrarse a la vida y cortar el deseo de muerte que la perturba. Un deseo de muerte contra el que no pretende luchar, pues ahora la muerte ha dejado de ser una presencia acechante y se ha convertido en un territorio esperanzador, en un verdadero "cuerpo poético que la alienta" (255). Advertimos, entonces, cómo el lenguaje que crea el cuerpo poético es capaz, siguiendo a Deleuze en *Crítica y clínica*, de "poner de manifiesto la vida en las cosas" (13).

Tiene razón Nuria Amat al señalar en su artículo "La erótica del lenguaje. En Alejandra Pizarnik y Monique Wittig" lo siguiente:

> La voz del cuerpo carece de ideologías. Habla, vuela, choca, entra. [...] No se apropia, es propia. Habita y germina en una morada dividida en tantas pequeñas moradas como partículas microscópicas viven en la carne. Sumergida desde siempre, ahora sale a flote envuelta en su velado mundo submarino. (47)

La muerte no puede contra la escritura, la muerte no sabe del calor de los cuerpos que la poeta ha revelado libremente en el poema. Es probable que evadir las prohibiciones auto impuestas signifique ingresar en un territorio en el cual la muerte sólo puede acechar pero no puede entrar.

El deterioro de las palabras posibilita la conexión, velada pero necesaria para cortar el deseo de muerte. Cabe, entonces, un juego con la muerte que se manifiesta en contacto con el erotismo presente en el poema. De algún modo la tensión sexual es también un posible instante de muerte que paradójicamente le devuelve la vida. En relación a esto es posible recordar lo señalado por Georges Bataille en *El erotismo*:

> La actividad erótica no siempre posee abiertamente ese aspecto nefasto, no siempre es esa resquebrajadura; pero, profundamente, secretamente siendo como es la resquebrajadura lo propio de la sensualidad humana, ella es lo que impulsa al placer. Lo mismo que, cuando nos percatamos de la muerte, nos quita el aliento, de alguna manera, en el momento supremo, debe cortarnos la respiración. (111)

En el poema inédito, la noche y el mundo de la poeta están dominado por el "miedo" y las "pasiones primarias", lo que produce un deseo furioso que habita en el cuerpo y ahuyenta a la muerte: "no cabe dudar: entre mis piernas/ no hay lugar para la muy deseada muerte". El cuerpo el que se esgrime como escudo y arma contra la muerte, el cuerpo impone su deseo de resistir a la muerte a través de una pasión, en el sentido de "acción de padecer", "apetito o afición vehemente a algo" (RAE 1693), que inhabilita la fuerza de la razón. No hay límites ni pureza en el lenguaje, sólo deseo. El hablante desea la muerte, seguramente como "descanso eterno", como un fin anhelado para extinguir los padecimientos de la vida. El deseo infinito de placer del cuerpo es cortado por el deseo de muerte que aliviará una angustia existencial, y, al mismo tiempo cada intenso momento de placer corporal corta el deseo de muerte en espera de más. No existe un deseo concreto de vivir, pero los cortes posibilitan la vida. Por momentos el cuerpo y la mente parecen estar desconectados, pues mientras el cuerpo busca placer en la sexualidad, la mente presiente que la muerte es un placentero fin. Parece manifestarse en el poema una especie de resignación a vivir esperando un goce sexual que advendrá.

> mencionar mi concha
> en esta noche en este mundo
> y quiero alabarla porque ella sabe
> ella sí; yo no
> sabe que esto bellísimamente
> caliente
> que aletea sin culpa ni miedo
> es lo único que no me
> deja matarme
> en esta noche en este mundo.[3]

Por otra parte, en el poema publicado surge la idea de la castración de la lengua como motivo del fracaso de la escritura.

> la lengua natal castra
> la lengua es un órgano de conocimiento
> del fracaso de todo poema
> castrado por su propia lengua. (398)

Si entendemos la castración como la "extirpación de órganos genitales" (RAE 476) masculinos o femeninos, reconocemos la misma castración en los poemas publicados. La palabra precisa ubicada en el lugar exacto controla la aparición del cuerpo; con ello controla los fluidos corporales, así como los flujos siempre limitados del deseo sexual. El poema está castrado por el control intelectual del lenguaje, que incide en la manera en que el cuerpo y la sexualidad son presentados. Probablemente por ello en los momentos en que el deseo de escritura parece perderse producto de la pérdida de esperanzas en el lenguaje en el texto publicado sutilmente aparece el cuerpo, mientras que en el texto inédito el cuerpo deviene poema.

Ambos textos se vuelven complementarios para resistir la muerte. Cuando la palabra pura y perfecta ya no alcanza o no es encontrada para crear el poema, el lenguaje irracional, obsceno, que proporciona el deseo sexual es el conjuro perfecto para expulsar la muerte. Recordemos que Pizarnik en el poema "El deseo de la palabra", publicado en el libro *El infierno musical*, escribe "ojalá pudiera vivir solamente en éxtasis, haciendo el cuerpo del poema con mi cuerpo…" (269) lo que anuncia el deseo de la complementariedad poema-cuerpo.

La resistencia y salvación está asociada a la escritura:

> oh ayúdame a escribir el poema más prescindible
> el que no sirva ni para
> ser inservible
> ayúdame a escribir palabras
> en esta noche en este mundo. (399)

Y, por otra parte, está segura que es su deseo de placer lo que le impide suicidarse:

> mencionar mi concha
> [...]
> es lo único que no me
> deja matarme
> en esta noche en este mundo

III. Versiones y perversiones

Creaciones y epitafios

La obra poética de Alejandra Pizarnik parece caracterizarse por una serie de sujetos poéticos que deambulan en su escritura; estos revelan siempre el mismo origen: la propia poeta. En el poema "Piedra Fundamental", Pizarnik escribe: "no puedo hablar con mi voz sino con mis voces" (264). La escritora se fragmenta o se multiplica en una serie de yoes que convergen en su obra poética (su mundo poético –vital–), desarticulando y descentrando completamente su yo.[4] Como plantea Marta Gallo en su artículo "Los espejos de Alejandra Pizarnik", en muchos de los poemas de Pizarnik existe una "infinita repetición de imágenes del yo hasta perderlo y confundirlo con simulacros imaginados, pero no por eso menos reales" (Gallo 10). Supone además "imágenes del yo que lo antagonizan, lo repiten y lo dispersan de forma que termina por anular un único yo" (Gallo 10). Por otra parte, siguiendo las propuestas de Deleuze y Guattari en su libro *Mil mesetas. Capitalismo y esquizofrenia*, debemos recordar que: "no se puede ser un lobo, siempre se es ocho o diez, seis o siete lobos. No que uno sea seis o siete lobos a la vez, sino un lobo entre otros lobos, un lobo con cinco o seis lobos"

(35) De la misma forma, podemos pensar que no se puede ser un solo yo (lobo), siempre se es cinco, seis e incluso más yoes a la vez, como sucede en la obra poética pizarnikiana, donde la poeta se convierte en una multiplicidad de yoes.

Pizarnik parece haberse distanciado de la soledad a partir de la creación de diversos sujetos textuales (sujetos perdidos, sujetos que esperan, sujetos que buscan) que poseen características propias. Incluso, por momentos, el lenguaje, el silencio, la misma poesía se convierten en otros "yoes" mediante los cuales la poeta procura resistir la soledad, la muerte y sobre todo al terror de ser un "yo", un único y solitario "yo" en el mundo. En relación a esto Cristina Piña plantea en la biografía de la poeta: "Ella se identificaba con una frase de Jean Paul que incluso copió alguna vez para una amiga: 'tenía cuatro años, estaba sentado en la puerta de mi casa, y de repente pensé soy un yo y tuve miedo'" (27). Esta identificación complementa la tesis del terror frente a la construcción y estabilidad de un único yo; de este modo se hace comprensible la posibilidad de resistir a este miedo mediante la creación de múltiples yoes en su mundo poético inevitablemente ligado a su vida.

El silencio se convierte en un sujeto más que forma parte de la colección de yoes de la poeta, de modo que hasta el silencio pleno es una voz más de la escritora. No existe, por lo tanto, una completa soledad ni un yo único, porque la fragmentación que da lugar a la multiplicidad produce un constante diálogo entre yoes. El sujeto escritor siempre está presente en la escritura multiplicado infinitamente. En *Extracción de la piedra de locura*, se lee: "Pero el silencio es cierto. Por eso escribo. Estoy sola y escribo. No, no estoy sola. Hay alguien aquí que tiembla" (Pizarnik 243). A partir de este verso se hace evidente la idea de que nunca hubo un solo "yo" enunciador (nunca una sola Alejandra) en sus poemas, siempre había otro u otras que ella reconocía en su escritura. Una multiplicidad de yoes recorren su poesía, intentando constituirse en un colectivo que resiste la extinción a través de la palabra poética.

El poema inédito "Epitafio" pertenece a la última etapa escritural de Alejandra Pizarnik. Según la fecha que indica el manuscrito, corresponde a junio de 1972, seis meses antes del suicidio de la poeta. Propongo que es posible identificar en este texto la muerte del yo poético (de las multiplicidades de yoes) presente en toda su obra. Sostengo que se trata de la muerte del yo poético debido a que existen versos que remiten con claridad a otros poemas de la autora. Así, el epitafio presume ser la inscripción de la imaginaria tumba del imaginario sujeto, que teniendo o no filiación directa con la poeta se presenta como una creación cuya vida se nos ha enseñado a lo largo de la obra poética pizarnikiana. Recordemos que se trata de una "lápida recordatoria" que inmortaliza la vida del sujeto (yo, yoes) poético yaciente. Sugiero que el diálogo entre textos de la misma autora, que se presenta en el poema en estudio, entrega algunas referencias precisas para reconstruir al sujeto muerto proporcionándole una vida que mediante los intertextos se podría hacer familiar al lector.

La actualización de las lecturas de los otros textos de Pizarnik corresponde principalmente a *Extracción de la piedra de locura* y *El infierno musical*, último libro publicado en vida de la poeta. Reproduciré el vínculo entre poemas ejemplificando con los siguientes fragmentos:

> De "Epitafio": "A nadie amó, salvo a los espejos; y en esto no tuvo rivales".
> De "Un sueño donde el silencio es de oro": "He tenido muchos amores –dije– pero el más hermoso fue mi amor por los espejos". (227)
>
> De Epitafio: "Ella es quien escupe la sonrisa de la niña que fue".
> De "Caminos del espejo": "Cubre la memoria de tu cara con la máscara de la que serás y asusta a la niña que fuiste". (241)
>
> De Epitafio: "Cada vez que habla nada dice".
> De "Piedra Fundamental": "no puedo hablar para nada decir. Por eso nos perdemos, yo y el poema, en la tentativa inútil de transcribir relaciones ardientes". (264)

A partir de lo anterior es posible reunir algunas características arraigadas en los yoes poéticos presentes en la escritura de Alejandra Pizarnik con el fin de articular un personaje que ha muerto y requiere de un epitafio. La niña silente que se oculta tras una máscara y ama los espejos ha muerto. Ha dejado de ser un yo, pero no se nos indica con claridad si alguna vez lo fue: "No es un yo: es un agujero que nada puede guarecer excepto/ Cactos y animales ponzoñosos".

Por otra parte, la rearticulación del yo poético no se realiza sólo a partir de intertextos, sino también a través de características que se presentan en el poema como parte de una biografía poética que parece acercarse a la biografía de la poeta. El texto señala:

> Andaba tras un destino
> Ella, la frígida alacrana
> La del hueco traspasado por un viento
> [hecho con aire exhalado por alimañas]

Pizarnik presenta al sujeto fallecido como una "alacrana", sabemos que "Los alacranes son de hábitos nocturnos, pasan la mayor parte del día en lugares sombríos: debajo de piedras, maderas, escombros, lugares húmedos. En la noche salen a cazar insectos y arañas que se convertirán en su alimento".[5] La fascinación de Pizarnik por escribir de noche y su constante insomnio la acercan a este arácnido; durante la noche la escritora se precipita a la caza de su alimento: las palabras perfectas para configurar el poema, su morada.

La idea de creación de un sujeto se reitera a partir de la idea del "golem". El texto indica: "No ser y nada decir son su textura, su piel de golem". Interesa saber que:

> Un Golem es, en la mitología judía, un ser animado fabricado a partir de materia inanimada. En hebreo moderno, la palabra "Golem" significa "tonto" o incluso "estúpido". El nombre parece derivar de la palabra gelem, que significa "materia en bruto". La palabra Golem también se usa en la Biblia (Salmos 139:16) y en la literatura talmúdica para referirse a una sustancia embriónica o incompleta.[6]

Cabe señalar que, probablemente, el origen mitológico judío del golem lo hace cercano a Pizarnik dada la ascendencia judía de la escritora. En este poema en particular y en su escritura en general, Pizarnik parece haber creado con el lenguaje su propio Golem. El sujeto adquiere así ciertas características del personaje mítico: "Tiene un cuerpo con el que no sabe qué hacer./ Tampoco con su alma, puesto que no la tiene".

Por último, la desaparición final de este sujeto construido a través de la palabra recuerda su cercanía con la poeta, con el sujeto autor que se multiplica tanto en su obra como en la vida. Un sujeto descentrado que es Alejandra, Flora, Blímele, Sasha, también alacrán, golem, niña, fantasma que se diluye y muere en espera de una muerte real y final.

Pronto desaparecerá y vos Sasha
Hasta te habrás olvidado de olvidarla.
Vos la del juego incesantemente encendido.

La desaparición y muerte de este sujeto textual se presenta como si finalizara una parte de la vida. He ahí la estrecha conexión de vida y obra de la poeta argentina.

Retomo, a modo de proposición final el verso "Por eso odia el deseo, la pasión" del poema "*Epitafio*. Contra una nadería [de mi amor]". La idea de odio remite a la pérdida de un lazo y de rechazo por algo, por eso la presencia de un sujeto que odia nos indica que ha perdido el deseo y la pasión, de tal manera que aborrece y aleja lo único que le permite resistir la muerte, como se manifiesta en las dos versiones examinadas de "En esta noche en este mundo". El epitafio del sujeto textual se despliega como una advertencia del fin de una vida poética, lo cual posiblemente representa el fin de la creación literaria. El fin de la escritura ha matado a los yoes creados y multiplicados. Podemos pensar por ello en dos momentos ligados a los últimos meses de vida de la poeta: un momento de desesperada búsqueda de la resistencia contra la muerte a través de la unión del poema (la escritura) y el cuerpo (su sexualidad), y un momento de resistencia que surge al escribir con su habitual búsqueda de la perfección del lenguaje el epitafio de todos sus reflejos y multiplicidades, acercándola peligrosamente a la muerte.

Cabe mencionar que la acción de odiar se encuentra en presente, no en pasado como debería suceder en una placa recordatoria de un sujeto y un tiempo que se han ido; esto hace probable una posible conexión con la vida de la poeta, pues ella, en "su" presente, ha comenzado a odiar el deseo y la pasión, a pesar de eso en su último intento por aferrarse a la vida se ha creado otro yo en la vida cotidiana, uno que no la abandonará porque tiene un nombre: Sasha, que es y no es ella a la vez, como se lee en "*Epitafio*. Contra una nadería [de mi amor]".

Pizarnik ha decidido comenzar a llamarse Sasha, ingresar este nombre al poema puede constituir un último esfuerzo por crear una línea de fuga[7] que permanezca en la escritura al mismo tiempo que en la vida. El yo poético, los yoes poéticos, desperecerán, pero Alejandra Pizarnik siempre tendrá la posibilidad de ser otra en su vida y en su escritura. Sasha se convierte en el último esfuerzo por aferrarse a la vida, la esperanza está en que ella es la que posee el "juego incesantemente encendido", el último juego que se desvaneció poco a poco hasta su muerte.

NOTAS

[1] Recordemos lo señalado por Maurice Blanchot en su libro *El espacio literario*: "sólo se puede escribir cuando se es dueño de sí frente a la muerte y cuando se establecen con ella relaciones de soberanía" (82).

[2] Liliana Moreno señala en su artículo "La palabra deformada: Conversaciones con el poema en esta noche, en este mundo de Alejandra Pizarnik" que: "hay un juego que permite que al avanzar en la lectura de la cadena significante el sentido de la palabra lengua presente variaciones, pues al definirla inicialmente como órgano implica entender este elemento en el sentido fisiológico, pero al adicionar de conocimiento, se introduce la ambigüedad con el sentido de sistema significante". Pienso la lengua como: "Órgano muscular situado en la cavidad de la boca de los vertebrados y que sirve para gustación, para deglutir y para modular los sonidos que les son propios" (RAE 1362) de manera que la recreación y el recreamiento tienen relación con los sentidos, con las acciones posibles a desarrollar a través del órgano muscular. Pero también, la lengua como "sistema lingüístico", de manera que la recreación y el recreamiento tienen relación con la creación a través del sistema lingüístico.

[3] Los textos inéditos, no así los editados, carecen de numeración, puesto que no existe publicación oficial de ellos. (Tuve acceso a estos poemas inéditos gracias a la gentileza de la investigadora Patricia Venti.)

[4] Cabe recordar lo postulado por Mario Rodríguez en su artículo "La galaxia poética latinoamericana. 2a mitad del siglo XX": "Pareciera que la idea es: destruye tu yo fijo, molar, para conseguir lo único estimable: identidades oscilantes, pasajeras, yoes en fuga" (Rodríguez 92).

[5] <http://www.cituc.cl/alacranes.html>.

[6] <http://foro.univision.com/univision/board/message?board.id=historia&message.id=17364>.

[7] Sobre la noción de "línea de fuga" debemos recordar que Deleuze señala que "las líneas de fuga del lenguaje siempre terminan así: el silencio, la interrupción, lo interminable o incluso peor" (1978, 44), como sucede finalmente con la escritura de Alejandra Pizarnik que se desborda hacia el silencio poético y finalmente la muerte de la escritora.

Bibliografía

Amat, Nuria. "La erótica del lenguaje". *Nueva esfera* 12 (1979) 47-54.
Blanchot, Maurice. *El espacio literario*. Barcelona: Paidós. 2000.
Bataille, Georges. *El erotismo*. Buenos Aires: TusQuets, 2006.
Deleuze, Gilles y Guattari, Félix. *Mil mesetas. Capitalismo y esquizofrenia*. Valencia: Pre-Textos, 1990.
_____ *Crítica y clínica*. Barcelona: Anagrama, 1996.
_____ *El Antiedipo. Capitalismo y esquizofrenia*. Barcelona: Paidós, 1995.
Gallo, Marta. "Los espejos de Alejandra Pizarnik". *Letras de Buenos Aires* 9 (1983): 9-20.
Moreno, Liliana. "La palabra deformada: Conversaciones con el poema en esta noche, en este mundo de Alejandra Pizarnik". *Revista Internacional de Culturas & Literaturas* 5 (2006). <http://www.escritorasyescrituras.com/revista.php/5/51>. 1 ago. 2014.
Piña, Cristina. Alejandra Pizarnik. *Una biografía*. Buenos Aires: Corregidor, 1999.
Pizarnik, Alejandra. *Poesía completa*. Ana Becciú, ed. Barcelona: Lumen, 2001.
_____ "En esta noche en este mundo". (Texto inédito). Pizarnik Papers, Archivo 6, carpeta 9. Biblioteca de la Universidad de Princeton.
_____ "*Epitafio*. Contra una nadería [de mi amor]". (Texto inédito). Pizarnik Papers, Archivo 6, carpeta 39. Biblioteca de la Universidad de Princeton.
Rodríguez, Mario. "La galaxia poética latinoamericana. 2a mitad del siglo XX". *Acta Literaria* 27 (2002): 92-98.
RAE. *Diccionario de la Real Academia de la lengua española*. Madrid: Editorial Espasa. 2001.
<http://www.cituc.cl/alacranes.html>. 1 ago. 2014.
<http://foro.univision.com/univision/board/message?board.id=historia&message.id=17364>. 1 ago. 2014.

De niña *a* anciana.
Análisis de las presencias femeninas relacionadas con la edad

Dores Tembrás Campos

Máscaras, voces, personajes, son algunos de los términos con los que la crítica ha denominado a la pluralidad que habita el yo poético en la producción pizarnikiana, contribuyendo a configurar su complejidad. El término que nosotros proponemos es una denominación que hace referencia a una categoría simbólica, con "presencias femeninas" o "figuraciones" nos referimos a cada una de las personas poéticas de género femenino que se registran a lo largo de la obra y que se individualizan por medio de una caracterización simbólica, diferenciándolas y haciéndolas únicas.

Son muchos los investigadores que se han dedicado al estudio de este conjunto de presencias femeninas, no podemos dejar de destacar los distintos trabajos de Cristina Piña en los que analiza detenidamente muchas de las figuraciones, en especial en un apartado dedicado exclusivamente a las manifestaciones del doble en su obra *La palabra como destino. Un acercamiento a la poesía de Alejandra Pizarnik.* También María Negroni, dedica un espacio a las figuraciones femeninas en su obra en prosa, *El téstigo lúcido. La obra de sombra de Alejandra Pizarnik*, estableciendo la siguiente correspondencia con las presencias femeninas en su obra poética: "Pizarnik agregaba ahora nuevos personajes a su colección de heroínas, niñas monstruos y *bêtes noires*: Erzébet, Seg, Hilda la polígrafa, como versiones degradadas de 'la náufraga' o 'la que murió de su vestido azul'" (12).

Anne Elizabeth Zeiss analiza en su tesis doctoral las voces de la producción pizarnikiana organizándolas en torno a cuatro personajes: "la melancólica", "la niña", "la polígrafa" y "Sombra", con la intención de leer los estilos contradictorios que se producen en su discurso poético.

También Thorpe Running analiza de forma exhaustiva en su artículo "The poetry of Alejandra Pizarnik" una serie de claves concretas de la poética pizarnikiana, entre las que destaca el espejo, los movimientos de desdoblamiento y las voces como otra muestra de la duplicación del ser.

Nuestro objetivo es analizar un grupo concreto de presencias femeninas organizado en torno al concepto de edad, subdividido en cuatro secciones: la infancia, la juventud, la madurez y la vejez. En la sección de la infancia analizaremos con detalle la presencia femenina *niña*, que es, sin duda, la figuración más compleja y rica; con la que el yo lírico mantiene un vínculo más estrecho. La *niña* se registra con continuidad a lo largo de toda la obra poética, y en su dilatada configuración distinguimos dos tipos de caracterización: la primera es aquella en la que abundan los rasgos descriptivos, un minucioso retrato donde predominan las características negativas, subrayando la carencia, la fragilidad, la deformación y el estatismo que padece. El segundo tipo de caracterización constituye un juego de espejos temporal, donde pasado y presente diluyen la proximidad entre el yo poético y la *niña*.

En la sección donde la juventud es el rasgo caracterizador se verán las figuraciones *muchacha*, *chica* y *joven*, que representan el espacio intermedio entre la infancia y la madurez, mostrando la relación oscilatoria entre la identificación y una mayor distancia que se establece entre las presencias y el sujeto lírico. Estas figuraciones se vinculan, entre otros temas, a la creación poética y a la muerte, y los contextos en los que aparecen se perfilan como espacios cercanos al yo poético.

En la sección relacionada con la madurez nos aproximaremos a la presencia femenina *mujer*, con la que el yo poético mantiene una distancia importante, rechazándola; este alejamiento se debe a la esencia de la figuración, que se opone a lo que el yo lírico desea y pretende encarnar.

En la sección correspondiente a la vejez nos detendremos en las figuraciones *vieja* y *anciana*; esta última enlaza con la presencia *niña*, cerrando el círculo temporal. Comprobaremos cómo estas figuraciones se distancian sutilmente de las otras presencias relacionadas con la edad por la dimensión simbólica asociada a ellas, transfiguraciones humanas de la muerte y de la noche.

El análisis de este conjunto de presencias femeninas relacionadas con la edad ofrece la posibilidad de apreciar el tratamiento rico y minucioso que reciben dentro de un conjunto de figuraciones mucho mayor.[1] De este modo se configura la multiplicidad de retratos, fragmentos que constituyen al yo poético, corporeizaciones de la voz que el yo lírico se prueba, en el intento de superar la fragmentación y acceder a sí mismo.

El yo poético mantiene con cada una de ellas relaciones muy diferentes dando como resultado una cronología circular en cuanto a la proximidad entre el yo lírico y las presencias, a medida que la madurez aumenta en las presencias femeninas la proximidad disminuye con respecto al sujeto poético,[2] desde la práctica de identificación que se pretende con la presencia *niña*, pasando por una mayor distancia en el caso de la *mujer,* para volver a recuperar cierto grado de identificación en la vejez con la figuración *anciana*.

I. La infancia: *Niña*

La presencia femenina *niña* destaca entre todas por recibir un tratamiento exclusivo, pormenorizado y cuya minuciosa construcción indica que se trata de la figura central, no sólo en el universo femenino sino en la teoría poética de Alejandra Pizarnik. Como comenta Alicia Borinsky: "The girl is evoked troughout her poetry as a presence, with a materiality that renders the uncanniness of time" (294).

Sin lugar a dudas, es la figuración más próxima al sujeto lírico, y las oscilaciones en su relación dan lugar a un juego de voces que intentaremos desgranar a continuación. Estableceremos, basándonos en esta proximidad, dónde y cómo se ubica esta figura en el arte poético de Pizarnik. Fiona Mackintosh dedica un estudio exclusivamente a la infancia en la obra de Alejandra Pizarnik y Silvina Ocampo: *Childhood in the works of Silvina Ocampo y Alejandra Pizarnik*. La parte que se centra en Pizarnik, exhaustiva y de gran rigurosidad, constituye el primer acercamiento monográfico al tema de la infancia. En ella despliega toda una constelación de claves que la contemplan como eje central, y a través de ella analiza la locura, el juego, el jardín, la muerte, la orfandad y la pérdida de la inocencia entre otros, retratando el universo complejo en el que se ubica a la niña.

Esta presencia, que como avanzábamos antes se muestra con continuidad desde los primeros poemarios hasta los últimos, ofrece la posibilidad de delinear una parte fundamental del facetado espectro del yo poético, y de analizar cómo se perfila este lugar elegido cuidadosamente para ubicar a la *niña* desde el comienzo de la obra.

A lo largo de la dilatada configuración de esta presencia distinguimos dos tipos de caracterización; la primera que analizaremos es aquella en la que predominan los rasgos que describen a la *niña*, un minucioso retrato donde, como ya avanzamos, predominan los rasgos negativos. El segundo tipo de caracterización constituye un juego temporal, que perfilará los distintos grados de proximidad entre el yo poético y la *niña*. Ésta es precisamente la clave de construcción de la presencia femenina, se trata de la *niña* en fuga, la niña inasible como paradigma de la infancia, un espacio que no fue, pero que se evoca con la intención de recrear, de retener. En ese intento desesperado surge siempre la frustración, el yo poético muestra la brecha abierta entre la *niña* y el sujeto lírico, la identificación que quiere ser y no es, la intimidad próxima que se pretende y se fractura, porque el momento desde el que el yo poético enuncia no coincide con el de la niña que fue, sino con el de la niña que es y que no debería ser, la que está fuera de lugar.

I.1 *El retrato: mutilación, monstruo, pasividad, niña de papel*

La carencia es una de las características fundamentales de la presencia femenina *niña*, la mutilación de algunas de sus capacidades la hace extraordinaria en el sentido literal del término, como veremos en los ejemplos que analizaremos a continuación.

Así sucede en el poema "A la espera de la oscuridad", donde la *niña* se colma de rasgos negativos:

> Ámparalo niña ciega de alma
> Ponle tus cabellos escarchados por el fuego
> Abrázalo pequeña estatua de terror
> Señálale el mundo convulsionado a tus pies
> A tus pies donde mueren las golondrinas
> Tiritantes de pavor frente al futuro[3] (60)

La información acumulada en estos versos ayuda a configurar una imagen en la que la negatividad es el centro, la invidencia se subraya al afectar al alma, que se mutila como sustancia o parte principal del ser humano, desposeyendo a la *niña* de esa sustancia espiritual. Además, sus cabellos calcinados dan paso al apelativo "pequeña estatua de terror", donde el adjetivo "pequeña" sigue recordando que se refiere a esa *niña*, ahora petrificada, inmóvil, cuya visión ha de provocar terror, que crea un espacio de muerte a su alrededor, a sus pies "donde mueren las golondrinas". Es el yo lírico el que ordena; por medio de los imperativos se desvela una relación de cierto sometimiento, ese yo se dirige a la *niña* pidiendo amparo, amor, palabras, pidiéndoselas precisamente a la imagen que representa sus opuestos.

Esta relación de sumisión volverá a aparecer más tarde, en otro texto en el que se cercena otra capacidad de esta figuración; se trata de la capacidad de habla, cuya mutilación da lugar a la mudez, en el poema "Sumisa a la niña muda":

> Sumisa a la niña muda
> que habla en mi nombre,
> me cierro, me defiendo,
> cuando las cosas,
> como hordas de huecos,
> vienen a mi terror (322)

Se repite un entorno de terror y un imposible en la niña muda que habla por el yo poético. La proximidad entre ambas (yo poético y presencia) se ha acortado considerablemente con respecto al ejemplo anterior, parecen haberse invertido los papeles, el yo poético es ahora el sometido. La imagen de una mudez que supera la capacidad de hablar, aún hablando, insiste en ese contexto de terror que acompaña a la "niña muda"; la posibilidad de acercarse a esta presencia implica adentrarse en la atmósfera de un miedo extremo.

Los dos primeros versos vuelven a aparecer de forma casi idéntica en otro poema, "Capítulos principales", del que reproducimos un fragmento a continuación:

> Llega la muerte con su manada de huesos
> sonrío sumisa a una niña idiota
> que implora en mi nombre
> juntas (la muerte, la niña y yo)
> no encontramos otro oficio que execrar (339)

En esta ocasión se mutila la capacidad de entendimiento, y la sumisión sigue siendo la misma pero la intuición del terror ha sido sustituida por la presencia de la muerte. El paralelismo sintáctico lleva a concluir que se trata de una variación sobre la misma forma:

```
        [  ]         la              muda
             sumisa a      niña
        sonrío       una             idiota


             habla
        que           en mi nombre
             implora
```

Sin embargo, las diferencias reflejan matices que ofrecen una lectura sutilmente distinta, desconocemos el orden cronológico en que fueron escritos ambos textos, pero ello no impide que nos detengamos en la repercusión del cambio, fuese cual fuese la forma inicial.

Las variaciones se encuentran en el artículo (la/una), el adjetivo (muda/idiota) en el verbo (habla/implora) y en la incorporación de un verbo al comienzo del verso (---/sonrío). La determinación o indeterminación del artículo implica una mayor proximidad con respecto al yo poético; la variación en el adjetivo supone un cambio considerable en la mutilación de una capacidad, la del habla y la del entendimiento, lo que conlleva en cualquier caso una imposibilidad de comunicación coherente; el cambio de verbo implica una gradación, el énfasis está en la segunda forma, implorar implica con respecto a hablar, hablar rogando o pidiendo algo con llanto. La incorporación del verbo aporta un tono distinto al poema; la presencia de "sonrío" frente al vacío, implica un cambio sustancial en la actitud del yo poético frente a la *niña*. Subyace la intención de agradar en esa sumisión.

La otra gran diferencia, que avanzábamos más arriba, es el cambio de contexto, la atmósfera de terror se ve sustituida por la presencia de la muerte, el desarrollo del contenido cambia; se trata de otro poema. En un breve espacio se reúnen tres sujetos femeninos: la muerte como personaje, el yo poético sumiso y la niña idiota. Las tres se unen, "juntas" para realizar el oficio en torno al cual se aglutinan, "execrar", es decir, se constituyen con autoridad sacerdotal para maldecir, es el sino de su alianza.

En estos textos la niña mutilada acaba perfilándose como un ser extraordinario próximo al yo poético, permitiendo establecer relaciones de cierto sometimiento y descubriendo la línea que perfila a esta presencia como un sujeto que padece.

Parte fundamental del retrato de la *niña* lo componen aquellos textos que tienen como denominador común a la figuración compuesta por algún material. El papel parece ser el favorito, encontramos entonces una infante en la que se subraya la fragilidad, inherente ya a su condición de niña, que se ve multiplicada por las cualidades del material que la compone, y esto sucede en todos los casos, incluso en aquellos en los que se trata de materiales distintos al papel, material predominante, como la seda o la tiza. No dejamos de observar esa metamorfosis en "papel" que, como sugiere Lida Aronne-Amestoy en su artículo "La palabra en Pizarnik o el miedo de Narciso", es un paso más en el camino hacia la escritura total que propone Pizarnik: "La niña se hace poesía al precio de hacerse de papel [...] Apenas sabe existir como grafema. No se trata de escribir sino de ser la escritura" (231).

Uno de los materiales que aparece es la seda, así en el poema *12*, el contexto "dulce" que rodea a la "niña de seda" se ve puesto en peligro por el estado en que se encuentra, "sonámbula":

> no más las dulces metamorfosis de una niña de seda
> sonámbula ahora en la cornisa de la niebla (114)

Esta *niña* puede realizar acciones mientras sigue dormida, en un espacio donde el peligro es doble: por un lado la cornisa, la *niña* se encuentra al borde de un precipicio; y por otro la niebla, que dificulta la visión. La posición en la que se encuentra la presencia femenina subraya el contraste entre la fragilidad y el peligro que la acecha; la expectativa que se crea en el primer verso, esa atmósfera de "dulces metamorfosis", se ve truncada de inmediato en el verso siguiente.

Esto mismo vuelve a suceder en el texto *III* de la sección "Caminos del espejo"

> Como una niña de tiza rosada en un muro muy viejo
> súbitamente borrada por la
> lluvia (241)

Se crea un contexto que insiste en lo infantil por medio de la acumulación de *niña*, "tiza", el color rosa y la representación de un dibujo infantil en el muro. Hasta aquí la presencia femenina está arropada por connotaciones positivas, pero esta atmósfera inocente se trunca de inmediato con su súbita desaparición. Se acompañan las palabras con el efecto, es decir, se diferencian estos dos contextos además de por el contenido por el ritmo que se precipita desde "súbitamente" hasta el final. Con este cambio abrupto subrayado por la esdrújula, se insiste en la brecha entre el espacio infantil y su imposible continuidad.

En esta línea se dirigen los comentarios que Suzanne Chávez-Silverman hace al respecto sobre el mismo poema en su artículo "Signos de lo femenino en Alejandra Pizarnik": "Aquí, se presenta una hablante infantilizada e hiper-femenina, por así decirlo: es una *niña*, imagen visual esbozada directamente en tiza rosada. Su corta edad, el color rosado y el material –tiza– contribuyen a conformar un yo tenue, distante: literalmente en disolución" (s/n).

Hay una insistencia en recrear con detalle la atmósfera que trunca la inocencia, así aparece en un fragmento de la prosa poética "El sueño de la muerte o el lugar de los cuerpos poéticos":

> El nacer, que es un acto lúgubre, me causaba gracia. El humor corroía los bordes reales de mi cuerpo de modo que pronto fui una figura fosforescente: el iris de un ojo lila tornasolado; una centelleante niña de papel plateado a medias ahogada dentro de un vaso de vino azul. (255)

La proximidad entre la figuración femenina y el yo poético es total, la identificación que se produce implica que el contexto afectará en un primer momento al sujeto poético, pero que enseguida se refigura: "de modo que pronto fui una figura fosforescente", "una centelleante niña de papel plateado". Esta metamorfosis no se produce de forma dulce como sucedía en el ejemplo anterior, en esta ocasión se trata de un proceso corrosivo que irá destruyendo paulatinamente la realidad del cuerpo del yo lírico para dar lugar a la figura brillante "centelleante", "de papel plateado" cuyo final no es un verdadero final, sino una agonía. Los bordes se diluyen, la figura se desdibuja entre fosforescencias cuyos límites no pueden percibirse. Los cambios de color se acumulan en este fragmento: fosforescente, lila, tornasolado, centelleante, plateado, azul; en escasas líneas se ofrece un recorrido por el color que tiñe la metamorfosis en cada momento.

El cierre de este pasaje es muy simbólico, avanzábamos antes que el final no era tal, que la agonía, ese medio ahogamiento que sufre la *niña*, es el verdadero final. Este medio ahogamiento que se produce en un vaso, hiperbolizando el tamaño diminuto de la niña o haciendo imposible su ahogamiento, junto con la circunstancia de que el líquido sea vino, la posible embriaguez y de nuevo los límites borrosos, convierte esta agonía en el verdadero final, que no llega. La muerte, como cabría esperar, es demasiado buena para realizarse, se condena al padecimiento indefinido. El contraste sigue siendo total entre la inocencia y la situación en la que debería desenvolverse ésta, sin embargo la atmósfera negativa cada vez es más extrema.

La *niña* también se hace de papel, insistiendo en la imagen del papel con capacidad comunicativa, así aparece en el texto "El deseo de la palabra":

> Caen niñas de papel de variados colores. ¿Hablan los colores? ¿Hablan las imágenes de papel? Solamente hablan las doradas y de ésas no hay ninguna por aquí. (269)

Asociado a la *niña* de papel aparece el color: "papel de variados colores". Se asume la pluralidad que ahora afecta también a las presencias y no sólo a las voces como vimos hasta ahora. La caída afecta a un número indeterminado de niñas. Este fragmento forma parte de una prosa poética mayor y en él no sólo se confirma la tendencia a asociarla al papel y a ubicarla en un contexto concreto, en el que se subraya la fragilidad de la presencia femenina, sino que se abre una nueva posibilidad asumiendo la multiplicación de la presencia *niña*.

La distancia entre lo que debería ser y no es señala a una figuración deformada; recogemos, al menos, dos ocasiones en las que se muestra a la *niña* monstruo y, a través de ella, el fuerte contraste entre la figura inocente y el horror que provoca su metamorfosis.

Una de las versiones de esta niña monstruo es la animalización, así aparece en la prosa poética "Extracción de la piedra de locura":

> La razón me muestra la salida del escenario donde levantaron una iglesia bajo la lluvia: la mujer-loba deposita a su vástago en el umbral y huye. Hay una luz tristísima de cirios acechados por un soplo maligno. Llora la niña-loba. Ningún dormido la oye. Todas las pestes y las plagas para los que duermen en paz. (249)

Esta escena se desarrolla en el espacio de la noche, la acción, los personajes y los detalles que se perfilan, ayudan a construir una atmósfera en la que predomina lo oscuro, apenas se ilumina con la luz de unos cirios que podrían apagarse en cualquier instante, y además la escena se desdibuja a través de la lluvia. No se escatiman detalles en la recreación del "escenario", a pesar de que éste es testigo de una sucesión de acontecimientos rápida: un abandono, una huida, el llanto de la abandonada, la pasividad de los que no oyen y finalmente la maldición que caerá sobre ellos, aquella que el yo poético les destina.

En este contexto, aparece la "niña-loba", que, una vez abandonada, lo único que hace es llorar. Hija de la mujer-loba, constituye la continuación de una estirpe monstruosa.

La niña monstruo aparece de nuevo en el poema "Para Janis Joplin":

> hiciste bien en morir.
> por eso te hablo,
> por eso me confío a una niña monstruo. (422)

El poema, dedicado a Janis Joplin, recrea una suerte de comunión entre el yo lírico y la cantante, se trata de un diálogo en forma de oración, donde la muerte es el punto culminante, clímax que precisamente no se comparte. El fragmento que citamos constituye el final del texto, sus tres últimos versos, en los que aparece precisamente la "niña monstruo"; conforman el único momento en que el yo poético se dirige directamente a la destinataria del poema. El vínculo que se establece entre ambos sujetos se crea por medio del diálogo y de la confianza, aunque ésta es unidireccional: "te hablo", "me confío (a ti)". La aparición de esta "niña monstruo" al final del poema, se avanza en los primeros versos: "a cantar dulce y a morirse luego./ no:/ a ladrar". La distancia entre cantar/

ladrar y las connotaciones que implican cada una de estas acciones son paralelas a niña/monstruo. El yo poético deposita su confianza en la "niña monstruo", permitiendo que la atracción que la presencia ejerce sobre ella sea otro punto de contacto.

Dentro de este retrato de la *niña* debemos subrayar el acercamiento que recoge los únicos momentos en los que se presenta a la *niña* como un sujeto "activo", dos ejemplos en los que la presencia femenina es sujeto, es decir, realiza la acción, pero como no podía ser de otro modo, la acción en un caso es involuntaria y en el otro, pasiva.

La *niña* se convierte en asesina por accidente en el texto "Los poseídos entre lilas":

> [...] y una niña que durmiendo asfixia a su paloma preferida y pepitas de oro negro resonantes como gitanos de duelo tocando sus violines a orillas del mar Muerto y un corazón que late para engañar y una rosa que se abre para traicionar y un niño llorando frente a cuervo que grazna, y la inspiradora se enmascara para ejecutar una melodía que nadie entiende bajo una lluvia que calma mi mal. Nadie nos oye, por eso emitimos ruegos, pero ¡mira! el gitano más joven está decapitando con sus ojos de serrucho a la niña de la paloma. (294)

De forma involuntaria la figuración asfixia a "su paloma preferida", se trata de una muerte por amor, acaba con su vida mientras duerme. Este hecho es importante, la *niña* mata al ave durante el "reposo que consiste en la inacción o suspensión de los sentidos y de todo movimiento voluntario", la pequeña realiza un acto involuntario, sin ser consciente de su acción, y asfixia al ave. La ternura inspirada por la imagen de la niña y la paloma surge con posterioridad, después de saber que ya la ha matado y la pequeña asesina sigue presentándose como inocente. Esto contrasta con la imagen que cierra el fragmento, el joven gitano que decapita a la *niña*. Se invierten los papeles y se juega con la voluntariedad, la niña asesina es ahora asesinada por un *joven* que ya ha perdido la esencia de la *niña*, la inocencia.

Bajo la apariencia positiva de la presencia femenina se descubre que ésta encierra algo terrible, la capacidad de quitar la vida; en el mismo fragmento sucede lo mismo con "corazón" concebido para el engaño, y la plenitud en belleza de la "rosa" que lo que hará será traicionar. Ésta es una de las claves del retrato de la *niña*, en palabras de Marta López

Luaces, que analiza tres sujetos poéticos, la niña, la reina loca y la muerte en su artículo "Los discursos poéticos en la obra de Alejandra Pizarnik": "Pizarnik se vale de esto para representar tres sujetos poéticos que hablan, que miran y actúan fuera de las normas esperadas, que nos dan un nuevo modo de decir, de mirar y de actuar y más de significar [...]" (s/n).

En el poema XV del poemario *Los pequeños cantos*, encontramos uno de los textos paradigmáticos de Pizarnik, imagen perfecta del desencuentro que condensa la angustia asumida que se padece:

> niña que en vientos grises
> vientos verdes aguardó (393)

La acción que realiza la *niña* es la de la espera, a su vez emblema de la inacción. Aunque no analizaremos en profundidad el papel del color, debemos apuntar que el verde mantiene su significado simbólico habitual, la esperanza inasible, se trata de un color cargado de connotaciones positivas, muy próximo al yo poético; mientras que el gris, color que también aparece habitualmente en la obra poética cubriendo el resto de los colores, es un color también muy próximo al sujeto lírico, pero que se asocia a lo negativo, e implica un "espacio" en el que el yo poético suele situarse. Nos encontramos ante una manifestación más de las dos orillas del ser, los colores en esta ocasión son un indicador más de la escisión irreversible del yo poético.

Como hemos podido comprobar a lo largo del retrato de la presencia femenina, construida desde varias perspectivas, todas ellas confluyen en la recreación de un sujeto carente, caracterizado desde la negatividad, que se ubica en un espacio de terror, vulnerable y frágil cuya inocencia se ve puesta en continuo peligro, cuya deformación no hace más que redundar entre lo que es y lo que debería ser. La *niña* padece no sólo las acciones de los demás sino sus propias acciones.

I.2 *Juego temporal de espejos: La* niña *que fue y la que es*

La lucha que se desarrolla en el interior del yo poético entre la niña que fue y la que es nos permite advertir el movimiento que se desprende de lo que debió haber sido y no fue, de lo que es y no debe ser. Los tiempos verbales juegan un papel muy importante en este desdoblamiento del yo poético cuyos mecanismos intentaremos revelar; presente y pasado se intercambiarán dando lugar al vacío temporal en donde se ubica la presencia femenina.

El yo poético reconoce su infancia como un tiempo pasado en el que el sujeto se identificaba con la *niña*, a continuación veremos cómo se rememora este espacio de la infancia y lo que implica para el yo poético actual.

El yo poético realiza una serie de saltos en la línea temporal con el objetivo de aproximarse a la *niña*, así aparece en un fragmento que pertenece al poema IV, de la sección "Aproximaciones":

> La niña que fui
> ahora en mi memoria
> ante mis muertos.
> De lágrimas se nutrirá mil años
> De desierto el sonido de su voz (316)

El pasado se proyecta sobre el futuro desde el presente, el mecanismo de tiempos verbales es similar al que analizaremos en otro texto de este mismo apartado (VI, 242), dando lugar a un resultado muy similar. En el momento de la enunciación "ahora" se evoca, por medio de la "memoria", la *niña* del pasado que se proyecta en el futuro, "se nutrirá". El espacio de la memoria es un espacio de reunión, los "muertos" y la *niña* se encuentran en él, pero éste se deja atrás para caracterizar la nutrición de la presencia femenina, el dolor "lágrimas" y la mudez "desierto el sonido de tu voz" parecen alimentarla en el futuro, formulada como una maldición, donde el tiempo "mil años" asegura su permanencia.

La relación entre el sujeto lírico y la presencia femenina presenta una nueva perspectiva en este juego temporal, que se encuentra también en un poema de la sección "Aproximaciones":

> habla al gran espacio vacío
> en donde corre una niña
> que ya no reconoces
> sólo deseo no tener nada con nada (317)

Avanzábamos que este ejemplo inaugura cierto cambio en la relación del yo poético con la presencia femenina, en el ejemplo anterior se advertía ya el papel del vacío en el tiempo originado por el intercambio de tiempos verbales que daba lugar a la atemporalidad. En este ejemplo es precisamente el vacío el "gran" espacio en el que el yo poético sitúa a la "niña" que corre, la que está en movimiento, inasible, que no se reconoce desde el ahora y con la que ya no se pretende identificación, es decir, no se trata de la "niña que fui" como ocurría en los ejemplos vistos hasta ahora, sino que se subraya la alteridad, el sentirse ajena a aquella que se fue, mostrando la intensidad del extrañamiento que se experimenta.

El primer acercamiento a una niñez entre reciente y remota se encuentra en el poema "El despertar":

> Recuerdo mi niñez
> cuando yo era una anciana
> Las flores morían en mis manos
> porque la danza salvaje de la alegría
> les destruía el corazón
>
> Recuerdo las negras mañanas de sol
> cuando era una niña
> es decir ayer
> es decir hace siglos (94)

Los valores temporales se intercambian creando un vacío, el tiempo no transcurre cuando el recuerdo de la niñez se evoca siendo niña y anciana a un tiempo. El hecho de recordar, de describir puntualmente ese recuerdo intemporal que se sitúa en un mismo momento, creando la equivalencia entre "ayer" y "hace siglos", entre un pasado próximo y un pasado remoto, conlleva la noción de un tiempo intercambiable, que a la vez, anula su esencia, su paso.

La descripción de la niñez configura el marco en el que se ubica la presencia femenina, donde el efecto positivo de la alegría se compensa con la muerte y la destrucción, y lo mismo sucede con las mañanas de sol teñidas de negro. No hay concesiones, cualquier posible efecto positivo de la infancia se ve anulado de inmediato, en este sentido, el anhelado espacio infantil que se rememora se tiñe de connotaciones negativas.

Resultado inevitable de este juego es la fractura temporal, así se recoge en un fragmento del poema "Mucho más allá" del poemario

Las aventuras perdidas:

> ¿Y qué me da a mí,
> a mí que he perdido mi nombre,
> el nombre que me era dulce sustancia
> en épocas remotas, cuando yo no era yo
> sino una niña engañada por su sangre? (95)

La aparición de la *niña* es fugaz, aunque ésta se prepara de forma paciente, la identificación entre el yo lírico y la *niña* jugando con los tiempos verbales vuelve a ofrecer la fractura entre el yo actual y la presencia femenina que pertenece al pasado, constituyendo este periodo como una época remota (esto aparecía también en el ejemplo anterior, donde el pasado se sitúa remotamente: "hace siglos"). Se practica un desdoblamiento en dos para reconocerse, para enunciar la no identificación, para subrayar que los sujetos han dejado de coincidir. El adjetivo "engañada", que profundiza en la misma idea de ser dos desde dentro, el engaño que padece la *niña* se efectúa desde el interior, es su propia sangre la que la engaña, no hay posibilidad de escapar ni de ponerle fin; la falta de verdad para consigo misma desde sí misma nos lleva a la pérdida total, a ese ser desvalido al que no queda esperanza y con el que no habrá posibilidad de reencuentro.

Este juego de espejos temporal alcanza uno de sus puntos álgidos en el texto VI del poemario *Extracción de la piedra de locura*:

> Cubre la memoria de tu cara con la máscara de la que serás y asusta a la niña que fuiste (242)

Esta línea condensa el encuentro entre el yo poético actual que enuncia y la presencia femenina que pertenece al pasado. Pasado, presente y futuro tejen un juego donde el desdoblamiento vuelve a ofrecer una serie de reflejos que confunden y que exigen cierto detenimiento para revelar en qué consiste exactamente el movimiento temporal que se propone. Desde el presente en que se enuncia "cubre", se plantea superar el pasado "la memoria de tu cara" por medio del futuro "la máscara de la que serás", y así asustar al pasado "la niña que fuiste" que, de algún modo, coexiste con el presente "asusta". Las conclusiones que podemos extraer de este laberinto temporal aportan dos claves importantes sobre la relación entre el yo poético y esta presencia, la *niña* del pasado coexiste de algún modo con el sujeto lírico actual y éste quiere superar esa situación aunque sea de forma ficticia, por medio de la máscara del futuro que oculta lo que es realmente. El yo poético se propone, por medio del imperativo, superar una situación que es irregular dando lugar al conflicto entre presencia y yo poético que se refleja por medio de los tiempos verbales.

El interior del yo poético expone de forma explícita el vínculo que mantiene con la figuración, los tiempos verbales insisten en una fractura que se sabe irreversible, así aparece en un fragmento que pertenece a "El deseo de la palabra":

> Pasos y voces del lado sombrío del jardín. Risas en el interior de las paredes. No vayas a creer que no están vivos. En cualquier momento la fisura en la pared y el súbito desbandarse de las niñas que fui. (269)

La presencia femenina aparece de nuevo en plural, en estas líneas se descubre una de las claves de su funcionamiento en la obra pizarnikiana, el reconocimiento, por parte del yo poético, de la existencia de la multiplicidad de sujetos que lo componen, se trata de las *niñas* del pasado que están encerradas en el interior del sujeto lírico. En estas líneas se plantea la incertidumbre de no saber el momento en que se producirá ese "desbandarse", subrayando el hecho de saber que están retenidas en el interior, poniendo de manifiesto la conciencia sobre la brecha, la fisura que posibilitará esa escapada del conjunto de niñas que conforman al yo poético que las retiene. El sujeto lírico no ejerce control sobre esas *niñas* con las que se pretende una identificación en el pasado, en el presente las contiene, pero como sujetos independientes.

Pero reconocer esa alteridad no implica dejar de identificarse con la presencia femenina como ocurre en el siguiente ejemplo que se encuentra en "Densidad":

> Yo era la fuente de la discordancia, la dueña de la disonancia, la niña del áspero contrapunto. Yo me abría y me cerraba en un ritmo animal muy puro. (349)

El yo poético se define en el pasado, lo que era y lo que hacía. El análisis de esta definición aporta otra clave importante sobre el reflejo que el sujeto poético proyecta de sí mismo en el pasado. Es el origen de la oposición: "discordancia", "disonancia" y "contrapunto" conducen hacia la misma dirección, lo opuesto se establece como eje central del yo poético. Las acciones que realiza no implican un movimiento real, es decir, "abrir" y "cerrar" no conducen a ninguna parte que no sea ella misma.

El espacio prometido que el yo poético quisiera para la *niña* que fue en el pasado, se describe con detalle en el texto "Sala de Psicopatología":

> [...] lejos de las ciudades en las que se compra y se vende (oh, en ese jardín para la niña que fui, la pálida alucinada de los suburbios malsanos por los que erraba del brazo de las sombras: niña, mi querida niña que no has tenido madre (ni padre, es obvio). (414)

En estas líneas el espacio en el que se ubica a la *niña* se concreta más, se puntualiza no sólo el espacio que se le desea sino que también se subraya la diferencia por contraste, frente a las "ciudades en las que se compra y se vende", "en los suburbios malsanos", lejos de allí el "jardín", el espacio prometido y seguro. Se levanta este espacio imposible para la *niña* que fue, lo que debería haber sido frente a lo que fue "realmente": "los suburbios malsanos", la errancia y las sombras como únicos acompañantes. Además de caracterizar a la presencia femenina dejando patente la fragilidad y el entorno hostil en el que ésta se ubica, se descubre huérfana de ambos padres, como no podía ser de otro modo "es obvio". Genovese hace una apreciación interesante sobre el conjunto de presencias femeninas relacionadas con la errancia en su artículo "La viajera en el desierto":

> El yo no encuentra una identidad estable, va a adquirir muchas caras, muchas figuras con diferentes nombres, siempre en femenino: "la náufraga", "la viajera", "la peregrina", "la emigrante", "la extranjera", "la volantinera". En estas "ellas" con nominaciones anónimas, en esas terceras personas constituidas con adjetivos sustantivados, Pizarnik afirma repetidamente una cualidad: la errancia. (10)

La presencia femenina *niña* contiene características que la aproximan a este conjunto de sujetos femeninos errantes. La *niña* errante es querida sólo por el yo poético, que lo subraya con el posesivo y el apelativo, mientras que la repetición no hace más que intensificar el contraste.

La asunción explícita de contener a la *niña* nos permite analizar un conjunto de textos en los que el yo poético se identifica con la presencia femenina en el presente,[4] el momento de la enunciación coincide con este desdoblamiento, que aportará una nueva perspectiva en la relación entre ambos sujetos.

Advertimos que el desdoblamiento ahora se realiza desde fuera, es decir, no se utiliza la primera persona del singular, sino que se acude a la tercera persona utilizando un reflejo y es precisamente este reflejo el que se desdobla, así aparece en "Cantora Nocturna" del poemario *Extracción de la piedra de locura*:

> Expuesta a todas las perdiciones, ella canta junto a una niña extraviada que es ella: su amuleto de la buena suerte. Y a pesar de la niebla verde en los labios y del frío gris en los ojos, su voz corroe la distancia que se abre entre la sed y la mano que busca el vaso. Ella canta. (213)

La *niña* es el doble que cura la soledad del yo lírico, ella se hace compañía al desdoblarse, ella "junto a" deja de estar sola convirtiéndose en su "amuleto de la buena suerte". La sensación de extravío total se atenúa con esa compañía y con el canto, se canta para no estar sola.

El yo poético descubre que la niña que todavía la habita está fuera de lugar, así aparece en un fragmento de la prosa poética *Extracción de la piedra de locura*:

> Aquí, pequeña mendiga, te inmunizan. (Y aún tienes cara de niña; varios años más y no les caerás en gracia ni a los perros) (252)

En este caso se apela a la presencia femenina como una "pequeña mendiga",[5] presenta un apelativo cariñoso por parte del yo poético, que además hace referencia a un rasgo que vuelve a delinear los orígenes de la presencia femenina, se trata de subrayar el desamparo, el hecho de estar fuera de la sociedad, de la imposibilidad de pertenecer. El presente indica que todavía es lo que ya no debería ser: "aún tienes cara de niña" a continuación se "augura" lo que le depara el futuro al yo poético que se identifica con la presencia femenina, reconociendo que está fuera de lugar, que ya no le corresponde ser una infante.

A continuación veremos una caracterización que desde el presente intenta ubicar en un espacio concreto a la *niña*, el ejemplo se encuentra en el texto "Noche compartida en el recuerdo de una huida":

> No, aún no es demasiado desconocida, aún no sé reconocer estos sonidos nuevos que están iniciando un canto de quemada, que es un canto de niña perdida en una silenciosa ciudad en ruinas. (257)

Destacaremos tres claves en estas líneas: en primer término la presencia del canto, veíamos en un ejemplo anterior que, entre otras, éste cumple la función de acompañar al yo poético; en segundo término la errancia, y por último el espacio en que se ubica a la presencia femenina. El canto sólo se escucha en ese espacio destruido, frente al silencio, el canto de la *niña* extraviada, sola, con escasas referencias que permiten ubicarla en un espacio arrasado. El desamparo vuelve a ser la clave que sitúa a la *niña* en plena aridez, y de forma paralela el canto se ha destruido.

Ahora el espacio se concreta más, aunque el perfil sigue siendo el mismo, como se observa en el siguiente fragmento que pertenece al texto "La noche, el poema":

> Este recinto lleno de mis poemas atestigua que la niña abandonada en una casa en ruinas soy yo. [...] Hay palabras parecidas a ciertos muertos, si bien prefiero entre todas, aquellas que evocan la muñeca de una niña desdichada. (361)

Se vuelve a situar a la *niña* en un lugar destruido que se concreta más; si antes el espacio era un lugar abierto compuesto de muchas construcciones, ahora se concentra presentando una única construcción "casa", paradigma de cobijo y protección, pero destruida, y que por lo tanto no cumplirá su principal función, que es la de guarecer. Se presentan dos espacios, el "papel" del yo poético y la "casa" de la presencia femenina. Es interesante la correspondencia de espacios por medio del espejo que permite ubicar a cada sujeto en un ámbito y que da lugar a una simetría que termina en la identificación presente entre ambos sujetos, "la niña abandonada [...] soy yo". El extravío del ejemplo anterior adquiere ahora profundidad, "abandonada", la presencia femenina es víctima del abandono que un tercero, ella misma quizás, practica con la *niña*. La imagen final de este fragmento recupera de nuevo a la *niña*, que se perfila como "desdichada". En esta ocasión el yo poético no se identifica con ella, la utiliza en una imagen sobre las palabras, dejando entrever la atracción que ejerce sobre ella este sujeto desdichado.

El último ejemplo de este conjunto de textos en los que la *niña* y el sujeto poético se identifican en el momento de la enunciación, se encuentra en *La mesa verde*:

> Me alimento de música y de agua negra. Soy tu niña calcinada por un sueño implacable. (450)

No es la primera ocasión en que aparece la *niña* quemada o calcinada,[6] el yo poético se define a sí mismo, lo hace por medio de su alimentación, presentándose a un tú con el que se pretende proximidad, una relación de posesión, quizás caracterizándose a sí misma en un nuevo desdoblamiento. Advertíamos en un ejemplo anterior, que la nutrición de la *niña* consistía en lágrimas y mudez para su voz; en esta ocasión vuelve a estar presente lo líquido "agua negra" y el sonido, que cambia sustancialmente, de mudez a "música". Es el último retrato de la *niña* destruida, quemada por un "sueño implacable".

Cambiemos sutilmente la interesante pregunta que formula Lida Aronne-Amestoy:[7] "¿Es posible discernir la voz del yo poético o más bien, la niña, de la niña terrible que está dentro de la voz?" (229). Consideramos que en la pregunta misma reside la fractura existente en el sujeto poético. Este análisis pretende continuar con el intento de dicho discernimiento. A pesar de los juegos y laberintos por los que nos conduce el yo poético, éste muestra en muchas ocasiones la brecha que existe entre ambos sujetos. Sí, la *niña* ocupa gran parte del interior del sujeto lírico, pero éste reconoce que ya no es su lugar. Por medio de los tiempos verbales logramos establecer grados en esa relación. Hemos prestado cuidadosa atención a la niña que fue y a la niña que es, profundizando en cada ejemplo y subrayando la mayor o menor proximidad y los casos de identificación, en definitiva, la trama de esa intensa relación entre el yo poético y la *niña*.

En un primer momento, el retrato de la presencia femenina ha servido para atender a la minuciosa caracterización de la *niña*.

El recorrido por los distintos epígrafes que contiene esta semblanza conduce inequívocamente a la carencia, la fragilidad, la deformación y al padecimiento de un estatismo del que la *niña* es víctima. Pero en un segundo momento el análisis de los tiempos verbales en los que se ubica a la presencia femenina, permite distinguir con mayor precisión la brecha que se abre en distintas ocasiones entre ambos sujetos. En este recorrido temporal que se realiza de la mano del yo poético no hay concesiones, el vacío se presenta como resultado de un juego de reflejos donde presente, pasado y futuro advierten la insostenibilidad de una relación que se fractura continuamente. A pesar de la proximidad entre ambos sujetos, vuelve a no haber comunión, al yo poético no le es posible asir a la niña en fuga.

II. La juventud: *Muchacha, Chica, Joven*

Hay, al menos, tres presencias femeninas cuyo rasgo aglutinador es la juventud, la *muchacha*, la *chica* y la *joven* representan este espacio intermedio entre la infancia y la madurez. La relación que el yo poético mantiene con respecto a ellas oscila entre la identificación y cierta proximidad. Estas figuraciones se vinculan, entre otros temas, a la creación poética y a la muerte. En general, sus contextos perfilan espacios cercanos al yo poético y los símbolos que registramos en la mayoría de las ocasiones son también muy próximos al sujeto lírico.

Consideramos prácticamente sinónimas a las figuraciones *muchacha* y *chica*, su caracterización que las aproxima al yo poético, llega a la identificación en algunos casos. Sin embargo la presencia femenina *joven* parece vincularse exclusivamente con la muerte "joven muerta", que así aparece en dos ocasiones a lo largo de toda la producción poética, presentando oscilación entre la identificación y la cercanía.

La presencia más numerosa es *muchacha*, que aparece en cinco ocasiones, al menos. Su caracterización es bastante estable y como veremos a continuación representa el poder de la juventud.

En el poema *Salvación*, la presencia femenina *muchacha* aparece en dos ocasiones, abriendo y cerrando el poema en posiciones simétricas, segundo y penúltimo verso:

> Se fuga la isla
> Y la muchacha vuelve a escalar el viento
> y a descubrir la muerte del pájaro poeta
> [...]
> Ahora la muchacha halla la máscara del infinito
> y rompe el muro de la poesía. (49)

Si nos detenemos en los vínculos entre la *muchacha* y el "viento", el "pájaro poeta", la "máscara del infinito" y el "muro de la poesía" advertimos que se trata de una presencia que se enfrenta a los acontecimientos y actúa. La simetría formal es paralela a la simetría que presentan las acciones, en ambos fragmentos realiza dos. Al comienzo del poema, la presencia repite una acción ("vuelve") y como consecuencia realiza otra por primera vez ("descubre"). Al final del poema el tiempo se actualiza por medio del adverbio "ahora", la primera acción es fruto de una búsqueda ("halla") y en consecuencia la presencia femenina actúa ("rompe"). Este cúmulo de acciones contrasta con la inacción de la *niña* y empieza a delinear una figuración dinámica.

Como ocurría con la *niña*, la *muchacha* también experimenta la mutilación, aparece seccionada en dos en un texto de 1959:

> animal lanzado a su rastro más lejano
> o muchacha desnuda sentada en el olvido
> mientras su cabeza rota vaga llorando
> en busca de un cuerpo más puro. (145)

El tratamiento que recibe la figuración en este poema es el de un ser inanimado, como si se tratase de una muñeca, quizá una autómata, cabeza y cuerpo se separan en una acción que implica la ausencia del factor humano, no se decapita, ni se degüella, acciones que se corresponderían al aplicarse a un ser vivo.[8] La mutilación se efectúa en esta ocasión como si de una muñeca se tratase, una muñeca a la que se le "rompe" la cabeza.[9] El estatismo de la *muchacha* contrasta con la acumulación de acciones que protagoniza la "cabeza" que "vaga llorando en busca". La *muchacha* no deja de serlo por la desmembración, su esencia no se mutila, la búsqueda por parte de la cabeza de otro "cuerpo más puro", subraya la invalidez del continente anterior. La ausencia de pureza es el centro de la separación entre la muchacha y su cabeza, no entre el cuerpo y la cabeza, y esto es relevante, porque insiste en esa tendencia de subrayar el género que la incluye en ese universo femenino.

Muschietti analiza este poema basándose en el espejo y relacionándolo con un poema posterior:

> Nuit du coeur desarrolla un poema anterior de 1959, más breve aún, especie de embrión del relato de la noche del crimen [...] La o disyuntiva actúa como bisagra, espejo, muro que divide los dos momentos, los dos espacios, los dos cuerpos. La oposición olvido/animal marca el lugar de la muchacha vagabunda, desterrada: marca el lugar de la expropiación y de la colonización. (220)

La figuración femenina se establece también como parte integrante del yo poético, así aparece en la prosa poética "El sueño de la muerte o el lugar de los cuerpos poéticos", incluido en el poemario *Extracción de la piedra de locura*:

> Desviarme hacia mi muchacha izquierda —manchas azules en mi palma izquierda, misteriosas azules—, mi zona de silencio virgen, mi lugar de reposo en donde me estoy esperando. (254)

La proximidad es total, el yo poético asume que está constituido por otras presencias.[10] En este caso la "muchacha izquierda" se establece como parte constitutiva del yo lírico que se ve desde afuera, en un ejercicio de desdoblamiento en el que se combina la voz del yo lírico con la presencia de la figuración femenina que lo habita, pero sin llegar a identificarse. El "silencio" y el "reposo" identifican a esta "muchacha izquierda" que es ahora una "zona", un "lugar" donde el yo poético se aguarda a sí mismo.

La presencia femenina *muchacha* también interactúa con otras figuraciones:

> La muerte y la muchacha
> abrazadas en el bosque
> devoran el corazón de la música
> en el corazón del sinsentido

> una muchacha lleva un candelabro de siete brazos
> y baila detrás de las tristes músicas
> que tañen violines rotos
>   en torno a una mujer verde abrazada a un unicornio y a una mujer
>   [azul abrazada a un gallo
>
> [...]
> ¿era esto, pues, el concepto de espacio?
> criaturas en erección
> y la mujer azul
> en el ojo de la alegría enfoca directamente
> la taumaturga estación de los amores muertos. (423)

En esta escena de fuerte carga simbólica, donde música y pintura se convierten en dos claves fundamentales desde el título del poema, intervienen varias presencias femeninas: la muchacha, una muchacha, una mujer verde, una mujer azul, y la reaparición al final de la mujer azul además del personaje de la muerte.

La figuración aparece en dos ocasiones, en la primera *muchacha* se acompaña de artículo determinado, concretándola, y en la segunda de artículo indeterminado, lo que permite distinguirla con respecto a la primera ocasión.

En la primera ocasión la relación que se establece entre el personaje de la muerte y la *muchacha* se produce en términos positivos. Por una parte la muerte y la *muchacha* están abrazadas, hay un momento de comunión por medio del abrazo, el espacio del encuentro es el "bosque", espacio cargado de connotaciones positivas que aparece en más de una docena de ocasiones a lo largo de la producción poética y cuyo significado oscila entre la morada y el lugar de cuento donde se pierden los niños, un espacio en el que se deambula, vinculado a la errancia y asociado a la oscuridad en algunas ocasiones. Este abrazo unifica a las dos figuraciones, y la acción que ambas realizan, "devoran", subraya de nuevo esa comunión. El centro "corazón de la música" y "corazón del sinsentido", es un espacio cargado de connotaciones positivas[11] que vuelve a enmarcar esta alianza entre figuraciones y que retrata a la *muchacha* en un contexto "letal", muy próxima a "la muerte" y como una presencia que pertenece al espacio de lo oscuro, pero que se ubica donde se realiza el encuentro.

La segunda ocasión en que aparece esta presencia se acompaña del artículo indeterminado, perdiendo la individualidad del ejemplo anterior. Esta vez, la *muchacha* es portadora de luz con el candelabro judío de siete brazos, pero su posición no es el centro sino que se sitúa "detrás" y "en torno", el espacio es más negativo ahora, "tristes músicos", "violines rotos". Reaparece el abrazo, pero en este caso la protagonista es la presencia femenina *mujer*, que es parte activa de un encuentro en el que, de nuevo, la comunión se realiza por medio del contacto físico.

Este poema constituye un pasaje en el que se concentran gran número de símbolos, las presencias femeninas parecen ocupar un espacio ceremonial en el que se distinguen los diferentes papeles que protagonizan, incluyendo diferencias entre las dos formas de la figuración *muchacha* y oponiéndose al papel de la presencia femenina *mujer* que analizaremos próximamente.

Sólo hay un caso en que aparece la presencia *chica*, y el propio texto revelará porque la consideramos sinónimo de *muchacha* en la producción poética de Pizarnik, se trata del texto "Los poseídos entre lilas" del poemario *El infierno musical*:

> Donde una vez un muchacho y una chica hacían el amor, hay cenizas y manchas de sangre y pedacitos de uñas. (294)

La presencia femenina *chica* no vuelve a aparecer en toda la producción poética pizarnikiana y su caracterización en esta ocasión no aporta rasgos distintivos con respecto a *muchacha*, teniendo en cuenta además que esta presencia se acompaña de "muchacho", posiblemente se trata de una fórmula para no utilizar la misma palabra en femenino y masculino al ir tan próximas, por todo ello consideramos que *chica* y *muchacha* son formas sinónimas de la misma figuración.

El caso de *joven* es muy particular, porque como avanzábamos al comienzo de este apartado se trata de una figuración compuesta, pues se asocia en las dos ocasiones en que aparece a la muerte; la primera se encuentra en el poema "Formas":

> no se si pájaro o jaula
> mano asesina
> o joven muerta entre cirios
> o amazona jadeando en la gran garganta oscura
> o silenciosa
> pero tal vez oral como una fuente
> tal vez juglar
> o princesa en la torre más alta. (199)

Enrique Pezzoni analiza este poema en su artículo "La poesía como destino":

> No se trata de un juego superrealista, que acumula contradicciones para declarar lo absurdo de una realidad que damos por sentada. Tampoco se trata de imágenes acumuladas que se corrijan mutuamente, brotando en profusión y desde ángulos opuestos para circunscribir algo que se procura definir. No hay aquí hueco central que llenar, no hay *conjunto*: lo que debemos aprehender es el valor de cada parte. Este fluctuar de visiones que se suceden sin que la mirada se pose al fin en una, escogida como "verdadera", no puede interpretarse como la angustia de una elección imposible. Es, al revés, el embeleso de quien siente que lo revelado es esto y *también* lo otro. (103)

Como indica Pezzoni quizá no se trate de una elección sino de la asunción de la multitud de opciones que pueden convivir, esta pluralidad vuelve a insistir en la fractura interior, combinando posibilidades contrarias que oscilan entre continente y contenido, muerte y vida, silencio y sonido o amante y amada. La acumulación de presencias femeninas, ofrece la posibilidad de comprobar cómo interactúan unas con otras y cuáles aparecen juntas en el mismo contexto. En la duda que el yo lírico expresa sobre su propia identidad se formula una serie de posibilidades en las que se incluyen esta serie de sujetos femeninos: joven muerta, amazona, silenciosa y princesa. Es precisamente la variedad de figuraciones en este texto la que provoca que la *joven muerta* no sea el centro, sino más bien parte del coro de sujetos. En este sentido no se profundiza caracterizándola, simplemente se evoca al lado de otras opciones que podrían constituir esa definición del yo poético.

En la prosa poética "Extracción de la piedra de locura", aparece de nuevo la *joven muerta* acompañada en esta ocasión de artículo indeterminado:

> Vendrás a mí con tu voz apenas coloreada por un acento que me hará evocar una puerta abierta, con la sombra de un pájaro de bello nombre, con lo que esa sombra deja en la memoria, con lo que permanece cuando avientan las cenizas de una joven muerta, con los trazos que duran en la hoja después de haber borrado un dibujo que representaba una casa, un árbol, el sol y un animal. (251)

Tampoco en esta ocasión se profundiza en dicha presencia, incluyéndola de nuevo en una enumeración que impide su protagonismo, el yo poético se refiere a las múltiples posibilidades de un encuentro hipotético que se describe por medio de la acumulación de opciones asociadas a lo positivo, posibilidades que se desean.

La presencia *joven* está asociada con la muerte, además de esta asociación no se profundiza en su caracterización, sólo se evoca en enumeraciones que la convierten en una parte más de una serie, sin singularizarla. Ese cierto grado de proximidad que guarda el yo poético con respecto a ella es importante, su aparición en el primer texto, que podemos considerar un intento de definición del yo lírico y el deseo de proximidad que se manifiesta en el segundo texto muestran el deseo de proximidad del sujeto poético con esta presencia, aunque sólo sea a través de lo que permanece tras haber aventado las cenizas de la "joven muerta".

La relación que el yo poético mantiene con las tres presencias femeninas *muchacha, chica* y *joven* muestra un deseo de proximidad y en ocasiones de identificación. A través de los análisis comprobamos que los contextos en que se registran apariciones de las tres presencias señalan hacia un ámbito con características de una estética decadente, y ciertas similitudes con espacios evocados por el romanticismo alemán. El poder de la juventud, la acumulación de rasgos positivos y un contexto cercano al yo poético revelan la naturaleza positiva del vínculo que el yo poético mantiene con las figuraciones.

III. La madurez: *Mujer*

La presencia femenina *mujer* es una de las figuraciones que pertenecen a aquel grupo, que ya indicábamos en la introducción, con el que el yo poético no pretende aproximación ni identificación. Este alejamiento se debe, sobre todo, a la madurez que la caracteriza, y que es opuesta a lo que el yo poético desea y pretende encarnar.

El concepto *mujer* representa la esencia del género femenino, pero éste también se vincula a la madurez, y en este sentido la distancia entre el yo poético y la figuración es considerable, no hay identificación en ningún caso exceptuando un par de ocasiones al principio de la producción, donde está comenzando a definirse y parece ser una figuración intercambiable con *muchacha*. Lo cierto es que a lo largo de todos los textos en los que se recoge no podemos hablar de una presencia femenina que adquiera profundidad, su caracterización oscila entre aquellos textos en los que es protagonista y aquellos en los que se combina con otros elementos que la distancian de la esencia misma de lo femenino. Esta figuración siempre se acompaña de un adjetivo que pluraliza la forma, impidiendo una individualización de la misma. Detengámonos en el primer ejemplo, que aparece en el poema "Origen":

> Los pájaros queman el viento
> en los cabellos de la mujer solitaria
> que regresa de la naturaleza
> y teje tormentos (52)

Este texto remite a otro, "Salvación" (49) que ya fue analizado en el apartado de la presencia femenina *muchacha*, estos dos textos aparecen en orden consecutivo en el mismo poemario y debemos destacar la presencia en ambos de dos símbolos muy relevantes, el "pájaro" y el "viento". Así, el hecho de que aparezca una u otra figuración podría no implicar un cambio sustancial, parece tratarse de la evocación de una presencia femenina, probando ambas figuraciones, pero sin que esto implique una diferencia de fondo. Debemos recordar que se trata de su segundo poemario, las presencias femeninas no dejan de ser en este momento formas inestables, pruebas e intentos de lo que llegarán a ser.

En el mismo poemario, en un poema contiguo al que acabamos de ver, se registra la única ocasión en que el yo poético se identifica con la *mujer*:

> ríe en el pañuelo llora a carcajadas
> pero cierra las puertas de tu rostro
> para que no digan luego
> que aquella mujer enamorada fuiste tú. (53)

Debemos subrayar el uso de los tiempos verbales (presente, futuro y pasado), los reflejos del yo poético le permiten dirigirse al tú desdoblado de forma imperativa, haciendo un pronóstico de lo que sucederá. Intentan combatirse los efectos del desencuentro "ríe en el pañuelo llora a carcajadas", por medio del ocultamiento, que se afirma también en el siguiente verso "cierra las puertas de tu rostro". Esta *mujer* enamorada que protagoniza el texto es única a lo largo de toda la producción poética, es el único momento en el que el yo lírico se reconoce a sí mismo como una *mujer* que no debe/puede vivir satisfactoriamente el amor, le es negada la posibilidad de vivir abiertamente esa situación. El yo poético ejecuta una autocensura que explica, de forma parcial al menos, cuáles son los términos en los que el sujeto se establece en relación con el amor.

En la prosa poética "Extracción de la piedra de locura", se muestra a la figuración metamorfoseada:

> [...] la mujer-loba deposita a su vástago en el umbral y huye [...] Llora la niña loba. Ningún dormido la oye. Todas las pestes y las plagas para los que duermen en paz. (249)

La suma de ejemplos en los que interviene la presencia femenina *mujer* muestra un retrato polifacético de la figuración, no podemos hablar de evolución porque el seguimiento que se realiza es siempre sobre variaciones centrales de la misma forma, es decir, la permanente caracterización de la presencia por medio de los diferentes adjetivos que la acompañan, impide la mínima estabilidad para reconocer en todas ellas a la misma forma, susceptible de cambios. En este texto, la presencia femenina se metamorfosea en monstruo "mujer-loba", que conecta a su vez con la "niña-loba" analizada con anterioridad, y que aparece en este mismo texto, la "mujer-loba" se caracteriza por medio de las acciones que realiza: en primer lugar, el abandono de su descendencia y después la huida. La identificación que en este caso se produce con la *niña* y no con la *mujer*, entonces será la "hija" y no la "madre", se trata de relaciones paralelas que muestran el carácter definitivo de los vínculos que establece el yo poético; en mi tesis doctoral *La obra poética de Alejandra Pizarnik. Arquitectura de un desencuentro* elaboro un análisis más detallado de las figuraciones relacionadas con el parentesco.

Las últimas ocasiones en que aparece la figuración *mujer* se recogen en un texto que fue analizado al revisar la presencia femenina *muchacha*, "El ojo de la alegría (Un cuadro de Chagall y Shubert)" incluido en el poemario *Textos de sombra*:

> una muchacha lleva un candelabro de siete brazos
> y baila detrás de las tristes músicas
> que tañen violines rotos
> en torno a una mujer verde abrazada a un unicornio y a una mujer
> [azul abrazada a un gallo
> [...]
> y la mujer azul
> en el ojo de la alegría enfoca directamente
> la taumaturga estación de los amores muertos. (423)

En estas tres ocasiones la presencia *mujer* se caracteriza por medio del color "verde" y "azul", ambos cargados de connotaciones positivas en la poética pizarnikiana. El vínculo con lo mágico por medio del "unicornio" y el "gallo" perfila un espacio ceremonial, donde lo sagrado es protagonista junto a la presencia femenina, sujeto en el que se realiza la ceremonia. No podemos olvidar que el espacio que ocupan es el centro, un lugar "en torno" al cual se organiza el resto, "el ojo de la alegría", insiste en el deseo de acceso a esa posición caracterizada tan positivamente en la producción de Pizarnik.

El yo poético si no llega a oponerse de forma explícita, se mantiene indiferente ante la presencia *mujer*, y el motivo fundamental ya lo señalábamos con anterioridad, el yo poético se siente ajeno a lo que representa esta figuración, no asume la madurez, lo que provoca la ausencia de identificación, que se materializa en la escasa profundidad de la figuración.

IV. La vejez: *Vieja, Anciana*

En esta última edad, las dos presencias femeninas muestran distancias distintas con respecto al sujeto lírico, se trata de figuraciones con escasa aparición, pero con una relevancia importante dentro del imaginario simbólico femenino.

La figuración *vieja* se distancia sutilmente de las otras presencias femeninas relacionadas con la edad por la dimensión simbólica asociada a ella, la *vieja*, en esta producción poética, es transfiguración humana de la muerte y de la noche. Es importante destacar que no aparece nunca la figuración sola, sino que se acompaña de otra presencia, en ese sentido no parece adquirir carácter independiente, "vieja mendiga", "mujer vieja".

El primer texto en que aparece, "El sueño de la muerte o el lugar de los cuerpos poéticos", presenta un vínculo explícito con la obra de Lautréamont, Pizarnik toma de ella la estampa completa de un pasaje de *Los cantos de Maldoror*, "adoptando" al personaje de la vieja mendiga a la que los niños le tiran piedras:

> La muerte de cabellos del color del cuervo, vestida de rojo, blandiendo en sus manos funestas un laúd y huesos de pájaro para golpear mi tumba, se alejó cantando y contemplada de atrás parecía una vieja mendiga y los niños le arrojaban piedras. (256)

En estas líneas se produce un intento de identificación entre la figuración y "la muerte" descrita con cierto detalle en este fragmento: el color de sus cabellos, el color de su vestido, su posición y los objetos que lleva consigo. Por otra parte la comparación con la presencia *vieja mendiga* que, al ser el segundo término de la comparación, la caracterización más profunda recae sobre el primer término que ocupa la "muerte" y sus rasgos se asumen.

En la segunda ocasión en que aparece la presencia se define a "la noche" de nuevo por medio de la identificación positiva y negativa, lo que es: "mujer vieja" y lo que no es: "la hija preferida de la reina loca", así aparece en "Presencia de Sombra":

> La noche es una mujer vieja con la cabeza llena de flores. La noche no es la hija preferida de la reina loca. (407)

Por medio de esta definición también se establecen diferencias entre ambas sujetos. En esta ocasión, como ocurría en el texto anterior, la *mujer vieja* parece ser el segundo término, en el que no se profundiza, el protagonismo lo ocupa "la noche".

La presencia femenina *anciana* se diferencia mucho de la anterior figuración, aparece en una única ocasión a lo largo de la producción poética, y el sujeto lírico se identifica con ésta en un juego de tiempos verbales. El ejemplo aparece en "El despertar":

> Recuerdo mi niñez
> cuando yo era una anciana
> Las flores morían en mis manos
> porque la danza salvaje de la alegría
> les destruía el corazón
>
> Recuerdo las negras mañanas de sol
> cuando era niña
> es decir ayer
> es decir hace siglos. (94)

No se profundiza en la presencia femenina, la *anciana* se evoca para recrear una infancia fallida por medio de un juego temporal que permite ocultarse al yo poético. La identificación simultánea entre el yo poético y ambas presencias *anciana* y *niña* no hace más que subrayar la convivencia del coro de algunas presencias en el interior del yo poético. El círculo temporal se cierra, la *niña* y la *anciana* se encuentran equidistantes con respecto al yo poético, que evoca una infancia perdida que se pone de manifiesto por medio de los tiempos verbales.

El análisis de este conjunto de presencias relacionadas con la edad, muestra los cuatro estadios de la vida, la infancia, en la que se sitúa la figuración *niña*, cuya proximidad con el yo poético es total y que recibe un tratamiento más minucioso y rico entre todas las figuraciones; la juventud, representada por la *muchacha*, la *chica* y la *joven*, figuraciones también muy próximas al yo poético que representan la potencia de este estadio; la madurez, cuya imagen es la *mujer*, con la que el yo lírico mantiene una distancia considerable, oponiéndose a lo que representa, la esencia de lo femenino y la madurez; y finalmente el cuarto estadio, la vejez, con las presencias *vieja* y *anciana*, con las que se cierra el círculo cronológico, llegando a la identificación en uno de los casos.

Por otra parte, las acciones y los sentimientos con que se caracterizan estas figuraciones nos permiten hablar de su volumen, no se trata exactamente de voces, máscaras o rostros, sino de presencias, cuya corporización muestra cómo se materializan los diferentes registros.

El análisis de cada uno de estos factores, permite acceder a la multiplicidad de retratos, fragmentos que constituyen al yo poético, que se desdobla, mostrándose o escondiéndose tras cada una de estas presencias, intentando sustituirlas o rechazándolas, con la intención de reunir esas partes del sujeto lírico fragmentado.

La construcción de cada una de estas figuraciones y su función en la teoría poética, pone de manifiesto la minuciosa elaboración de este espacio reservado a este conjunto de presencias femeninas. Decíamos con anterioridad que de todas ellas la *niña* es la más importante, la figuración más compleja y rica, la más próxima al yo lírico, la que más información aporta sobre el desencuentro "original", es decir, la que explica con más detalle el mecanismo "deseo-frustración" entre lo que se anhela y no se produce. El resto de presencias descubren aspectos parciales del yo poético, su rechazo por las figuraciones que representan la madurez, la proximidad con respecto a aquellas que mantienen un fuerte vínculo con la muerte, y aquellas otras que representan la potencia de la juventud insisten en la multiplicidad de reflejos tras los que se esconde el yo poético. Cuatro edades que permiten atravesar espacios en los que el yo poético juega a deslocalizarse, en el intento último de acceder a sí mismo.

NOTAS

[1] En la tesis doctoral *La obra poética de Alejandra Pizarnik. Arquitectura de un desencuentro*, elaboramos un detallado inventario de todas las presencias femeninas que se registran a lo largo de su obra poética, atendiendo a cuatro conceptos generales: relación con la edad, relación familiar, relación con la muerte y relación con el desarraigo.

[2] Pizarnik en sus diarios reflexiona sobre la dificultad de asumir la madurez, a pesar de que lo infantil se desvanezca, la entrada está fechada con el treinta de abril de 1966: "Heme aquí llegada a los treinta años y nada sé aún de la existencia. Lo infantil tiende a morir ahora pero no por ello entro en la adultez definitiva. El miedo es demasiado fuerte sin duda. Renunciar a encontrar una madre. La idea ya no me

parece tan imposible. Tampoco renunciar a ser un ser excepcional (aspiración que me hastía). Pero aceptar ser una mujer de treinta años...Me miro en el espejo y parezco una adolescente. Muchas penas me serían ahorradas si aceptara la verdad" (411-412).

[3] Todas las citas de los poemas están tomadas del libro *Poesía Completa*.

[4] En sus Diarios, en la entrada del dos de enero de 1961, Pizarnik escribe sobre la dificultad de asumir que la niña se ha dejado atrás: "y yo me cubro, yo me envuelvo, me mezo en mi nostalgia preferida, me abrazo a la almohada y lloro, me avergüenzo de mi edad (la de mis papeles) y no comprendo por qué, tan de repente, ya no soy una niña. Pregúntalo, anda, demándalo, quéjate, protesta" (187).

[5] Frente a la "pequeña mendiga" del texto que nos ocupa, debemos indicar la presencia de una figuración paralela en otro texto, *El sueño de la muerte o el lugar de los cuerpos poéticos* (256) donde aparece la "vieja mendiga", el paso del tiempo constituye el rasgo diferenciador entre ambas.

[6] Las repercusiones más devastadoras del fuego aparecen en otros dos poemas, "La espera de la oscuridad" (60) y "Noche compartida en el recuerdo de una huida" (257).

[7] En el artículo citado con anterioridad "La palabra en Pizarnik o el miedo de Narciso" Aronne-Amestoy realiza las siguientes preguntas: "¿es posible discernir la voz de la mujer, o más bien, de la niña, la niña terrible que está dentro de la voz? ¿Es posible la distancia académica, a sobria sistematización, o hay que salir a encontrar la voz de la niña, en el grito, el gemido, la lucha cuerpo a cuerpo con las palabras para sobrevivir a la angustia de una conciencia que no conoce o no halla otra manera de sobrevivir?" (229).

[8] Hay un poema, en el que la presencia femenina aparece en plural, en el que se incide en la separación entre cuerpo y cabeza aunque en este caso sea simbólica, por medio del estrangulamiento y no llegue a una separación "real": "por no hablar de New York y del West Village con rastros de muchachas estranguladas" (411).

[9] En los Diarios de Pizarnik, en la entrada del veinte de febrero de 1958 la poeta hace una anotación que podría conectar con este texto por la presencia de la figuración y de la cabeza cortada: "Recordar la paloma blanca que devora a una muchacha. El *gourmet* que la devora; le corta los pechos, mana sangre, él coloca, en sendos agujeros, dos ramos de violetas. La cabeza cortada canta: 'Los hombres no son felices y después mueren'" (109).

[10] Comprobaremos a lo largo de este análisis que el yo poético reconoce explícitamente en diversas ocasiones cómo está constituido de otras presencias femeninas, no sólo de *muchacha*, como ocurre en este ejemplo concreto.

[11] Así lo analiza Florinda Goldberg en su obra *Alejandra Pizarnik: "Este espacio que somos"*, donde el centro se presenta como el espacio anhelado: "[...] nuestra lectura del imaginario espacial de Pizarnik podría reformularse como la aspiración a acceder a un centro absoluto" (113).

Bibliografía

Aronne-Amestoy, Lida. "La palabra en Pizarnik o el medio de Narciso". *Inti* 18-19 (1983-1984): 229-245.

Borinsky, Alicia. "Alejandra Pizarnik: The Self and its Impossible Landscapes." *A Dream of Light and Shadow. Portraits of Latin American Women Writters*. Marjorie Agosin, ed. Alburquerque: U of New Mexico P, 1995. 291-302.

Chávez-Silverman, Suzanne. "Signos de lo femenino en la poesía de Alejandra Pizarnik". <http://sololiteratura.com/pizsignosdelo.htm> (30 de junio de 2004).

Deleuze Gilles y Féxlix Guattari. *Kafka. Por una literatura menor*. México, DF: Ediciones Era, 1978.

Goldberg, Florinda. *Alejandra Pizarnik: "este espacio que no más"*. Gaithersburg, MD: Hispamérica, 1994.

Lautréamont. *Obra Completa*. Madrid: Akal, 1988.

López-Luaces, Marta. "Los discursos poéticos en la obra de Alejandra Pizarnik", *Espéculo* 21 (2002): s/n.

Mackintosh, Fiona. *Childhood in the Works of Silvina Ocampo and Alejandra Pizarnik*. Woodbridge: Tamesis, 2003.

Muschietti, Delfina. "Alejandra Pizarnik: la niña asesinada". *Filología* XXIV (1989): 231-241.

Pezzoni, Enrique. "La poesía como destino". *Sur* 297 (1965): 101-104.

Piña, Cristina. *La palabra como destino. Un acercamiento a la poesía de Alejandra Pizarnik*. Buenos Aires: Botella al Mar, 1981.

Pizarnik, Alejandra. *Poesía Completa*. Barcelona: Lumen, 2000.

_____ *Diarios*. Barcelona: Lumen, 2003.

Running, Thorpe. "The Poetry of Alejandra Pizarnik". *Chasqui* 14 (1985): 45-55.

Tembrás, Dores. *La obra poética de Alejandra Pizarnik. Arquitectura de un desencuentro*. Tesis Doctoral. Universidade da Coruña, 2008.

Zeiss, Anne-Elizabeth. *The Subject Between Texts in Alejandra Pizarnik's Poetry*. Ph. Dissertation. Austin: University of Texas at Austin, 2001.

La experiencia desnuda del lenguaje

CLELIA MOURE

> *La palabra de la palabra nos conduce por la literatura, pero quizá también por otros caminos, a ese afuera donde desaparece el sujeto que habla. Sin duda es por esta razón por lo que la reflexión occidental no se ha decidido durante tanto tiempo a pensar el ser del lenguaje: como si presintiera el peligro que haría correr a la evidencia del "existo" la experiencia desnuda del lenguaje.*
> Michel Foucault, *El pensamiento del afuera*

> *Alguna palabra que me ampare del viento*
> *alguna verdad pequeña en que sentarme*
> *y desde la cual vivirme*
> *alguna frase solamente mía*
> *que yo abrace cada noche,*
> *en la que me reconozca,*
> *en la que me exista.*
> Alejandra Pizarnik, *Las aventuras perdidas*

La incesante reflexión acerca del lenguaje poético ha superado durante el siglo veinte una discusión antigua: la supuesta oposición excluyente entre poesía y pensamiento, sustentada por la episteme occidental clásica y moderna.[1]

Ahora bien: si aceptamos que el discurso poético puede –tanto o más que el filosófico o científico– generar pensamiento, está claro que se trata de un pensamiento *diferente*, por cuanto carece de la interioridad de la reflexión filosófica y carece igualmente de la positividad del saber científico. Doble carencia que supone el intervalo fundamental: la lengua poética se funda en la desaparición del sujeto que habla y en la imposibilidad de nombrar –de representar– lo real ("como un poema enterado / del silencio de las cosas / hablas para no verme" (*Árbol de Diana* 77).[2]

Lo que Michel Foucault (en la estela del pensamiento de Maurice Blanchot) ha llamado "la experiencia desnuda del lenguaje" (*Pensamiento* 14) me ha permitido vislumbrar la naturaleza del "laberinto de tristezas sin nombre" en el que se puede convertir la lectura de Alejandra Pizarnik. Esa experiencia está tejida de aquella doble imposibilidad. Por un lado, la escritura poética expulsa al sujeto que habla a un afuera indeterminado, una abertura sin fondo: el lugar de la dispersión y de la ausencia de ser ("este lugar / al que siempre nadie llega"),[3] lugar de la plena incertidumbre y de la soledad esencial; y por otro, toda posibilidad de dar cuenta de lo real, de nombrar o nombrarse queda definitivamente abolida.

Los lectores sabemos que el poeta, ante el descubrimiento de su soledad esencial (Blanchot, *El espacio*), puede quedar capturado en la separación: lejos de afirmarse en ella para ser-en-el-mundo (en la historia), para convertir su nada en trabajo, en producción, toma consciencia de sí mismo como separado. La angustiosa experiencia de esa falta de ser se inscribe (se escribe) en el cuerpo y en la página en blanco: síntoma o palabra que no se puede hacer callar, lo incesante que trata de nombrar el vacío incesante. Abismo sin fondo que Alejandra Pizarnik escribe una y otra vez, condenada a la repetición, atraída por el "agujero de ausencia" en un monólogo insistente que no logra expresar la desgarradura del sujeto ("una mano que me arrastra / a mi otra orilla").

Hemos repetido muchas veces (por lo menos desde que logramos producir sentido ante la escritura de Rimbaud y de Mallarmé) que la palabra poética se niega a representar, a decir, a expresar, a designar o significar. Pero cabe la pregunta, una vez más: ¿por qué? ¿Por qué la palabra poética se opone a los mandatos del orden cultural y social? ¿Por qué habría de existir esta palabra que no dice, que se revela estéril y desobediente, que tampoco está al servicio de la belleza ni del buen gusto, ni del buen sentido ni del sentido común? No para identificarse con una trascendencia inefable, ni para ocultar algún misterio o secreto intransferible, sino para enunciar su propia desnudez, negando toda posibilidad de "contener" una subjetividad que ha sido expulsada ("descríbeme la casa del vacío, / háblame de esas palabras vestidas de féretros / que habitan mi inocencia").

La palabra así sostenida enuncia el tránsito del sujeto hacia el afuera, al espacio impersonal. La nada está en ella, sosteniendo su sin razón. La ausencia, la dispersión y la desposesión serán la contracara (aunque complementaria) del orden del discurso comunicativo. Lo que nos atrae y nos deslumbra es la insobornable presencia del afuera. No hay certidumbre ni intimidad ni cosa designada, no hay verdad revelada ni velada: negación radical, insistente, absolutamente sostenida. Si hay algo que se grita aquí es la pérdida, "y grita que algo se fue para siempre. / Alguna vez volveremos a ser".

Alejandra Pizarnik se enfrentó sin concesiones a la exigencia de un lenguaje fiel a este pensamiento, y comprendió dolorosamente (lo sabemos por sus *Diarios*) que la experiencia del afuera no se puede decir, no se puede narrar. Al mismo tiempo sus textos atestiguan una y otra vez que es lo único que vale la pena decir, que es lo único que se debe decir, aunque sea imposible. Resulta difícil, dadas las costumbres de nuestro pensamiento, transitar por este atolladero. Seguramente también ha sido difícil para la persona llamada Flora Pizarnik, nacida en Avellaneda en abril de 1936, hacer frente a esta contradicción sin salida y sin alternativas. Conciente de la extrema dificultad de su proyecto, persiguió ese sueño hasta el final. Ahora bien: ¿de qué manera? ¿Cómo darse un lenguaje para hablar de la ausencia, de la discontinuidad, del "vacío indecible"?

El lenguaje de Alejandra Pizarnik es atravesado por la incesante necesidad de refutarse a sí mismo, negándole toda positividad a lo que enuncia. Sus textos parecen comprenderlo con asombrosa lucidez: "aquello que me es adverso desde mí, conspira, toma posesión de mi terreno baldío. [...] No puedo hablar para nada decir. Por eso nos perdemos, yo y el poema, en la tentativa inútil de transcribir relaciones ardientes".

Simétricamente, el lector puede perderse en la tentativa inútil de interpretar, de querer reponer o cubrir la nada que surge del vacío indecible, del agujero de ausencia. Trataré de no correr el riesgo propio del discurso reflexivo: tener un adentro, o mejor dicho, darle dimensión de interioridad al puro afuera en el que se pliegan y despliegan las palabras en la poesía de Alejandra. Es difícil sustraerse a la tentación: el placer de interpretar, de entender, de comprender es muy parecido a la felicidad de llegar, de tener, de consumir, de abrazar o abarcar. Pero el lenguaje de "la avara" no nos concede esa clase de placeres afirmativos, apenas concede el goce sombrío de constatar nuestra sed. La experiencia del afuera no coincide ni se reconcilia con nada. ("Escribir es buscar en el tumulto de los quemados el hueso del brazo que corresponda al hueso de la pierna. Miserable mixtura. Yo restauro, yo reconstruyo, yo ando así de rodeada de muerte").

Advierto que acabo de caer en una contradicción. Impugno la eficacia de cualquier interpretación, y al mismo tiempo anudo a aquello que los textos (no) dicen, lo que me parece oír en ellos: no hay solución lógica para este problema. La poesía de Alejandra propone una salida dialéctica: "cada palabra dice lo que dice y además más y otra cosa".

Sabiendo que no voy a librarme de esa contradicción, me propongo cartografiar en estas páginas los procedimientos (algunos) con los que la escritura de Alejandra Pizarnik se defiende del vacío, de su inevitable atracción, o bien responde a sus exigencias absolutas.

1. "Este canto me desmiente, me amordaza"

La negación lógica es simplemente la forma negativa de la afirmación, su espejo. Para no afirmar, el lenguaje debe ejercer una violencia sobre sí: no alcanza con negar; deberá desnaturalizarse, desconocer el mandato cultural, abolir su condición de vehículo de conocimiento y comunicación, en suma: renunciar a todo poder afirmativo. Y eso es un riesgo. También una necesidad.[4] En la escritura de Alejandra Pizarnik no hay nadie para medir ni evitar riesgos, y la necesidad no se distingue de ellos: "Alguien apuñala la almohada / en busca de su imposible / lugar de reposo".

El riesgo absoluto es aquí absoluta necesidad, porque obedece a la dinámica de esta escritura: la de la crueldad. Antonin Artaud postula en *El teatro y su doble* la idea de un "lenguaje físico, ese lenguaje material y sólido [...] que se orienta primero a los sentidos en vez de orientarse primero al espíritu, como el lenguaje de la palabra" (40), y que él reclama para el teatro occidental. Su propuesta de un nuevo lenguaje (un nuevo "destino" para la palabra en el teatro) se vincula con la necesidad de recuperar el protagonismo de la puesta en escena: "las posibilidades de realización del teatro pertenecen por entero al dominio de la puesta en escena, considerada como lenguaje en el espacio y en movimiento" (49). Artaud postula modificar la "posición" de la palabra en el teatro, a fin de "manejarla como un objeto sólido que perturba las cosas" (81). Para ello, exige un empleo nuevo y excepcional de la palabra que le devuelva al teatro "la capacidad de producir un estremecimiento físico [...] y de restituirle el poder de desgarrar y de manifestar realmente algo" (50).[5]

El poeta francés pone de manifiesto –en sus ensayos y, por cierto, en su poesía y en su producción dramática– el intervalo entre la palabra y el poder que le atribuimos: el de representar, es decir, el de vehiculizar un sentido aceptado y aceptable. Esa "suspensión" está dada por la presencia de *aquello* que escapa al dominio del lenguaje hablado: su materialidad, su capacidad de producir un estremecimiento físico, de perturbar el orden de los cuerpos.

El lenguaje de la crueldad, en oposición a "los usos occidentales de la palabra", escapa al dominio del entendimiento por constituir un exceso: la "necesidad vital" lo rige y opera el cambio de registro. Necesidad que, como hemos dicho, no se separa del riesgo ("¿Adónde la conduce esta escritura? A lo negro, a lo estéril, a lo fragmentado") y realiza una inquietante y perturbadora travesía: una escritura del cuerpo, un orden del discurso heterogéneo, que propone una nueva manera de concebir, no sólo la poesía, no sólo la escritura literaria, sino también el propio pensamiento, como un trabajo de resistencia a las representaciones derivadas del ideal ascético, descoyuntando la noción platónica, medieval y moderna de "cuerpo".

La poesía de Alejandra Pizarnik atestigua que las palabras "espesor" o "volumen" que pueblan nuestras reflexiones acerca de ella, son algo más que metáforas; aluden al carácter específico y diferencial del hacer poético, que exige ser leído en su propio registro: el de una heterogeneidad que vibra y se hace cuerpo y voz en la relación dialéctica entre el orden material y el orden simbólico. Dicho de otro modo, el lenguaje es (como lo ha señalado la propia poesía sobre todo a partir de las vanguardias) una dimensión fuertemente heterogénea, en la medida en que su lenguaje se produce en el acto mismo del rechazo de la cualidad representativa que la limita; en el acto mismo de la sumisión de la palabra al orden pulsional que la infinitiza. De esa heterogeneidad, la cultura occidental –en virtud de postulados eficaces y variados mecanismos de control– parece erigirse en potencia de abolición y de olvido.

En este sentido, la poesía es una contra-dicción, un discurso en contra de sí mismo. Algo la perturba en su condición lingüística, pero esa "anomalía" –desde la perspectiva de una lengua ideal abstracta– es su componente diverso, intraducible a la lengua, que insiste en ella, quebrándola, mostrando su insuficiencia, operando el desencuentro entre dos órdenes que se rechazan con la misma intensidad con la que se necesitan. El cuerpo de ese desencuentro es el poema, irrenunciablemente heterogéneo:

DESCRIPCIÓN

Caer hasta tocar el fondo último, desolado, hecho de un viejo silenciar y de figuras que dicen y repiten algo que me alude, no comprendo qué, nunca comprendo, nadie comprendería.

Esas figuras –dibujadas por mí en un muro– en lugar de exhibir la hermosa inmovilidad que antes era su privilegio, ahora danzan y cantan, pues han decidido cambiar de naturaleza (si la naturaleza existe, si el cambio, si la decisión...).

Por eso hay en mis noches voces en mis huesos, y también –y es esto lo que me hace dolerme– visiones de palabras *escritas* pero que se mueven, combaten, danzan, manan sangre, luego las miro andar con muletas, en harapos, corte de los milagros de a hasta z, alfabeto de miserias, alfabeto de crueldades... La que debió cantar se arquea de silencio, mientras en sus dedos se susurra, en su corazón se murmura, en su piel un lamento no cesa...

(Es preciso conocer este lugar de metamorfosis para comprender por qué me duelo de una manera tan complicada). (Pizarnik, *Obras completas* 183)

Potencia capaz de crear una zona de metamorfosis en la que se disuelven las identidades fijas: la lengua se deja penetrar por la razón del cuerpo, por aquello que sostiene el texto y el hacer poéticos; "conocer este lugar" es la única manera de comprender (comprensión energética, intensiva, no especulativa) "por qué me duelo de una manera tan complicada".

Algo en el poema, incesantemente, se vuelve otro (tal vez habría que decir: se vuelve *su* otro) y es, en consecuencia, imposible de describir, toda vez que se entienda por "describir" la función comunicativa, social y designativa de la lengua. Lo que se describe es el lugar del desvanecimiento de toda consistencia, que a su vez conserva todas las posibilidades, todas las formas como pura potencia de resolución.

La escritura poética resulta entonces el *lugar* extranjero también con respecto a la patria de la razón y su lenguaje:[6] "Tú ya no hablas con nadie. Extranjera a muerte está muriéndose. Otro es el lenguaje de los agonizantes".

2. "Asisto al inagotable fluir del murmullo"

Sé que puede sonar pretencioso cualquier título que indique la reflexión acerca del infinito; que es un tema largamente bordeado por la filosofía de todos los tiempos y de todas las latitudes, y una cuestión que por su naturaleza problemática y paradojal, suele ser soslayada o dejada entre paréntesis.[7] No obstante las dificultades evidentes que presenta la cuestión, me parece necesario referirme a ella en relación con la poesía, dada la presencia decisiva de aquello que he denominado *lo incesante* en la escritura de Alejandra Pizarnik (y que ha sido señalado en muchas otras prácticas poéticas contemporáneas).[8]

Sabemos que la filosofía y la ciencia constituidas en discurso organizado reconocen un origen común, al menos en la historia cultural de Occidente. Ese origen común tiene derivaciones en nuestros modos (occidentales) de concebir lo real y sus relaciones con el pensamiento.

Los filósofos presocráticos buscaban en el orden natural el principio regulador y productivo de lo real ($\alpha\rho\chi\eta$). Si bien está claro que ésta puede ser una interpretación posplatónica de dicha búsqueda, muchos especialistas[9] coinciden en señalar el carácter "naturalista" del discurso filosófico –al menos el que se ha consagrado oficialmente como tal– anterior a Sócrates. Más cerca de nosotros en el tiempo, y con registros textuales más fidedignos, hallamos el mismo carácter en la reflexión aristotélica. Los términos *Logos*, *Física* y *Metafísica* son sutilmente analizados en las respectivas obras del estagirita, y atestiguan claramente la impronta naturalista, física o cosmológica de su sistema.

Hechas estas mínimas referencias a las relaciones entre ciencia natural y filosofía, lazo que data de la antigüedad preclásica, podemos observar que ambos discursos –aun antes de constituirse en sistemas disciplinares codificados– poseen una intención común: "solapar el caos" (Deleuze-Guattari), o en otros términos: abordar el infinito, enfrentarse a lo indeterminado para hacerlo legible (también regulable y en última instancia pensable), afrontar aquello que desafía nuestra comprensión pero al mismo tiempo compromete y determina la existencia.

Ahora bien, la primera instancia de diferenciación entre la ciencia y la filosofía está dada por el tipo de vínculo que establece cada una con el infinito como dimensión del "más allá", tanto en su aspecto ontológico como en el gnoseológico.

La ciencia observa, cuantifica, formaliza, hipotetiza, verifica o refuta, es decir, pone a prueba a la Naturaleza, según la imagen clásica de Francis Bacon. La "respuesta" de la Naturaleza (o la lectura de esa respuesta, pues lo que buscaba Bacon era intepretarla) está condicionada por los planos de referencia, por los criterios de verdad, y por todas las determinaciones del método científico (en términos deleuzianos: la ciencia actualiza el caos en virtud de las condiciones que impone a los estados de cosas). Así la investigación científica construye su objeto, que no es la realidad o el orden cósmico ni el infinito virtual, sino su actualización en las funciones que determinan dichos planos de referencia. Para asumir las velocidades infinitas, las detiene, las "desacelera" (Deleuze-Guattari 21-62; 117-163), opera una suspensión de la materia en movimiento incesante y trata de penetrarla con sus proposiciones.

La filosofía, en cambio, sin "renunciar" al infinito, traza un plano de inmanencia que lo aborda con el propósito de darle consistencia en el pensamiento. Para ello procede por conceptos (entendiendo el concepto como una categoría operativa, como una instancia que no resuelve ni fija las condiciones del problema, sino que las "sobrevuela", recorriendo sus componentes heterogéneos, acoplándose simultáneamente a todas las series en las que se singulariza).

Así como la ciencia y la filosofía han enfrentado lo indeterminado y lo incesante, y en alguna medida se han configurado como espacios de pensamiento codificado en vínculo problemático con lo absoluto y lo virtual (vínculo que de hecho no está resuelto ni determinado en términos especulativos), también la poesía ha dado y sigue dando respuestas –nunca definitivas– enfrentada a lo absoluto.

Inscribir un trazo, una muesca en el propio infinito es la condición de posibilidad de todo límite, y, por tanto, en la construcción de lo limitado (el texto) se juega la relación diferencial con lo infinito. Ese espacio de juego abierto por algunas prácticas poéticas es el lugar de las metamorfosis, de los devenires, el trazado de una línea en la virtualidad infinita del sentido. Esa línea, ese trazado, no limitará nunca el infinito ni podrá dar cuenta de él, pero se articula en devenir con él, se imbrica en él.[10]

Hay, por lo tanto, en la poesía una relación de coexistencia entre lo determinado (el enunciado poético) y lo indeterminado (el sentido como potencia infinita): lo determinado participa de la indeterminación, aunque intente abolirla, aunque intente conjurarla, aunque se resista a su infinitud. Claro está que dicha coexistencia no es armónica ni equilibrada: se trata de una antinomia dialéctica entre la afirmación de la potencia infinita del sentido y la abolición de cualquier posibilidad de representación, designación o expresión a cargo del enunciado (máxima potencia y máxima imposibilidad del poema). El texto poético tiene, pues, una dimensión que lo acopla a la potencia transfinita. De eso hablamos cuando hablamos de la naturaleza pulsional del enunciado poético, que lo infinitiza. De eso hablamos cuando hablamos de la virtualidad infinita del sentido, que es lo expresado de la proposición, y necesita de la proposición, pero para excederla: el sentido la transita y la atraviesa, dejando en ella marcas, señales de su indeterminación, de su condición indetenible (paragramatización del enunciado poético, en Kristeva (1981); el sentido como instancia genética del enunciado por ser la única dimensión *no condicionada* de la proposición, en Deleuze (1989). De allí su diferencia con el pensamiento científico o filosófico. El poema no construye planos de referencia para tratar las velocidades infinitas, ni crea un plano de inmanencia para "traducir" lo absoluto a sistemas conceptuales que permitan pensarlo. El texto poético queda marcado y dislocado por una potencia infinita, y –como objeto de lenguaje– condenado a las anomalías o desajustes que genera lo incesante: la repetición, la insuficiencia o el silencio; desgarrado por la imposibilidad de ser algo completo o configurado ("la cantidad de fragmentos me desgarra"); incapaz de dar cuenta de un sentido claro, cierto, disciplinado ("nada se acopla con nada aquí").

Es frecuente en la obra de Pizarnik la imagen de la endechadora o la plañidera: la que en la noche salmodiaba, ("toda la noche hago la noche"), la que alaba, ruega, suplica. Ello nos instala en el universo de la repetición (en el "murmullo infinito del discurso" (Foucault, *El pensamiento* 19).

El salmo, la letanía, y aun las formas más contemporáneas de la oración religiosa insisten, repiten, y son en sí mismas un enunciado en proliferación indefinida. La endechadora con un cirio en la mano, profiriendo su habla desgarrada toda la noche, el desfile incesante de las "figuras que dicen y repiten algo que me alude", hablan también de una interioridad imposible, por cuanto la insistencia nos conduce a la desgarradura del sujeto, o bien, la desgarradura se abre paso hacia nosotros en la insistencia del lenguaje, en el desfiladero del habla sin salida: "hablo / sabiendo que no se trata de eso / siempre no se trata de eso / oh ayúdame a escribir el poema más prescindible / el que no sirva ni para / ser inservible".

3. "Vacío gris es mi nombre, mi pronombre"

Al mismo tiempo, el exceso es la respuesta del lenguaje ante su propia falta.

Porque no hay nada que se pueda decir, porque no hay nadie a quien dirigirse ("nunca más sabré destinar a nadie mis poemas") es que el lenguaje alcanza su propio espesor. No reduplicación especular ni autorreferencia narcisista, sino proliferación que trata infinita, incesantemente, de cubrir la falta ("oh cubre con más cantos la fisura, la hendidura, la desgarradura"), aunque el intento, como acabamos de leer, "no sirva ni para ser inservible".

Puede resultar paradójico vincular la nada a la insistencia, tal como resultan aparentemente opuestos el lenguaje y el silencio. Sin embargo, en la obra de Alejandra Pizarnik la ausencia y el exceso, la nada y la proliferación, la palabra y el silencio son instancias paradójicas que no dejan de imbricarse y resonar una en la otra. Por lo tanto, no hay reposo. Las oposiciones binarias (tan caras a nuestro pensamiento occidental) ordenan, jerarquizan, y sobre todo, detienen, para que lo uno y lo otro aparezcan como series bien diferenciadas, cada una en su lugar. Ahora bien, el lenguaje poético se alza contra ese orden establecido y en reposo, para generar sentidos que la lógica del habla convencional no puede leer ni producir ("explicar con palabras de este mundo / que partió de mí un barco llevándome").

"Yo buscaba un silencio perfecto, por eso hablo", no responde simplemente al juego complaciente de las paradojas, sino que reconoce la condición del habla poética: no hay referencialidad posible ni autorreferencia literaria, no hay indagación interior. La obra de Alejandra insiste ("La canción desesperada no se deja decirse. / La materia verbal errante no cesa de emanar del centro que no es centro..."), y los lectores atravesamos una galería de ecos y de espejos en la que los textos dialogan y se reenvían unos a otros para no decir nunca aquello que es apenas evocado como la hendidura, la fisura, la desgarradura, lo negro, lo estéril, lo fragmentado, el vacío, el agujero de ausencia, la soledad, el silencio.

Una de las certezas más universalmente (o tal vez occidentalmente) compartidas es que la palabra debe ser siempre vehículo de una verdad, o al menos de un sentido convencional, decodificable. Los lectores conocemos la resistencia que la palabra poética ejerce contra ese postulado, porque la literatura –especialmente la poesía– nos alecciona acerca de la naturaleza y las limitaciones de nuestra lengua: "la lengua es un órgano de conocimiento / del fracaso de todo poema / castrado por su propia lengua".

El enunciado poético designa insistentemente la nada que lo funda, y oscila sin reposo entre dos series, perpetuo desplazamiento relativo "entre lo decible, que equivale a mentir", y "la tentativa inútil de transcribir relaciones ardientes". Ahora bien, esa nada no tiene escapatoria. Nadie podrá ejercer la "cura del vacío" porque ese vacío es precisamente la instancia paradójica que imbrica las series (decible/indecible) pero a condición de no resolverlas nunca; por ello, es el punto generador de una divergencia que no podrá ser resuelta ni cancelada: "Nombres que vienen, sombras con máscaras. Cúrame del vacío –dije".

4. "¿Qué significa traducirse en palabras?"

Poner el deseo en el lenguaje: tentativa inútil, sueño sin alternativas.

La posible investidura simbólica del deseo ha sido objeto de estudio durante todo el siglo veinte. Tal vez sea su dificultad lo que dio el impulso para que la cuestión se reconozca en el cruce de disciplinas tan diversas como la teoría literaria, la lingüística, la antropología y el psicoanálisis. Pero —como ha sucedido muchas veces— la literatura se adelanta a los problemas, y desde que tenemos memoria de ella el deseo aparece como potencia que interviene el enunciado poético confiriéndole su cualidad intensiva, diferencial, me atrevería a decir: específica. Antonin Artaud es uno de los poetas más amados por Pizarnik y es sin lugar a dudas uno de los más radicalmente atravesados por la difícil (imposible) relación entre el deseo y la palabra. Dos órdenes incomposibles, que no obstante dan lugar a un compuesto en perpetuo desequilibrio, lo que Pizarnik llama (tal vez) el lugar de las metamorfosis.

En el relato "A tiempo y no" (*Obras completas* 199-201), la autora transcribe —sin título y sin traducción— los siete primeros versos del poema "TUTUGURI. Le rite du soleil noir", de Artaud, publicado en *Pour en finir avec le jugement de Dieu*, texto de su último período. Ese poema integra la selección de textos de Artaud traducidos por Alejandra en colaboración con Antonio López Crespo (51-56).

Pizarnik evoca con frecuencia el universo complejo e inquietante de los cuentos de hadas. Los personajes de esta prosa son la niña, la muerte y la reina loca, quienes operan una recuperación del carácter siniestro de aquellos relatos concebidos para asustar a los niños (sobre todo a las niñas) y prevenirlos de los peligros del bosque. En la evocación de la reina malvada de Blancanieves (condensación admirable de las figuras de la madrastra, la bruja y la déspota cruel) Pizarnik nos entrega un texto estremecedor, en el que la reina tiene los atributos de la locura y la pasión criminal. El deseo de mirar los productos del descuartizamiento perturba la lectura que no satisface nunca la expectativa moderna del placer o el entretenimiento, según el contrato implícito del cuento infantil:

> La muerte y la niña se sentaron y, durante unos minutos, nadie pronunció una sola palabra. La muñeca cerró los ojos. [...]
> —Una vez fui reina —empezó al fin la reina loca.

A estas palabras el silencio se volvió a unificar y se hizo denso como una caverna o cualquier otro abrigo de piedra: dentro, entre las paredes milenarias, la joven reina rodeada de unicornios sonríe a su espejo mágico. La niña sentía deseos de prosternarse ante la narradora en harapos y decirle: "Muchas gracias por su interesante historia, señora" pero algo le hacía suponer que la historia de la reina loca aún no estaba terminada y por lo tanto permaneció quieta y callada.

La reina loca suspiró profundamente. La muñeca abrió los ojos.

—"Hijo mío, tráeme la preciosa sangre de tu hija, su cabeza y sus entrañas, sus fémures y sus brazos que te dije encerraras en la olla nueva y la taparas, enséñamelo, tengo deseos de mirar todo eso; hace tiempo te lo di, cuando ante mí gemiste, cuando ante mí estalló tu llanto" —dijo la reina loca.

—No le hagas caso —dijo la muerte—, está loca.

—¿Y cómo no va a estarlo si es la reina loca? —dijo la niña.[11]

El goce de la reina ante la sangre y los despojos (de su nieta, lo cual potencia hasta lo intolerable el efecto perturbador) como si fueran los *souvenirs* de la historia familiar, nos instala en un universo de pesadilla en el que la crueldad sanguinaria de la reina está presentada como uno de sus atributos naturales, como si se tratara del trono o el cetro. La muerte por su parte se encuentra desplazada, falta a su lugar: oficia de acompañante casi protectora de la niña —se parece a la institutriz severa y distante de los relatos decimonónicos. La muerte tenebrosa y amenazante está travestida por los gestos nobles y la magnificencia ominosa de la reina loca. (Desde luego, encontramos aquí ecos de *La condesa sangrienta*, la noble dama que goza con los tormentos de las jóvenes supliciadas, y encarna a "la muerte de cabellos del color del cuervo").

En ese contexto se incrustan los primeros versos del poema de Antonin Artaud, el cual tiene carácter predominantemente narrativo y relata las alternativas de un rito: la ceremonia del sol negro. En ella el sol negro, el séptimo hombre y el caballo son un devenir en el que ninguna de las fuerzas predomina ni alcanza el equilibrio final:

>et un septième homme
>qui est le soleil tout
>cru
>habillé de noir et de chair rouge.

> Or, ce septième homme
> est un cheval,
> un cheval avec un homme qui le mène.
>
> Mais c'est le cheval
> qui est le soleil
> et non l'homme. (54)

(Literalmente: "...y un séptimo hombre / que es el sol totalmente / crudo / vestido de negro y de carne roja. / Este séptimo hombre / es un caballo, / un caballo con un hombre que lo conduce. / Pero es el caballo / el sol / y no el hombre").

El carácter ritual está sostenido por los sombríos golpes de tambor —que marcan el ritmo ceremonial— y los toques de una larga y extraña trompeta. Los colores dominantes son dos: el negro del sol, del caballo, del séptimo hombre y del carbón húmedo de la tierra, y el rojo de la carne y de la sangre del caballo que baña la escena final.[12] El punto climático del rito es la abolición de la cruz (destacado en mayúsculas), que consiste en arrancar de la tierra (del inmundo abrazo de la madre, que babea) las seis cruces enterradas (encastradas) en la pendiente amarga (debo reponer aquí el juego musical: *comme encastré dans la terre mère, / désencastré de l'étreinte immonde de la mère*). La fuerza está dada por el galope del séptimo hombre-caballo-sol, y por los otros seis que caracolean y se ciernen sobre las seis cruces, hasta arrancarlas de la tierra, y entonces "el hombre desnudo / sobre el caballo / enarbola / una inmensa herradura / que ha empapado en una grieta de su sangre".[13]

Como se puede advertir, el poema es consecuente con los postulados que Antonin Artaud expresara en *El teatro y su doble*. Manejando el lenguaje como un objeto sólido que penetra en la sensibilidad, tiende un lazo a los órganos, produce un estremecimiento físico y le restituye a la palabra el poder de desgarrar.

Si bien Pizarnik cita los primeros siete versos, su texto dialoga con la totalidad del poema inscribiéndose en la estética de la crueldad. El entendimiento cumple una función secundaria: casi no hay nada que entender aquí; la única cuota de lucidez está a cargo de la niña, que parece preocupada por la continuidad de la historia y por lo que pudiera escuchar su muñeca inocente de labios de la tenebrosa narradora. El relato está marcado también por un ritmo ceremonial y el texto de Artaud permea en la luz sombría de las imágenes:

> ... dijo la muerte consultando su reloj que en ese momento se abrió e hizo aparecer un pequeño caballero con una pistola en la mano que disparó seis tiros al aire: eran las seis en punto de la tarde y el crepúsculo no dejaba de revelarse algo siniestro [...] A lo lejos, cantaban acompañándose de aullidos y tambores. (*Obras completas* 200)

Sobre el final, los personajes tomaron el té "mientras aguardaban a Maldoror que había prometido venir con su nuevo perro". Esta última mención amplía la intertextualidad del relato evocando al protagonista de *Les Chants*.

Como vemos, la condición ominosa, físicamente perturbadora de este texto suma y potencia los elementos inquietantes del cuento de hadas (eficazmente travestidos), la poética de la crueldad de Antonin Artaud y la estética desesperada y cruel del Conde de Lautréamont. A ello se agregan la inconsolable distancia que separa a la autora del universo perdido de la infancia, y la nostalgia incurable de la muerte que permanece como una nota siniestra sostenida en toda su producción.

5. "Pronto asistirás al animoso encabritarse del animal que eres"

Puede llamar la atención la insistencia con la que el yo poético de Pizarnik se compara, se mide o se define en relación con algún animal (perro, caballo, tigre, loba, serpiente). Tanto en sus libros de poemas como en su obra de sombra[14] y —en el tono de la más desgarradora desolación— en sus *Diarios*, la autora asocia la violencia y la orfandad del perro apaleado con la experiencia de su soledad:

> Si viera un perro muerto me moriría de orfandad pensando en las caricias que recibió. (*Obras completas* 170)

> ¿Qué podemos pedir si no más sed? Y todo —desde el río hasta sus ojos amados— para terminar así: "exactamente como un perro". (*Diarios* 236)

Acabo de citar la entrada del 26 de julio de 1962. En la correspondiente al 9 de noviembre del mismo año, leemos:

> Cuando miro su rostro me sonríe como alguien que sabe de mí. Yo me siento rígida, lo miro humillada, yo me siento perro, me siento pulga. Mis labios van aullando roncamente mi dolor. (289)

En enero del 63, la referencia agrega a la identidad animal del yo, la marca impersonal que la gramática puede darle a la evocación del más extremo anonadamiento interior:

> Se mendiga por adentro, se está sarnosa. Ahuyenta el propio nombre. Se muerde adentro, se evapora, se enerva. Gris grismente. Se chirría. Se muerden uñas, las de los ojos, las del cerebro. Se putea a más y mejor. Se estrangula a diestra y siniestra. Se frota. Se lija. Se muestra los dientes. Se es perra. Se está enferma. Se retuerce. (312-313)

En 1964 la experiencia de París no parece haber aminorado ni modificado en nada la sensación de canina orfandad:

> Soy un animal. Esto es todo y lo sé y lo debiera saber. [...]. ... odio porque no te dejan aullar y andar a cuatro patas ... [...] ... he aprendido a la manera en que un perro aprendió a pararse en dos patas. Pero lo absurdo es cuando el perro también quiere ser aplaudido y felicitado por caminar a cuatro patas. (365-367)

En 1967, a los 31 años, afirma: "Siempre me sentí animal" (430).

Este sentimiento parece verse confirmado y acompañado por la presencia permanente —desde sus textos más tempranos— de la carne, la sangre, la furia, "mi roja violencia elemental", "mi violencia de vientos rojos y de vientos negros", "el furor de mi cuerpo elemental", aullidos o gritos de loba: "es como si me hubiera tragado una loca incendiada que corre por mi sangre dando alaridos" (112). La entrada del diario que acabo de citar corresponde al martes 25 de febrero de 1958. Tenía apenas 21 años de edad.

También en sus textos poéticos (los cuales, como sabemos, fueron preparados en cada caso con absoluta conciencia artística y casi obsesivos niveles de control y corrección) las definiciones son tan categóricas en relación a su identidad animal, como lo son absolutamente inciertas cuando aluden a su condición subjetiva. La desgarradura del sujeto y las múltiples figuras que la evocan, se oponen en curiosa simetría a la certeza de ser perra, loba, serpiente. Voy a citar algunos ejemplos tomados de sus libros de poemas publicados en vida:

> Pero hay algo que rompe la piel, / una ciega furia / que corre por mis venas. (*Obras completas* 26)
> Pero tú te abrazas / como la serpiente loca de movimiento / que sólo se halla a sí misma / porque no hay nadie. (39)
> ¿Qué bestia caída de pasmo / se arrastra por mi sangre / y quiere salvarse? (40)
> he sido toda ofrenda / un puro errar / de loba en el bosque / en la noche de los cuerpos. (99)
> Hablo como en mí se habla. No mi voz obstinada en parecer una voz humana sino la otra que atestigua que no he cesado de morar en el bosque. (134)
> Yo me abría y me cerraba en un ritmo animal muy puro. (147)

La breve selección de textos que antecede está tomada de sus libros publicados entre 1956 y 1971, lo cual indica que al menos en relación con esta metáfora animal que alude a la subjetividad poética no existe la distancia establecida por la crítica entre su obra anterior y posterior a 1968, distancia que sí es observable en otros aspectos de su producción.

Esta recurrencia tiene un efecto de lectura: desplaza de su lugar común la mención de la sangre y de la carne, transitadísimos tópicos literarios que en Pizarnik asumen un carácter renovado. En la tradición literaria esos sustantivos suelen estar asociados a la humanidad del poeta o de los seres humanos a los que el poeta evoca; también pueden asumir una dimensión colectiva o social (tengan o no una connotación épica o heroica); pueden vincularse al sufrimiento físico o moral, en cuyo caso tendrán una connotación ética, que también puede ser trágica, entre otras posibilidades.

Pero en Pizarnik la sangre y la carne también están desheredadas, y abren un espacio de violencia en la superficie del lenguaje, potenciado paragramáticamente por la mención directa de un animal, o bien de algún estado febril ("*anim*oso encabritarse", énfasis mío) de la potencia vital. Sangre y carne son aquí animalidad, brío, fiebre, grito, vitalidad en estado puro, es decir, potencia vital des-humanizada, o des-colonizada de los atributos "humanos" que la invisten culturalmente.

Esto nos advierte acerca de la complejidad que presentan en la poesía de Alejandra la concepción y el intento de representación de la muerte.

En principio, fiel a la inspiración carrolliana de muchos de sus textos ominoso / infantiles, la muerte es entrevista a través del espejo.[15] De este lado, la muerte literaria, la que podemos soportar: despojada de vitalidad, con su crespón y su guadaña, más afín a los grabados del mexicano José Guadalupe Posada que a la otra, la innominada e inquietante que se atisba a través del cristal, del otro lado del lenguaje: potencia de destrucción que sólo admite representaciones lindantes con lo intolerable y lo irrepresentable (la condesa sangrienta, la reina loca del relato "A tiempo y no"), fuerza bestial y transgresora de todo límite, asociada a la sangre, a los estados febriles y a la pasión criminal.

Alejandra reelabora o redistribuye las notas siniestras de la muerte cristalizadas por la tradición literaria europea: la muerte en Pizarnik también escapa a las identidades fijas, también ella es una entidad "mal determinada", signada por la contradicción y el desdoblamiento. Por un lado, es la ausencia de "lo humano" entendido como opuesto a lo animal, es decir, la humanidad redimida de su condición bestial. Madame Lamort es inofensiva y está por completo despojada de vitalidad; es la compañera de la niña que no asusta y más bien protege; no viene a matar nada, no se lleva a nadie (la guadaña del estereotipo está ausente o parodiada), no veda ni cercena: canta, cuenta, baila, está sentada, vestida de rojo, pulsa un arpa o tañe un laúd.

La otra, la irrepresentable, evocada metonímicamente por la carne, la sangre, la desmesura animal –como lo demuestra su obra en prosa más inquietante y perturbadora– está indiscerniblemente asociada a la potencia vital, y su connotación vampírica la enlaza a la noche (el tiempo exclusivo de la "vida" y la escritura alejandrinas) y al llamado.

Leamos a propósito un fragmento de sus *Diarios*:

> Y cuando lleve un gran tiempo muerta, sé que mis huesos aún estarán erguidos, esperando: mis huesos serán a la manera de perros fieles, sumamente tristes cima del abandono. Y cuando recién muera, *cuando inaugure mi muerte, mi ser en súbita erección* restará petrificado en forma de abandonada esperadora, en forma de enamorada sin causa. Y

he aquí *lo que me mata, he aquí la forma de mi enfermedad, el nombre de lo que me muerde como un tigre crecido súbitamente en mi garganta, nacido de mi llamado.* (197; énfasis mío)

En los fragmentos que acabo de subrayar se advierte la nota vital –"súbita erección", "tigre crecido súbitamente en mi garganta"– de aquello que no se puede nombrar, es nada más "lo que me mata".

En "El sueño de la muerte o el lugar de los cuerpos poéticos" el tratamiento de la muerte al que me estoy refiriendo cobra una relevancia singular, específicamente en lo relativo a la condición vitalísima de la muerte, valga la paradoja, asociada, como dije, a la noche y su llamado:

Toda la noche el llamamiento de la muerte, toda la noche escucho el canto de la muerte junto al río, toda la noche escucho la voz de la muerte que me llama. (*Obras completas* 140)

Como sucede en la mayoría de sus prosas poéticas de largo aliento, se produce aquí un deslizamiento del sentido atravesando términos que pueden resultar opuestos para el orden semántico convencional (para la lengua ideal abstracta) pero operan una ambivalencia productiva dada por la afirmación de los dos polos de aquello que "con palabras de este mundo" constituye una dicotomía. Por ejemplo:

Un mundo subterráneo de criaturas de formas no acabadas, un lugar de gestación, un vivero de brazos, de troncos, de caras, y las manos de los muñecos suspendidas como hojas de los fríos árboles filosos aleteaban y resonaban movidas por el viento, y los troncos sin cabeza vestidos de colores tan alegres danzaban rondas infantiles junto a un ataúd lleno de cabezas que aullaban como lobos. (141)

Vivero de brazos, troncos y manos suspendidas que aleteaban y resonaban, o "troncos sin cabeza vestidos de colores tan alegres danzando rondas infantiles junto a un ataúd", son al mismo tiempo "mundo subterráneo" y "lugar de gestación". Operan un violento desplazamiento de las connotaciones culturalmente atribuidas a la muerte, pero no para fijar otras dando lugar a un resultado distinto pero equivalente en materia de convenciones literarias. Se trata de un desplazamiento cuyo resultado es un nuevo deslizamiento. Leemos en la misma página:

> No, aún es demasiado desconocido, aún no sé reconocer estos sonidos nuevos que están iniciando un canto de queja diferente del mío que es un canto de quemada, que es un canto de niña perdida en una silenciosa ciudad en ruinas. (141)

La identidad entre nacimiento y muerte está más explícita aún:

> El cuerpo poético, el heredado, el no filtrado por el sol de la lúgubre mañana, un grito, una llamada, una llamarada, un llamamiento. Sí. Quiero ver el fondo del río, quiero ver si aquello se abre, se irrumpe y florece del lado de aquí, y vendrá o no vendrá pero siento que está forcejeando, y quizás y tal vez sea solamente la muerte. (141)

Para concluir este apartado, aunque no es una conclusión en el sentido clásico de la palabra, diré que una de las cuestiones centrales del universo poético de Pizarnik, a saber: la muerte, está tratado según un procedimiento común a otros temas (la soledad, el silencio o la escritura). Se trata de un trabajo textual que desfonda el lugar común, lo corroe, pero no para establecer otra definición que niegue o desconozca la anterior, ni para generar una nueva lista de imágenes que reemplacen a las antiguas, sino para provocar un movimiento siempre renovado de deslizamientos y desplazamientos de sentido. "Nada se acopla con nada aquí" parece ser uno de los *leit motiv* de su dinámica de creación poética y de su búsqueda sin concesiones.

Por ello disiento con lo señalado con demasiada ligereza por el reconocido crítico, traductor y novelista César Aira, quien afirma que en la poesía de "A.P." "el stock [sic] es limitado, la poeta se obliga a la combinatoria de una cantidad limitada de términos. Y la combinatoria actúa sobre el horizonte de su agotamiento" (39). Le aclaro al lector que he tomado la cita que me parece más ilustrativa al respecto, pero en todo el libro —que es una transcripción de un conjunto de "charlas" pronunciadas en el Centro Cultural Ricardo Rojas de la ciudad de Buenos Aires, en mayo de 1996– se insiste en "la exigencia de pureza" (de cuño surrealista) y en la brevedad como rasgos centrales y absolutamente configuradores de la estética de Alejandra Pizarnik. Continúa Aira refiriéndose a un poema de *Las aventuras perdidas*:

> Todo el poema son seis palabras prestigiosas, y nada más: viento, muerte, herida, noche, mendiga, sangre. Recombinándolas se obtendrían varios centenares de poemas equivalentes [...] y esta equivalencia se resuelve en la aniquilación del sentido, a la que parecería aludir la palabra NADA, que es justamente el título del poema. [...] Sería tedioso enumerar todos los poemas de A.P. que tematizan o modulan la combinatoria. Pueden hacer el ejercicio ustedes mismos; basta con tomar los términos de una frase, ABC, y ver cuántas conformaciones distintas producen (ABC, BAC, BCA, CAB, CBA). Todos suenan a poemas de A.P. (39-40)

Considero innecesario extender la cita. Aira, no obstante, comprende que su "ejercicio" no se aplica a los poemas extensos posteriores a 1968, entonces aduce que

> dados unos pocos elementos [...] y siendo el propósito dar con una configuración nueva en la que participen, una vez lograda ésta el poema se termina y no tiene modo de continuar. Todo lo que se puede hacer es poner a continuación otra combinación; de ahí que los poemas largos en prosa que escribió A.P. den esa impresión de sucesión de pequeños poemas, que empiezan y terminan en cada frase o cada párrafo. (41)

Como ya he señalado, mi lectura de los poemas largos de Alejandra Pizarnik resulta por completo opuesta a la "impresión" que describe Aira: lejos de constituir una sucesión de pequeños poemas breves, los poemas de *Extracción de la piedra de locura* y algunos de *El infierno musical*, dan cuenta de un dinamismo metonímico de la lengua que expresa uno de los centros de sentido de la obra de Alejandra: "nunca es eso lo que uno quiere decir". El lenguaje en proliferación indefinida, profiriendo un sentido que la proposición vehiculiza pero que jamás contiene, en la que el sentido fluye pero no puede ser capturado, configurando al texto poético como travesía (Barthes 73-82) muy lejos de la lógica del lector cínico, que ve combinatoria, cálculo y "aniquilación del sentido" donde hay encuentro cara a cara con la imposibilidad de decir, con la experiencia de la separación, la soledad y la ausencia sin alternativas.

Ese movimiento incesante ha dado lugar a una obra que no se deja capturar en los esquemas dicotómicos del pensamiento occidental ni en las clasificaciones siempre insuficientes de la historiografía literaria.

Tal vez por ello recurramos una y otra vez al pensamiento singular de Maurice Blanchot (y al de Michel Foucault, tal vez su mejor discípulo) para pensar aquello que no puede ser pensado bajo los esquemas gastados de la oposición binaria, la contradicción lógica o la clasificación positivista: la obra de Alejandra impugna toda posibilidad de ser leída con las herramientas de la razón clásica. Sólo un pensamiento superador de las estrategias de control propias de la Modernidad pueda (tal vez) evitar que nuestro acercamiento crítico caiga en una de las dos vías muertas: la charlatanería o el silencio.

6. "Pájaro asido a su fuga"

Llama la atención en los *Diarios* la insistencia obsesiva en la necesidad de escribir una novela. Pizarnik quiere escribir en prosa –cartas, novela o relatos– y no cesa de proponérselo, aun intuyendo que eso no será posible. Leamos algunas citas:

> Pensar en la novela, o en las cartas a Andrea. Convencerse de la importancia secundaria del argumento. Lo esencial son los trozos de caracteres. [...] Pienso que actualmente todo argumento sería autobiográfico [...] Me siento desdichada... ¿y la novela? (26)

> Estudio gramática [...] No sé escribir. Quiero escribir una novela, pero siento que me falta el instrumento necesario: conocimiento del idioma. (28)

> Planes para cuarenta días: 1) Comenzar la novela... (32)

> No sé por qué estúpida idea se me ocurre que cuando tenga la máquina de escribir, mis novelas "sandrán solas". (63)

> Vuelve la obsesiva –o siniestra– necesidad de escribir una novela. ¿Y por qué no la escribo, entonces? Seguramente porque me siento culpable de no estar en el mundo. Esto es difícil de comprender. No obstante, observo con risueño dramatismo que mi vocación literaria oscila entre los poemas metafísicos, los diarios o confesiones que expresarían mi búsqueda de posibilidades de vivir [...] y una suerte de teatro de títeres en el que todo el mundo reviente de risa. Pero la aspiración oculta es ésta: la historia de una muchacha, es decir

una suerte de "retrato de un artista adolescente", novela que debiera reflejarme, a mí y a mis circunstancias. No es eso todo. Hay también un gran deseo de dormir y de no despertar jamás. (93)

Consideré necesario extender un poco las citas, para que se observe el *crescendo* que liga progresivamente la necesidad de escribir en prosa con la sensación de "no estar en el mundo". La diferencia cualitativa entre poesía y prosa tiene para la autora un vínculo explícito con la turbulenta experiencia interior y su profundo sentimiento de separación, lo que he denominado, siguiendo a Blanchot, la soledad esencial.

Hay un progresivo abandono de la brevedad y la concentración, a favor de la extensión de los textos poéticos y de la creación de relatos —o de textos con estructura narrativa— ausentes en la primera parte de su producción. Observo a través de lo expresado en sus diarios o "confesiones", que la autora lucha conscientemente contra el fragmentarismo y la estética concentrada que domina en sus primeros libros. El deseo de continuidad se extiende desde su análisis implacable respecto de su propia vida cotidiana, hasta su proyecto literario. En este sentido leo la siguiente y conmovedora entrada de su diario, correspondiente al sábado 22 de febrero de 1958: "Perdón por el puente insalvable entre el deseo y la palabra" (110).

Parece haber una permanente nostalgia de "puentes" en la vida y en la obra de Alejandra. Todo lo fragmentario —también en su vida personal— le resulta motivo de frustración y angustia: "No comprendo cómo, con mi imaginación excesiva, no escribo cuentos [...] Lo que falla en mí es la continuidad de las visiones, de las alucinaciones (193).

Esta "falla" en la continuidad, que marca sus textos, es lúcidamente interpretada por Cristina Piña al relacionarla con "una de las metáforas centrales que articulan su escritura: la de la errancia, la de la extranjería" (*Poesía y experiencia del límite* 80). Piña vincula la exclusión y el desarraigo propios de su condición judía con la imposibilidad de arraigar también en una lengua con la cual conservará siempre una relación de extrañamiento y de progresiva hostilidad:

... el proceso de autodestrucción del propio lenguaje poético que significan sus textos en prosa y varios de los publicados póstumamente en *Textos de Sombra y últimos poemas*. Si consideramos dicho proceso desde esta perspectiva, podríamos entender su abandono del lenguaje poético estilizado, prestigioso y regido por influencias literarias predominantemente francesas, como un reconocimiento de que éste no respondía en plenitud a su carácter de "otra", de "errante", de "excluida", de "judía" en un país y una tradición no judías. (83-84)

La publicación de sus diarios, cuatro años posteriores al artículo que acabo de citar, parece darle la razón a la ensayista:

> Cada vez más siento que lo mío es la prosa. Poema en prosa o lo que fuere en prosa. No puedo versificar en un lenguaje extraño y execrado. Quiero mimarlo en prosa. Prosa perfecta –imposible deseo– cuyo fin sería [...] la prosa de mi idioma espantoso. (434)

Se trata de un evidente malestar en el lenguaje que Pizarnik lejos de remontar, y a pesar de sus desvelos, no hace más que acentuar hasta el paroxismo y el estallido total del código lingüístico propio de su obra póstuma. Resulta reveladora en este sentido la entrada del diario del 2 de junio de 1970:

> Vértigo y náuseas. Advertí que el texto de humor me hace mal, me descentra, me dispersa, me arrebata fuera de mí –a diferencia, *par ex.*, de los instantes frente al pizarrón, en que me reúno (o al menos me parece). (495)

Tal vez la autora intuye que la prosa novelística lograría darle una especie de "antídoto" contra la dispersión, cosa que –desoladoramente para ella– no sucede. De ahí su reiterado propósito de escribir relatos, o cartas o una novela, es decir, textos completos y "con sentido". A propósito señala Kristeva en *Sol negro. Depresión y melancolía*:

> Para el ser hablante, la vida posee sentido: es, por lo demás, el apogeo del sentido. Tan pronto éste se pierde, se pierde la vida misma sin aflicción. A sentido perdido, vida en peligro. (*Sol negro* 12)

Sensación de pérdida que hemos cartografiado desde sus primeros textos publicados, y que suelda el deseo y la sensación de falta de ser (el omnipresente "agujero de ausencia", solidario con el tono religioso de sus invocaciones: "oh, cúrame del vacío") a la búsqueda incesante de un sentido siempre en fuga. La falta de continuidad, la nostalgia de la prosa novelística que nunca publicó, que nunca se sintió capaz de producir, es vivida como amenaza y ruina, vinculada a la lucha incesante que entabla desde su "galería de ecos y de espejos", el alma melancólica. En términos de Kristeva:

> El artista que se consume en melancolía es, a la vez, el más encarnizado guerrero cuando combate la renuncia simbólica que lo envuelve [...] hasta que la muerte lo toca o el suicidio se le impone como triunfo final sobre el vacío del objeto perdido. (16)

Creo que los pasajes de los *Diarios* que he citado, así como muchas de sus cartas y los textos poéticos del último período son testigos de la conmovedora lucha contra el desmoronamiento del lenguaje, y la consecuente expulsión de sí, la caída irrevocable o tal vez inevitable ("mi vida, déjate caer, déjate doler, mi vida") contra la renuncia simbólica que la envuelve, la descentra, la arrebata.

Del mismo modo las reiteradas referencias a sus "faltas gramaticales", su desconocimiento del idioma, su impericia en las técnicas del relato, entre otras observaciones similares vinculadas al estilo, la continuidad, el orden o la disciplina de trabajo que leemos en sus diarios y en sus cartas, también se inscriben en esta economía de la falta, del vacío imposible de llenar, que la condena a la brevedad o a escribir sólo "poemas metafísicos" (*Diarios* 93).

En esta línea de comprensión considero que el deseo nunca abandonado de escribir en prosa, parcialmente realizado en los poemas largos y relatos de su último período, constituyen un dispositivo ordenado a la lucha del sujeto contra el desmoronamiento simbólico definitivo.

Por ello sostengo, a modo de breve y precaria conclusión de estas reflexiones, que la dolorosa experiencia de un lenguaje siempre en falta, no tuvo escapatoria. "Algo en mí dormido me come y me bebe": la estilizada representación de esta succión vampírica que asume a lo largo de su obra multiplicidad de figuras, expresa un movimiento incesante de la subjetividad hacia el vacío incolmable, la dispersión y la desposesión más absolutas.

Las inquietantes relaciones entre escritura y sujeto han sido tratadas por diversas disciplinas durante todo el siglo veinte; en estas páginas me permití emplear algunos de sus desarrollos teóricos más interesantes, de la mano de Maurice Blanchot, Michel Foucault, Julia Kristeva, Gilles Deleuze y Antonin Artaud. No obstante la compañía de estas nobles figuras del pensamiento crítico, el terreno sigue siendo resbaladizo y riesgoso. Quienes nos sentimos atraídos intelectual y emocionalmente por este campo problemático, nos acercamos con enorme cautela a las obras de aquellos artistas que fueron atravesados por la experiencia del afuera, y cuyo testimonio constituye una materia artística infrecuente, deslumbradora y a veces hostil. Dicho acercamiento no alcanzará nunca, a mi juicio, conclusiones definitivas, y mucho menos resultados críticos totalizadores, ni siquiera satisfactorios. El lector, en el mejor de los casos, se acopla a la potencia de esa obra, y tal vez colabora con el proyecto de Artaud, expresado en el prefacio a *L'Ombilic des limbes*:

> Yo quisiera hacer un libro que altere a los hombres, que sea como una puerta abierta que los lleve a un lugar al que nadie hubiera consentido en ir, una puerta simplemente ligada con la realidad. (*Páginas escogidas* 16)

Mar del Plata, marzo de 2009

NOTAS

[1] En este campo problemático ha jugado un papel central Julia Kristeva, cuya teoría del sujeto poético desconstruye las oposiciones binarias de raíz platónica que –en la episteme de la Modernidad– hacían caer al discurso poético "fuera" del Logos, homologándolo a otros discursos caídos como la locura, el sin sentido o el sueño (*Semiótica* 55-216). Estas problemáticas son el eje central de mi primer trabajo crítico sobre la obra de Alejandra Pizarnik.

[2] Sería imposible citar aquí a todos los poetas, pensadores y teóricos de la literatura que han reflexionado acerca de esta cuestión central para la consideración del lenguaje poético. Baste nombrar a los que por su importancia y legado resultan ineludibles: Stéphan Mallarmé, Arthur Rimbaud, Antonin Artaud, Friedrich Nietzsche, Maurice Blanchot, Michel Foucault, Jacques Lacan, Julia Kristeva, Jacques Derrida, Gilles Deleuze, Félix Guattari. Valga esta brevísima referencia como reconocimiento de la deuda de mi pensamiento con todos ellos.

[3] Con el fin de no entorpecer la lectura, indico en el APÉNDICE todas las referencias de los fragmentos citados por su orden de aparición. Lo hago exclusivamente

cuando el fragmento poético integra el enunciado del artículo, formando parte del texto crítico.

4 "...según sus propias palabras, la práctica de la poesía es en extremo peligrosa, a pesar de lo cual lejos de rehuirla, la proclama una **necesidad**". (Ver el artículo completo, "La poesía como riesgo y necesidad", en *Poesía y experiencia del límite*, Piña, ed.).

5 He ahondado en la muy productiva relación entre Alejandra Pizarnik y Antonin Artaud en mis artículos publicados en 2003 ("Antonin Artaud y Alejandra Pizarnik: los riesgos de una metafísica en actividad"), y 2005 ("Las huellas del teatro de la crueldad. Antonin Artaud / Alejandra Pizarnik"). Ver también Depetris, *Poética de la mente* 143-149.

6 Ver a propósito de la extranjería de Alejandra los textos de Cristina Piña, "Alejandra Pizarnik: la extranjera" y "Judaísmo y extranjería" en *Poesía y experiencia límite* 79-85.

7 Según Isaac Asimov, el concepto de infinito en matemáticas había sido tabú hasta 1879, año en que fue admitida la teoría de Georg Cantor (1845-1918), el primero en articular una aritmética transfinita completa.

8 En este sentido hemos empleado el término en Cristina Piña y Clelia Moure, *Poéticas de lo incesante. Sujeto, materialidad y escritura en Amelia Biagioni y Néstor Perlongher* (2005).

9 Ver Jean-Pierre Vernant, *Los orígenes del pensamiento griego* (1984). Y también Olof Gigon, *Orígenes de la filosofía griega* (1978); *Los filósofos presocráticos. Introducción, traducciones y notas* por Conrado Eggers Lan (1979-1981) y G.S. Kirk, *Los filósofos presocráticos: Historia crítica con selección de textos* (1969).

10 Se encontrará una reflexión acerca de la potencia infinita del sentido en el primer Deleuze (1968; 1969) y en los artículos de Julia Kristeva publicados en *Semiótica* (ver especialmente el concepto de "diferencial significante"). No obstante mi deuda evidente con ellos, hay en mi reflexión un tercer elemento determinante: la intuición de que lo infinitamente grande (objeto de la reflexión filosófica y científica clásica) ha dado lugar, también para la lógica del sentido, a lo infinitamente pequeño, es decir, las posibilidades inobservables (incesantes, indeterminadas e indeterminables) que se dan en la superficie del enunciado poético. Dichas posibilidades, no obstante, se configuran siempre como efectos de un contacto fugaz e impensable con el sentido infinito. Por ello la "infinitización" del enunciado (especificidad de lo poético según Kristeva, dada por el acoplamiento entre lo simbólico y lo semiótico) es –a mi juicio– una metáfora de lo imposible.

11 El texto pertenece a la compilación póstuma *Textos de sombra y últimos poemas* (1982); fue recogido en *Poesía y prosa* (1993) y en *Prosa completa* de Lumen (2002). Resulta por lo menos curioso que en esta última edición, se encuentre incluido en el apartado "HUMOR".

12 A propósito del negro y el rojo en la obra en prosa de Alejandra Pizarnik, ver la interesante interpretación de Patricia Venti (41-43) en relación con la tradición judía y las interdicciones del Talmud.

13 Traducción de Pizarnik y López Crespo.

[14] Adopto la oportuna denominación de María Negroni (2003) para referirse en conjunto a los textos en prosa: *La condesa sangrienta, Los poseídos entre lilas* y *La Bucanera de Pernambuco o Hilda la Polígrafa*.

[15] La autora insiste en la homologación de la Condesa Báthory y la muerte, al tiempo que presenta a la noble dama signada por el desdoblamiento especular. En "El espejo de la melancolía", afirma: "su interior es un espacio de color de luto; nada pasa allí, nadie pasa. Es una escena sin decorados donde el yo inerte es asistido por el yo que sufre por esa inercia" (*Obras completas* 384-385).

[16] Excepto el texto "Sala de Psicopatología" citado de *Poesía completa* (2002).

Apéndice

Textos de Alejandra Pizarnik citados de sus *Obras completas* (1993)[16] *por* orden de aparición en el artículo:

- "este lugar / al que siempre nadie llega", del poema: "Sobre un poema de Rubén Darío" (228).
- "una mano que me arrastra / a mi otra orilla", del poema "Tiempo", en *Las aventuras perdidas* (38).
- "descríbeme la casa del vacío, / háblame de esas palabras vestidas de féretros / que habitan mi inocencia", del poema "Artes invisibles", en *Las aventuras perdidas* (42).
- "y grita que algo se fue para siempre. / Alguna vez volveremos a ser.", del poema "La noche", en *Las aventuras perdidas* (46).
- "¿Qué significa traducirse en palabras? Y los proyectos de perfección a largo plazo; medir cada día la probable elevación de mi espíritu, la desaparición de mis faltas gramaticales. Mi sueño es un sueño sin alternativas y quiero morir al pie de la letra del lugar común que asegura que morir es soñar", del poema "Extracción de la piedra de locura", en *Extracción de la piedra de locura* (139).
- "aquello que me es adverso desde mí, conspira, toma posesión de mi terreno baldío. [...] No puedo hablar para nada decir. Por eso nos perdemos, yo y el poema, en la tentativa inútil de transcribir relaciones ardientes" del poema: "Piedra fundamental", en: *El infierno musical* (152).
- "Escribir es buscar en el tumulto de los quemados el hueso del brazo que corresponda al hueso de la pierna. Miserable mixtura. Yo restauro, yo reconstruyo, yo ando así de rodeada de muerte." del poema ya citado "Extracción de la piedra de locura" (139).

- "cada palabra dice lo que dice y además más y otra cosa", del poema "La palabra que sana", en *El infierno musical* (163).
- "este canto me desmiente, me amordaza", del poema 38 de *Árbol de Diana* (87).
- "Alguien apuñala la almohada / en busca de su imposible / lugar de reposo", del poema "Los ojos abiertos", en *Los trabajos y las noches* (107).
- "¿Adónde la conduce esta escritura? A lo negro, a lo estéril, a lo fragmentado", del poema ya citado: "Piedra fundamental", en *El infierno musical* (152).
- "Tú ya no hablas con nadie. Extranjera a muerte está muriéndose. Otro es el lenguaje de los agonizantes", del poema "El deseo de la palabra", en *El infierno musical* (156).
- "No pienso, al menos no ejecuto lo que llaman pensar. Asisto al inagotable fluir del murmullo", del texto "Sala de Psicopatología". (*Poesía completa*). (Inexplicablemente excluido de *Textos de sombra y últimos poemas*, según confiesa la editora en la nota 27, página 411 del texto citado. Conviene aclarar que Ana Becciú compiló junto a Olga Orozco la edición de la obra póstuma en 1982, y también tuvo a su cargo la reciente edición de la poesía completa que acabo de citar). En relación con este texto señalo también la sugestiva mención de "los poemas de la Sala de Psicopatología" en los *Diarios*, la cual me hace sospechar que hay más poemas que este único transcripto en la edición citada.
- "La cantidad de fragmentos me desgarra", "nada se acopla con nada aquí", del poema "El infierno musical", en el libro homónimo (155).
- "la lengua es un órgano de conocimiento / del fracaso de todo poema / castrado por su propia lengua [...] y nada es promesa / entre lo decible / que equivale a mentir", del poema "En esta noche en este mundo" (239).
- "Nombres que vienen, sombras con máscaras. Cúrame del vacío –dije", del poema: "Continuidad", en: *Extracción de la piedra de locura* (129).
- "Toda la noche hago la noche", del poema "Linterna sorda", de *Extracción...* Reiterado en el poema "Sous la nuit" en *Textos de sombra...* (118).

- "hablo / sabiendo que no se trata de eso / siempre no se trata de eso / oh ayúdame a escribir el poema más prescindible / el que no sirva ni para / ser inservible", del poema "En esta noche en este mundo" (239).
- "Vacío gris es mi nombre, mi pronombre", del poema "Ojos primitivos", en *El infierno musical* (154).
- "nunca más sabré destinar a nadie mis poemas", del poema en prosa "Tangible ausencia", en *Textos de sombra...* (207).
- "Oh cubre con más cantos la fisura, la hendidura, la desgarradura", de "Los pequeños cantos", en *Textos de sombra...* (235).
- "explicar con palabras de este mundo / que partió de mí un barco llevándome", poema 13 de *Árbol de Diana* (75).
- "Y la muerte es ella, me lo dijo el sueño, me lo dijo la canción de la reina. La muerte de cabellos del color del cuervo", del poema en prosa "El sueño de la muerte o el lugar de los cuerpos poéticos", en *Extracción...* (141).
- "Pronto asistirás al animoso encabritarse del animal que eres" de "Extracción de la piedra de locura", ya citado.
- "Pero hay algo que rompe la piel, / una ciega furia / que corre por mis venas", del poema "Noche", en *La última inocencia* (26).
- "No, aún es demasiado desconocido, aún no sé reconocer estos sonidos nuevos que están iniciando un canto de queja diferente del mío que es un canto de quemada, que es un canto de niña perdida en una silenciosa ciudad en ruinas", del poema en prosa "Noche compartida en el recuerdo de una huida", en *Extracción...* (143).
- "Pájaro asido a su fuga", del poema "Tu voz", en *Los trabajos y las noches* (96).
- "alguien en mí dormido / me come y me bebe", poema 14 de *Árbol de Diana* (75).

Bibliografía general

Artaud, Antonin. *El teatro y su doble*. Enrique Alonso y Francisco Abelenda, trads. Buenos Aires, Sudamericana, 2005.

_____ *El ombligo de los limbos. El pesa-nervios*. Antonio López Crespo, trad. Buenos Aires: Aquarius, 1972.

_____ *Páginas escogidas*. Sara Irwin y Mirta Rosenberg, trad. y pról. Buenos Aires: Need, 1997.
_____ *Pour en finir avec le jugement de Dieu*. París: NRF Poésie / Gallimard, 2003.
Barthes, Roland. *El susurro del lenguaje. Más allá de la palabra y la escritura*. Barcelona: Paidós, 1994.
Blanchot, Maurice. *El espacio literario*. Barcelona: Paidós, 1992.
_____ *El diálogo inconcluso*. Caracas: Monte Ávila, 1974.
Conde de Lautréamont. *Los cantos de Maldoror y otros textos*. Barcelona: Barral editores, 1970.
Deleuze, Gilles. *Lógica del sentido*. Miguel Morey, trad. Barcelona: Paidós, 1989.
_____ y Félix Guattari. *¿Qué es la filosofía?* Thomas Kauf, trad. Barcelona: Anagrama, 1993.
Derrida, Jacques. *La escritura y la diferencia*. Patricio Peñalver, trad. Barcelona: Anthropos, 1989.
Foucault, Michel. *El pensamiento del afuera*. Valencia: Pre-texto, 1988.
_____ *De lenguaje y literatura*. Barcelona: Paidós, 1996.
Gigon, Olof. *Orígenes de la filosofía griega*. Buenos Aires: Paidós, 1978.
Kirk, G.S. *Los filósofos presocráticos: Historia crítica con selección de textos*. Madrid: Gredos, 1969.
Kristeva, Julia. *Semiótica*. Volúmenes I y II. Madrid: Fundamentos, 1981.
_____ *Sol negro. Depresión y melancolía*. Caracas: Monte Ávila, 1991.
Mallarmé, Stéphane. *Cartas sobre la Poesía*. Selección, traducción, prólogo y notas de Rodolfo Alonso. Córdoba: Ediciones del Copista, 2004.
Vernant, Jean-Pierre. *Los orígenes del pensamiento griego*. Buenos Aires: Eudeba, 1984.

Bibliografía de y acerca de Alejandra Pizarnik

AAVV. *Árbol de Alejandra Pizarnik Reassessed*. Fiona J. Mackintosh y Karl Posso, eds. Great Britain: Tamesis, Woodbridge, 2007.
Aira, César. *Alejandra Pizarnik*. Rosario: Beatriz Viterbo, 2001.
Artaud, Antonin. *Textos*. Alejandra Pizarnik y Antonio López Crespo, trads. Buenos Aires: Aquarius, 1971.

Bordelois, Ivonne. *Correspondencia Pizarnik*. Buenos Aires: Seix-Barral, 1998.

Depetris, Carolina. *Aporética de la muerte: estudio crítico sobre Alejandra Pizarnik*. Madrid: UAM ediciones, 2004.

Moure, Clelia. "Alejandra Pizarnik: una grieta en la razón occidental". *Mujeres que escriben sobre mujeres (que escriben)*. Cristina Piña, ed. Buenos Aires: Biblos, 1997. 111-148.

_____ "Antonin Artaud y Alejandra Pizarnik: los riesgos de una metafísica en actividad". *Actas XIII Jornadas Nacionales de literatura francesa y francófona. Enfoques críticos*. Ed. Facultad de Humanidades y Ciencias de la Educación, La Plata, 2003. 535-543.

_____ "Las huellas del teatro de la crueldad. Antonin Artaud / Alejandra Pizarnik: *hacer el cuerpo del poema con mi cuerpo*". *Confluencia. Revista Hispánica de Cultura y Literatura* XX/2 (Spring 2005): 25-34.

Negroni, María. *El testigo lúcido. La obra de sombra de Alejandra Pizarnik*. Rosario: Beatriz Viterbo, 2003.

_____ "Alejandra Pizarnik: melancolía y cadáver textual". *INTI. Revista de Literatura Hispánica* 52-53 (2001): 169-178.

Piña, Cristina. *Alejandra Pizarnik*. Buenos Aires: Planeta, 1991.

_____ "Alejandra Pizarnik: la extranjera". *Mujeres argentinas. El lado femenino de nuestra historia*. Buenos Aires: Alfaguara, 1998. 297-332.

_____ *Poesía y experiencia del límite: leer a Alejandra Pizarnik*. Buenos Aires: Botella al Mar, 1999.

_____ y Clelia Moure. *Poéticas de lo incesante. Sujeto, materialidad y escritura en Amelia Bragioni y Néstor Perlongher*. Buenos Aires: Botella al mar, 2005.

Pizarnik, Alejandra. *Obras completas. Poesía completa y prosa selecta*. Cristina Piña, ed. Buenos Aires: Corregidor, 1993.

_____ *Textos de sombra y últimos poemas*. Olga Orozco y Ana Becciú, eds. Buenos Aires: Sudamericana, 1982.

_____ *Semblanza*. Introducción y compilación de Frank Graziano. México: Fondo de cultura económica, 1992.

_____ *Diarios*. Ana Becciú, ed. Barcelona: Lumen, 2003.

_____ *Poesía completa (1955-1972)*. Ana Becciú, ed. Barcelona: Lumen, 2000.

_____ *Prosa completa.* Ana Becciú, ed. Prólogo de Ana Nuño. Barcelona: Lumen, 2002.

Venti, Patricia. *La dama de estas ruinas. Un estudio sobre* La Condesa Sangrienta *de Alejandra Pizarnik.* Madrid: Dedalus, 2008.

La aniquilación poética como plenitud: el extremo de la posibilidad expresiva[1]

CAROLINA DEPETRIS

> *Estate quieta y resignada, niega tu juicio y deseo,*
> *abísmate en tu insuficiencia y en tu nada que*
> *ahí sólo está Dios, la verdadera luz, tu dicha y*
> *la mayor perfección*
>
> Miguel de Molinos

En 1968, a cuatro años de su primera estancia en París, Alejandra Pizarnik apunta en su diario:

> Lo que más me asusta desde que volví a este país extraño: la distancia, o la voluntad de distancia, entre la palabra y el acto. Esto parece literario en el peor sentido del término, pero se puede morir de distancia. *On meurt à moins.* (439)

Procurar la unión entre poesía y vida, entre poesía y acto que en algún momento, "por no sé qué error" dice Pizarnik, fueron escindidos, es un problema constante en los escritos de esta autora: aparece con insistencia a lo largo de toda su obra y no sólo consolida en ella una ética sino que regula, en la práctica, su ejercicio poético. Y digo que es, en efecto, un "problema" en la acepción léxica y epistémica del término, porque supone una dificultad poética de conclusión muy difícil, incluso improbable, cuya solución sólo se puede buscar y tal vez alcanzar a través de métodos poéticos. Esta búsqueda unitiva que orienta la poética de Pizarnik aparece íntimamente asimilada a un ejercicio de Absoluto que reconoce su antecedente claro en postulados de experiencias poéticas modernas como las románticas, las malditas y el surrealismo.[2] Pero hay una línea de influencia a mi juicio fundamental en Pizarnik, que no ha sido explorada en detalle por la crítica todavía, y que considero arroja mucha luz sobre el sentido de la concepción poética de sus textos después de *Extracción de la piedra de locura*, que es el período de tiempo que nos ocupará aquí. La clave la ofrece Marcel Raymond en *De Baudelaire al surrealismo*, libro consultado por Pizarnik. La pregunta es por qué le cabe a la poesía este poder de trascendencia, de unión de los contrarios. Raymond responde que, a partir del prerromanticismo, la poesía ocupó un espacio vacío dejado por la mística religiosa en la exploración metafísica.[3] Es objeto de este artículo repasar cómo la búsqueda de Absoluto en Pizarnik está asimilada, a partir de 1968, a la idea de aniquilación poética entendida como el extremo más cumplido de posibilidad expresiva, y lo haré a través de postulados trabajados por la mística católica, la judío conversa y la laica expuestos por tres autores referenciales para Pizarnik: Miguel de Molinos, Simone Weil y Georges Bataille.

He sostenido ya en otras oportunidades, y la crítica en general concuerda con ello, que la escritura de Pizarnik sufre un cambio muy importante a partir de *Extracción de la piedra de locura*. Este cambio parece estar guiado, aparentemente, por un cierto descontrol en sus trabajos que se traduce en baja calidad poética. En su diario de 1969 dice: "*El infierno musical*. Quedan pocos poemas salvables. Prosas de *El infierno musical. À revoir*. Hay fragmentos allí que parecen apuntar a un objetivo que desconozco" (482). Un mes más tarde deja constancia de que está escribiendo *Los triciclos*, "suerte de teatro absurdo" (482),[4] que sabemos contiene algunas partes no depuradas de *El infierno musical*, tal vez algunos de esos "fragmentos" que siguen la traza poética de un objetivo nuevo, "desconocido": "Fragmentos de *Los...*, primera pieza teatral de A. P., quien cree que esos fragmentos, además de serlo, son poemas o, mejor, aproximaciones a la poesía más profunda que el resto del librito" (485). El 2 de junio de 1970, en referencia a *La bucanera*, anota:

> Vértigo y náuseas. Advertí que el texto de humor me hace mal, me descentra, me dispersa, me arrebata fuera de mí –a diferencia, *par ex.*, de los instantes frente al pizarrón, en que me reúno (o al menos me parece).

Sin embargo, ninguno de los poemas por rescribir me enfervoriza.
El texto de humor, por el contrario, es la tentación perpetua. (495)

Estos dos textos, *Los poseídos entre lilas* y *La bucanera de Pernambuco o Hilda la polígrafa*, junto con otros más breves escritos entre 1968 y 1972 como "La conversadera", "El hombre del antifaz azul", "A tiempo y no", "Sala de psicopatología", "Solamente las noches", "Recuerdos de la pequeña casa del canto", "Escrito en el crepúsculo", "Historia del tío Jacinto", "Textos", que Pizarnik publicó fragmentariamente en revistas importantes del medio cultural argentino y español como *Sur*, *Testigo* y *Papeles de Son Armadans*, escritos absurdos, obscenos, sumamente aliterados y de ritmo frenético, diametralmente opuestos a los poemas de, por ejemplo, *Árbol de Diana*, incluso de *Extracción de la piedra de locura*, anuncian una búsqueda poética extrema, "más profunda" para la poesía y más nociva para la poeta. No obstante, es importante aquí retener la doble carga semántica que encierra, en Pizarnik, el "daño" que le produce esta nueva poética: la pérdida de sí y el fervor.

Poéticamente, la fórmula que acuña Pizarnik y que mejor condensa el exceso que caracteriza a estos textos escritos después de 1968, aparece en "La bucanera de Pernambuco o Hilda la polígrafa":

> Lector, soy rigidísima en cuanto atañe a la etiqueta. Es el buen tono, precisamente, lo que me insta a la precisión de un estado de profusa vaguedad.
> Estas razones, que obran a modo de palabras liminares o de introito a la vagina de Dios, tienen por finalidad abrir una brecha en mi fúlgido ceremonial. Tal un nadador lanzándose de cabeza y de culo en una piscina —con o sin agua, poco importa esto que *escribo para la mierda*.
> (*Prosa completa* 154; énfasis mío)

Para un hablante argentino, "hacer algo para la mierda" no tiene el valor de una frase predicativa en donde "mierda" funcionaría como dativo, sino como una adverbial en donde el excremento es un complemento circunstancial de modo. Así, "hacer algo para la mierda" significa hacerlo de manera descuidada, sin ningún proyecto ni directriz, hacerlo mal. Repasemos, entonces, algunos rasgos de esta *mala* escritura. Para empezar, declara Pizarnik en una carta dirigida a Bordelois que ha perdido el pleno control de su escritura: "el domingo pasado (se) escribí(ó) un diálogo entre marionetas [...] (se me) escribe/ escribo" (Bordelois 207). Esta escritura que roza la autonomía está hecha de signos lingüísticos semióticamente rotos, que han quebrado el vínculo establecido de manera arbitraria pero utilizado por convención entre significado y significante. Poéticos en extremo, estos signos hipervaloran su carga formal: conforman una lengua hecha de significantes, estética *strictu sensu*, donde un fonema convoca a otro similar descomponiendo en cada caso el concepto que cierra el signo. Tomo un ejemplo entre tantos que abundan: "Coja que medra no mierda –jactóse la jacto–. Jicorar con un buen coro, humoro; pero jibir bajo un jibarita, es divinox. Moraleja: en caja de coja, carcaj al carajo" (*Prosa completa* 105). Gracias a esta aliteración caprichosa y frenética, se genera la ilusión retórica de que nadie dirige el proceso de comunicación que conlleva la lengua; sencillamente una forma cae en la siguiente y ésta en la que sigue, aniquilando el *factum* semiótico de que emisor y receptor usan la lengua para comunicar algo y que esa comunicación se desarrolla en el tiempo. La falta de vínculo semiótico entre significado y significante traba, incluso rompe una posible comunicación entre la poeta y sus lectores. La declaratoria de la no importancia que tiene la comunicación poética aquí queda de manifiesto en numerosas ocasiones: "Lectoto o lecteta: mi desasimiento de tu aprobamierda te hará leerme a todo vapor" (94); "Pedrito se caga en los lectores. Pedrito quiere lo mejor para Pedrito y para Pizarnik. ¿El resto? A la mierda el resto" (117).

Discursivamente, estos textos tienen tal vez una cohesión formal porque determinados fonemas se repiten y se desarrollan en la aliteración desenfrenada que los vincula, pero no cumplen con una coherencia conceptual ni con una continuidad referencial. Aquí no hay mensaje lingüístico, tampoco un tema, ni un sentido, pero este exceso de sucesión fónica y este descontrol semiótico es muy significativo en su valoración crítica, porque indican que en esta nueva dirección de escritura el cuidado compositivo, la búsqueda de la palabra exacta, del poema preciso como ocurriera en *Árbol de Diana*, carecen de fundamento. Resulta que en este nuevo orden poético sobre el que trabaja Pizarnik a partir de 1968, "escribir para la mierda" parece ser la clave para *escribir bien*. Vamos a rastrear los indicios que soportan esta afirmación.

El desvío que opera en el signo lingüístico que Pizarnik utiliza en estos textos es síntoma de que, por un lado, el proceso semántico es altamente equívoco porque al descomponer cada vez el nexo significado/ significante, los signos señalan siempre algo distinto de lo que habitualmente señalan y, por otro, esta forma de escribir confunde la forma con el contenido porque los significantes devienen significados y viceversa, y esto no ocurre en una línea de tiempo como demanda cualquier sintagma, sino en un juego instantáneo de presencia y ausencia de signos. Esta lengua, discreta en su rapidísima secuencia de tiempo presente, encuentra en Lautréamont un antecedente fundamental. El universo poético de Duchase en *Les chants de Maldoror*, universo animista y animal, está configurado por una serie de mutaciones rápidas y violentas de formas, y esto se consigue por medio de lo que Bachelard designa, en su estudio sobre Lautréamont, como "lengua instantánea" (88), una lengua poética que sustrae a las cosas de lo que son para crear nuevas formas que, en el instante en que nacen, ya señalan su desaparición en *otra cosa*. Lo interesante aquí es que este manejo semiótico de la relación signo/ referente es asimilado por Bachelard a un primitivismo poético:

> La poesía primitiva que debe crear su lenguaje, que siempre debe ser contemporánea de la creación de un lenguaje, puede verse entorpecida por el lenguaje ya aprendido [...]. Uno debe desembarazarse de los libros y de los maestros para encontrar la primitividad poética. (49)

El primitivismo poético tiene enorme incidencia en lo que designo como "crueldad poética", práctica que Pizarnik asume del "teatro de la crueldad" de Artaud y que nos ofrece una explicación de la dispersión, del extrañamiento de sí que siente al escribir *La bucanera*.[6] En 1965 Pizarnik publica en *Sur* "El verbo encarnado", artículo en donde analiza la necesidad de recomponer la condición viva del lenguaje que encierra la escritura de Artaud, y el concepto de "metafísica en actividad" como camino para conseguir la unión entre vida y *logos*. Tres años más tarde, Pizarnik hace referencia en su diario a la lectura de *El teatro y su doble*. El 9 de agosto apunta: "[...] Lectura peligrosa puesto que mi estado psíquico degradado deriva de mis pretensiones parecidas a las de A." (455). Seis días más tarde escribe:

> *El teatro y su doble*. Esa necesidad de una disonancia paroxística es el colmo de la belleza más intolerable. Esa necesidad de vida convulsiva

y trepidante a falta de toda posibilidad de vida inmediata. Una vida que sea lo que las ideas sobre el teatro de Artaud. Lo imposible materializado con su doble o posible o reflejo miserable de lo otro, los grandes deseos investidos de realidad viva, tangible, audible, visible. (455)

Una tercera referencia del 18 de agosto es para nosotros significativa porque allí relaciona el pensamiento de Artaud con los textos "raros" que ella comienza a escribir ese año:

> Importante la anotación del 15/ VIII. Se aproxima a lo que deseo escribir, si bien me gustaría, como Artaud, escribir sobre la disonancia con la mayor belleza posible. [...] La importancia del fragm[ento] del 15/ VIII consiste en que nombra mi herida. Creo que mis lecturas debieran orientarse hacia eso torcido acerca de lo cual quiero escribir. Pero no quiero que el lenguaje con que hable de él lo sea también.
> El problema es el de siempre: ¿cómo podría yo atreverme a escribir en una lengua que no conozco? El error consiste en alimentar la esperanza de un día nuevo en el que escribiré cosas nuevas: objetos externos, hechos objetivos, etc. O, tal vez, quiero dar un visado especial a mis textos raros. Puesto que son incomprensibles, que los salve, aunque sea, la magia verbal. (456-457)

Dos opciones de escritura enfrenta Pizarnik al final de esta cita. Artaud, en *El teatro y su doble*, sigue el mandato nietzscheano de una metafísica de base gramatical que es necesario demoler y por eso, con su propuesta teatral, quita el *logos* a la representación y la coloca en sus límites de posibilidad. Si *El teatro y su doble* está detrás de estas reflexiones de Pizarnik, ella no hace más que plantear un falso dilema porque sabe, como sabía Artaud, que "la mímesis es la forma más ingenua de la representación" (Derrida 320).

Artaud entiende que el teatro debe desprenderse de la regulación exclusiva del *logos* y volver a su condición física, gestual. Para ello confronta el teatro occidental con el oriental, concretamente con el balinés. El teatro occidental, muy atado a los diálogos y a la palabra, ha perdido precisamente su condición de teatralidad que sí se encuentra en la carga gestual y material que tiene el teatro oriental. Para "orientalizar" el teatro, Artaud propone un quiebre semiótico en los signos utilizados en una puesta en escena, ruptura que es idéntica a la practicada por Pizarnik en *Los poseídos* y en *La bucanera*: inclinar la función semántica hacia los significantes y no hacia los significados para así reemplazar un teatro de palabras por un teatro del espacio, fuera del orden lingüístico. Esto se consigue a través de la "crueldad", crueldad para el mismo teatro que consiste en someterse a la acción extrema, radical de trascender la palabra: "Du point de vue de l'esprit cruauté signifie rigueur, application et décision implacable, détermination irréversible, absolue" (*Le théâtre* 158). En esta acción anárquica, el teatro acude a la poesía, una poesía entendida en la exacta misma línea en que lo hace Pizarnik, en continua búsqueda de la palabra en su punto inicial, en constante dirección al momento en que se ubica entre el pensamiento y el gesto, una poesía que desaprende la densa historia de los lexemas para llegar al primer instante de balbuceo, al momento bruto, salvaje, físico de la lengua:

> [...] c'est s'en servir d'une façon nouvelle, exceptionnelle et inaccoutumée, c'est lui rendre ses posibilites d'ébranlement physique, c'est prendre les intonations d'une manière concrète absolue et leur restituer le pouvoir qu'elles auraient de déchirer et de manifester réellement quelque chose, c'est se retourner contre le langage et ses sources bassement utilitaires, on pourrait dire alimentaires, contre ses origines de bête traquée, c'est en fin considérer le langage sous la forme de l'*Incantation*. (Artaud, *Le théâtre* 69)

Esta poetización del teatro que conlleva la *cruauté* implica, reflexivamente, una teatralización de la poesía, abandonar el aspecto lógico y discursivo de las palabras en favor de su condición física. La cuarta carta sobre el lenguaje, fechada en 1933, es clave al respecto:

> Mais que l'on en revienne si peu que ce soit aux sources respiratoires, plastiques, actives du langage, que l'on rattache les mots aux mouvements physiques qui leur ont donné naissance, et que le côté logique et discursif de la parole disparaisse sous son côté physique et affectif, c'est-á-dire que les mots au lieu d'être pris uniquement pour ce qu'ils veulent dire grammaticalement parlant soient entendus sour leur angle sonore, soient perçus comme des mouvements [...] et voici que le langage de la littérature se recompose, devient vivant; et à côté de cela [...] les objets se mettent eux-mêmes à parler. (187-188)

Artaud asimila esta condición física del lenguaje a una metafísica no del *logos* sino de la piel, "de la carne", a una metafísica que él denomina "en actividad" porque, sostiene, *c'est par la peau qu'on fera rentrer la métaphysique dans les esprits* (153). La poesía para Artaud, al igual que para Pizarnik, es siempre metafísica o mejor, *meta-física*, porque en ella la palabra está junto a, entre, después de su circunstancia orgánica.[7] Un teatro y una poesía sometidos a la crueldad que conlleva la metafísica en actividad llegan al punto en que vida y teatro, cosa y palabra, cuerpo y espíritu no se distinguen. Dice Derrida que en Artaud y su teatro encontramos

> [...] una existencia que se rehúsa a significar, [...] un arte que se ha pretendido sin obra, [...] un lenguaje que se ha pretendido sin huella. Es decir, sin diferencia. [...] una manifestación que no fuese una expresión sino una creación pura de la vida, que no cayese nunca lejos del cuerpo hasta perderse en signo o en obra, en objeto. (240)

Idéntico problema pone de relieve Pizarnik en "El deseo de la palabra" y lo reitera en su entrevista con Martha Isabel Moia:

> M. I. M. – Por último, te pregunto si alguna vez te formulaste la pregunta que se plantea Octavio Paz en el prólogo de *El arco y la lira*: *¿no sería mejor transformar la vida en poesía que hacer poesía con la vida?*
> A. P. – Respondo desde uno de mis últimos poemas: *Ojalá pudiera vivir solamente en éxtasis, haciendo el cuerpo del poema con mi cuerpo, rescatando cada frase con mis días y con mis semanas, infundiéndole al poema mi soplo a medida que cada letra de cada palabra haya sido sacrificada en las ceremonias del vivir.* (*Prosa completa* 315)

El cuerpo es aquí el emblema del costado material, básico, primario de los vocablos que se ha ido borrando por la potencia semántica del *logos* y que una poesía sometida a la crueldad debe recomponer. El uso del signo lingüístico en textos como *La bucanera* tiene esta marca poética primitiva, cruel, meta-física, que es la única vía para alcanzar la forma esencial del lenguaje y unir poesía y acto.

A este primitivismo poético se suma también la noción de *dépense* en Bataille: hacer guiado por un sentido positivo de la pérdida. Este concepto que resulta verdaderamente revelador si lo aplicamos a la lectura de los últimos textos de Pizarnik, fue definido por Bataille en un artículo que con título "La noción de gasto", fue publicado en el número 7 de *La critique sociale* y posteriormente en *La parte maldita*. Comienza Bataille denunciando la insuficiencia del principio clásico de utilidad, criticando, en concreto, la definición de qué es útil para los hombres. Socialmente, y de manera global, toda actividad humana es válida siempre y cuando se atenga a dos necesidades fundamentales: la producción y la conservación. Así, "la parte más importante de la vida se considera constituida por la condición –a veces incluso penosa– de la actividad social productiva" (26). Esta productividad excluye, en términos "contables" (adquisición, conservación, consumo racionales), lo que Bataille denomina el "gasto improductivo". La actividad humana no es reducible, entonces, sólo a los principios de producción y conservación; existe también el consumo que puede, más allá del orden contable, tener dos caras: una consumición necesaria para la conservación de la vida y para la continuidad de la actividad productiva; y un consumo improductivo donde Bataille sitúa al lujo, a las guerras, a los duelos, a la construcción de monumentos suntuarios, a los juegos, a los espectáculos, a la actividad sexual perversa, a las artes y, entre ellas, a la poesía. Todas estas actividades tienen en común tener una finalidad en sí mismas y estar todas sujetas al principio de pérdida, es decir, al "gasto incondicional", contrario al "principio económico de contabilidad (el gasto regularmente compensado por la adquisición)" (28). La poesía, en este sentido, es para Bataille una de las expresiones menos "degradadas" (en el sentido de "intelectualizadas") de un estado de pérdida: es, dice, un "sinónimo de gasto; significa, en efecto, de la forma más precisa, creación por medio de la pérdida" (30).[8] Más adelante en el artículo, el principio de pérdida es debidamente opuesto por Bataille a la burguesía, atenta adversaria a toda esterilidad y a todo gasto. La poesía, actividad paradigmática de gasto incondicional, entendida como contracara del sentido utilitario burgués, es una constante en los escritos íntimos de Pizarnik y refleja la oposición vida/poesía que apuntamos al comienzo de este trabajo.

El modelo para caracterizar la propiedad positiva de la pérdida lo encuentra Bataille en el *potlatch*. El *potlatch* es, para los indios del noreste de Estados Unidos, un sistema de intercambio que consiste en donar riquezas de manera ostensible con el fin de "humillar, de desafiar y de obligar a un rival" (32). Pero, y esto es lo que le interesa de este sistema, no sólo se puede desafiar al rival por medio de dones exagerados, sino también por medio de "destrucciones espectaculares de riquezas". Bataille pone como ejemplo a un jefe *tlingit* quien, frente a su rival, degollaba algunos de sus esclavos y esta destrucción debía ser respondida por la degollación de un número de esclavos mayor. La riqueza aparece aquí como poder, tal como ocurre en el sistema mercantil, pero la diferencia estriba en que este poder está guiado por la pérdida; es, en definitiva, el "poder de perder" (34). El ideal, en esta propiedad positiva que encierra la pérdida, estaría en un *potlatch* que no fuera devuelto porque ahí realmente quedaría cristalizado el principio de gasto incondicional, de puro gasto. Tres consecuencias son interesantes de destacar de esta trasgresión del sentido de utilidad para pensar en relación con Pizarnik: primero, el sentido positivo de la pérdida cifrado en el gasto incondicional es diametralmente opuesto al principio de conservación; segundo, dice Bataille, quien sigue este principio está "expuesto a la necesidad de pérdida desmesurada" (34); y tercero, sumidos en una ética del puro gasto, "las fuerzas ordenadas y ponderadas se liberan en fines que no pueden estar sujetos a nada sobre lo que sea posible hacer cálculos" (42); su estado es de pura excitación entendido como el rechazo de bienes útiles (materiales y morales) por medio de pulsiones ilógicas e irresistibles. Y agrega Bataille emblemáticamente: "Junto con la *ruina*, la gloria [...]" (42).

La noción de "gasto" es retomada por Barthes en *Fragmentos de un discurso amoroso*, durante sus reflexiones sobre *Werther* y bajo el título significativo de "La exuberancia". Sostiene allí que el gasto es la figura que ubica al amor en una economía de "puro gasto, de la pérdida 'por nada'". Sostiene que en *Werther* dos economías se enfrentan y en esta oposición sintetiza lo dicho por Bataille:

> Por una parte, está el joven enamorado que se prodiga sin cuento su tiempo, sus facultades, su fortuna; por la otra, está el filisteo (el funcionario) que le da la lección: "Distribuye tu tiempo... Calcula bien tu fortuna, etc.". Por un lado, está el enamorado Werther que gasta cada día su amor, sin espíritu de reserva y de compensación, y por el otro está el marido Alberto, que cuida su bienestar, su felicidad. En un caso, una economía burguesa del hartazgo; en el otro, una

economía perversa de la dispersión, del despilfarro, del *furor (furor wertherinus)* (142-143).⁹

Esta noción de gasto sugiere que, sin mensaje transmisible, sin comunicación, el exceso que recorre *Los poseídos* y *La bucanera* carece de finalidad poética *útil*: hacer "buenos" poemas, decir "algo", trascender en definitiva. En 1972 publica Pizarnik "En esta noche, en este mundo" y en la última estrofa alude a esta poética de puro gasto: "hoy ayúdame a escribir el poema más prescindible/ el que no sirva ni para/ ser inservible" (*Poesía completa* 400). Después de 1968, Pizarnik escribe, bajo la lente de la pérdida por nada y para nada, fuera de una economía racional de lo útil, sumida en la esterilidad y el gasto literario improductivo. En los textos que señalan esta dirección poética prima la prodigalidad entendida como no conservación; la desmesura y la excitación que asumen la forma de la dispersión, el despilfarro y el furor; y el poder de escribir *perdiendo*, un poder que, lo veremos poco más adelante, es condición de soberanía. Este poder de perder es lo que Artaud denomina, en sus cartas a J. Rivière, el "impoder" que es, como sostiene Derrida, "la irresponsabilidad radical de las palabras, *la irresponsabilidad como potencia y origen de la palabra*" (242; énfasis mío).

Así, podemos ahora extraer dos rasgos fundamentales de esta nueva dirección poética que Pizarnik acomete desde la composición de *El infierno musical* y que condensa en la cláusula "escribir para la mierda": se trata, por un lado, de una poética *primitiva* porque está encaminada a *desaprender* la memoria lingüística de cada palabra y el uso acostumbrado de esas palabras y, por otro, de una poética despojada de la noción de *utilidad* (no hay mensaje poético, no hay comunicación, no hay siquiera cuidado formal) y sustentada en la noción de *gasto improductivo*. Esta poética, declara Pizarnik, la descentra como poeta, la dispersa porque es un ejercicio vertiginoso pero también "puro", es decir, sin objetivo poético definido, hacer para nada, hacer por el puro hacer. Y esta desposesión de sí y esta ausencia de una teleología poética, esta aniquilación del buen hacer que encuentran en la *mala* escritura su vía de realización llevarían a Pizarnik, según ella misma declara, a la poesía más profunda.

Llegar a una instancia unitiva, absoluta, donde cesan los contrarios a través de la poesía es un cometido que Pizarnik asume, ya lo dijimos, de la poesía moderna que continúa con este mandato metafísico del que, antes, se había ocupado la mística religiosa. Muchos intentos de superar la separación de los contrarios siguen en ella la estela de los poetas malditos franceses y del surrealismo, pero la absoluta aniquilación de sí como poeta y de su poesía, el abandono de su trabajo en aras de una "escritura para la mierda" que Pizarnik trabaja después de 1968, la acercan estrechamente a la mística. El concepto aquí de "aniquilación" es clave: sólo en la mística la aniquilación de sí mismo es una práctica necesaria para conocer una realidad más profunda, unitiva. Alcalde Onrubia, en su artículo, destaca los rasgos específicos del lenguaje místico: es inefable porque expresa conceptos que son ajenos al dominio del lenguaje común; es creativo, o mejor, más creativo que el lenguaje habitual porque, dado que debe expresar realidades sobrenaturales, está continuamente obligado a encontrar medios expresivos inusuales; es figurado porque explora en símbolos, imágenes y figuras estos medios expresivos eficaces para nombrar realidades nuevas; es vivencial porque nombra una experiencia mística efectivamente vivida; es universal porque es común a todos siempre y cuando existan referentes comunes; es interactivo porque al ser un lenguaje especialmente rico crea él mismo muchos conceptos; y, por último, es afectivo por su misma condición experiencial y vivencial (58-63). Más allá de que cada uno de estos rasgos puede ser aplicable a, por ejemplo, el lenguaje poético (por no decir al lenguaje, sin más), Alcalde Onrubia no destaca una condición que sí es exclusiva del lenguaje místico, y es el hecho de que es altamente antitético, lleno de oposiciones semánticas que aseveran quebrando el principio de contradicción.[10] Ejemplo paradigmático es Santa Teresa: "Vivo sin vivir en mí,/ y tan alta vida espero,/ que muero porque no muero". De modo que en la retórica mística conviven dos premisas que lógicamente se excluyen, resemantizando continuamente valores establecidos: la vida es muerte, la muerte es vida o, siguiendo ahora a San Juan en *Subida al Monte Carmelo*, capítulo XIII:

> Para venir a gustarlo todo,
> no quieras tener gusto en nada.
> Para venir a poseerlo todo,
> no quieras poseer algo en nada.
> Para venir a serlo todo.
> no quieras ser algo en nada.

> Para venir a saberlo todo,
> no quieras saber algo en nada. (30)

Si Pizarnik sigue una línea poética guiada por la desposesión de todo principio poético, por la aniquilación poética, es probable, tal como anuncia el título de este trabajo, que allí radique, para ella, la expresión poética más acabada, la plenitud poética. Voy a repasar la noción de "aniquilación" a la luz de estos tres autores consultados por Pizarnik, Miguel de Molinos, Simone Weil y Georges Bataille, para comprender su incidencia y derivaciones en la nueva y última poética trazada por nuestra autora.

Es en 1964, cuando regresa a Buenos Aires después de su estancia en París que, en carta a Ana María Barrenechea, Pizarnik menciona a Miguel de Molinos:

> Andá recordando, cara amiga, en dónde diablos puedo leer –quiero decir, releer– al místico "hereje" Miguel de Molinos –aunque fuese solamente la "Guía Espiritual" pues ando en obsesiones XXXXXXX pensando en la poesía y en el silencio (interno, naturlich) y me gustaría releer lo que cuenta Mickey Molinos al respecto–. (Bordelois 101)

¿Qué es lo que interesa a Pizarnik del silencio en Molinos? Recordemos que Miguel de Molinos publicó en Roma en 1675 la *Guía espiritual que desembaraza el alma y la conduce por el interior camino para alcanzar la perfecta contemplación y el rico tesoro de la interior paz*, texto en la línea de la mística quietista que le valió, a pesar del notorio éxito que tuvo,[11] una condena inquisitorial y prisión donde murió nueve años más tarde. En esencia, el quietismo parte de la confrontación entre la voluntad humana y la divina, enfrentamiento que debe culminar con la desaparición de la primera en la segunda. La única voluntad del hombre es consentir en su supresión como voluntad independiente. El texto de Molinos es, entonces, una guía en el sentido práctico del término porque enseña los pasos necesarios para conseguir la desaparición de la volición humana independiente en la voluntad absoluta de Dios. El silencio místico, el silencio que interesa a Pizarnik, es el punto culminante de esta guía, el momento de perfección en el abandono de la voluntad que, en esencia, consiste en lo que Molinos llama "la verdadera y perfecta aniquilación" (240). Esta aniquilación que supone el silencio místico y el abandono de la voluntad está hecha del silencio de las palabras, del silencio de los deseos y del silencio de los pensamientos:

> Tres maneras hay de silencio. El primero es de palabras; el segundo, de deseos, y el tercero, de pensamiento. En el primero, de palabras, se alcanza la virtud; en el segundo, de deseos, se consigue la quietud; en el tercero, de pensamientos, el interior recogimiento. No hablando, no deseando, no pensando, se llega al verdadero y perfecto silencio místico, en el cual habla Dios con el ánima, se comunica y la enseña en su más íntimo fondo la más perfecta y alta sabiduría (135).[12]

Estos tres silencios que conducen al silencio místico señalan, en esencia, una ataraxia extrema, una inacción profunda que Molinos califica como "santo ocio", quietud absoluta unida a la resignación, a la *ofrenda* –para usar un término caro a Pizarnik– que hacemos de nosotros mismos en la voluntad de Dios. Para lograr esa ofrenda pasiva, el místico debe desnudar el alma, "aniquilarse en todo y para todo a sí mismo", morir en sí mismo, matar el alma, negarse a sí mismo, "acabar la vida".[13] La mística, vemos, plantea el mismo problema que ocupa a Pizarnik después de la escritura de *Extracción de la piedra de locura*. Recordemos que en este libro, por medio de una serie de inversiones de valores semánticos establecidos en sus poemarios previos, comienza a vivir póstumamente, comienza a vivir desde la muerte.[14] La clave en uno y otro caso es cómo vencer la aporía de vivir muerto o de morir vivo. Hay dos caminos que señala Molinos para vencer el contrasentido y que creo sigue Pizarnik también en su trabajo poético de los últimos años: Molinos sostiene que hay que quitar al alma el discurso (74) y que hay que recoger la memoria (75). El abandono del discurso está dirigido al silencio del pensamiento. Lo toma Molinos de Santo Tomás cuando trata acerca de la vida contemplativa en la segunda sección de la segunda parte de la *Suma Teológica*, cuestión 180: "que es una vista sencilla, suave y quieta de la eterna verdad, sin discursos ni reflexiones". Así, abandonar el discurso es, en realidad, quedarse sin capacidad de razón, sin posibilidad de meditación sobre lo que es objeto de meditación. Si pienso, si razono lo que es objeto de mi razón, lo pierdo irremisiblemente. Se suma a esto la necesidad de "olvido de todas las cosas" (75), de anular, tal como hacen Artaud y Pizarnik con el signo lingüístico, el espesor de memoria que subyace en la meditación sobre un asunto, en la reflexión sobre él, y que distancia del verdadero objetivo que es la quietud y contemplación de Dios. No se llega a la perfección pensándola sino que hay que practicar otras vías de acceso que no son, por cierto, las habituales. El objetivo final de este intento descansa en la lógica antitética de la mística: cuanto más lejos de la poesía, más cerca. Molinos habla de la "tiniebla feliz", aquella que anulando la luminosidad ocasiona mayor luz (101). El sentido más completo de una resolución positiva por la vía negativa está dado, en Molinos, por el concepto de "nada":

> Lo que tú has de hacer es no hacer nada [...]. ¡Oh qué grande obra será para tu alma estar en la oración las horas enteras, muda, resignada y humillada sin hacer, sin saber ni querer nada! (104)

Morar en la nada, resultado de toda la "fábrica de la aniquilación" (244) que construye Molinos, tiene cuatro derivaciones importantes para nosotros. Primero, habitar en la nada sustrae toda explicación y comprensión porque de lo contrario no habría silencio de pensamiento ni de palabra, no habría perfecta aniquilación. La perfección, entonces, demanda inefabilidad. Segundo, y unido a lo primero, llegar a nada es volver a un estado primario, primitivo que Molinos define como el "dichoso estado de la inocencia, que perdieron nuestros primeros padres" (249). En esto consiste, entonces, ese "recoger la memoria" del que habla Molinos. Tercero, en la nada tampoco hay –y no puede haber– contrarios; allí el alma se place en esta síntesis, "agradándole igualmente la luz como las tinieblas" (251). Por último, y esto ineludiblemente señala ese estar más allá de todo cuidado poético en Pizarnik, la nada es el lugar de la libertad más potente: "Si te estás encerrado en la nada, adonde no llegan los golpes de las adversidades, nada te dará pena, nada te inquietará [...] sólo en la nada reina el verdadero y perfecto dominio" (248). Resignado sólo en Dios, el quietista alcanza una libertad total de alarmantes derivaciones en el mundo de los hombres porque no está sujeto a poder alguno en la Tierra. Esta libertad ulterior que encierra la perfecta aniquilación, el estar más allá de toda deontología y autoridad humanas será retrabajada por la mística laica de Bataille a través del concepto de "soberanía" que veremos un poco más adelante. Lo cierto es que la libertad extrema amenaza *naturalmente* la ortodoxia y por eso Miguel de Molinos fue condenado por herejía y Alejandra

Pizarnik escribe en su diario el 22 de julio de 1970: "Luego la gente. La gente no quiere saber nada de mis textos de humor. *Par ex: M. A.; par ex.* todo el mundo" (496).

El problema del abandono de la voluntad está también presente en el pensamiento de Simone Weil. En 1963, estando en París, Pizarnik hace referencia a la lectura de los *Cahiers*. Dice, entre otras cosas:

> S. Weil me da miedo. Supongo que algún día la amaré y la comprenderé porque ningún otro escritor provoca en mí tantas reflexiones [...]. El miedo que me produce S. Weil es un miedo como cuando se espera indefinidamente en un cuarto vacío (blanco). Tal vez porque ha abolido la imaginación o, para decirlo mejor, el arte, para reinstaurar, en su lugar, la moral (justicia, virtud, amor humano) [...] S. W. es en mí la tentación del salto de lo estético a lo ético. Ahora [...] debo decir que la justicia ni la virtud me interesan entrañablemente. En mí hay alguien que acepta el mal y el sufrimiento del desorden si ellos son la condición de un hermoso poema [...]. En el poema no hay lugar para la justicia porque el poema nace de la herida de la injusticia, es decir de la ausencia de justicia. Y quien invoca a lo ausente no es mesurado ni justo puesto que su materia de canto o de voz no puede medirse, por el hecho de no estar presente [...] Pero no sé por qué me duele leer a S. W. (*Diarios* 337-338)

Sabemos también, por testimonio de Ivonne Bordelois, que juntas leían *A la espera de Dios*: "Con Alejandra solíamos leer y comentar su libro *Espera de Dios* [...]; en particular nos fascinaba el extraordinario capítulo dedicado a la atención" (Bordelois 290). Es precisamente este tema de la "atención" el que de manera estrecha se vincula a la pérdida de la propia voluntad, no sólo en Dios, como opera en la mística católica, sino esencialmente en todo lo otro que no es *yo* (otros hombres, otros seres, otros objetos).[15] La atención es la orientación absoluta, el *ir* más extremo del alma *hacia* lo otro que ella no es. Esta concentración plena de la atención en lo otro es, para Weil, lo verdadero, lo bello y lo bueno:

> Los valores auténticos y puros de lo verdadero, lo bello y lo bueno en la actividad de un ser humano se originan a partir de un único y mismo acto, por una determinada aplicación de la plenitud de la atención al objeto. (*La gravedad* 155)

Esta aplicación "determinada" hace referencia a lo que Weil denomina "método" o "gimnasia de la atención"[16] que demanda de la "descreación" o neutralización del yo y de un estado de espera que es, a la vez, consentimiento, retroceso y vacío de pensamiento. Aquí se evidencia nuevamente la lógica antitética de la mística, porque es retrocediendo ante el objeto que se persigue como llegamos a conseguirlo y es abandonando todo pensamiento como alcanzamos el objeto pensado: "Retroceder ante el objeto que se persigue. Solamente lo indirecto resulta eficaz. No se consigue nada si antes no se ha retrocedido" (154). Weil asimila este vacío de pensamiento que supone la espera, igual que Molinos, a un vacío de discurso que recuerda la poesía autónoma de Pizarnik en sus últimos años: "hay una manera de esperar, cuando se escribe, a que la palabra justa venga por sí misma a colocarse bajo la pluma" (*A la espera* 71). El retroceso, la descreación abarca a un *yo soy* que es un *yo pienso-yo digo*: sin *ego* y sin verbo, sumido en una pasiva espera, el *yo* se dispone a "lo inconcebible", dice Weil, porque la atención no sólo es retroceso de ser, de saber y de hacer, sino también no proyección, sustracción de todo deseo en el tiempo.[17] La atención, en definitiva, nos sitúa en un presente intenso: "La capacidad de expulsar de una vez por todas un pensamiento es la puesta de la eternidad. El infinito en un instante" (*La gravedad* 155). En esta línea de reflexión, la palabra instantánea que trabaja Pizarnik en *La bucanera* y en *Los poseídos* es una palabra "atenta", *descreada*, sin proyecto, vaciada de ética poética y, por lo mismo, más poética.

La renuncia a todo acto volitivo que supone la atención se traduce en Weil, tal como ocurre con Molinos, en libertad:

> Nada poseemos en el mundo –porque el azar puede quitárnoslo todo–, salvo el poder de decir yo. Eso es lo que hay que entregar a Dios, o sea destruir. No hay en absoluto ningún otro acto libre que nos esté permitido, salvo el de la destrucción del yo. (*La gravedad* 75)

Weil piensa también el insistente tema que ha ocupado a Pizarnik: la unión de los contrarios. Cerca de la noción de metafísica en actividad de Artaud que, en Pizarnik, se traduce en una poética del cuerpo, Weil sostiene que el malestar del hombre reside en la distancia que existe entre mirar y comer: "El gran drama de la vida humana es que mirar y comer sean dos operaciones distintas" (*A la espera* 103). Insiste con la misma idea en una anotación publicada en *La gravedad y la gracia*:

> El gran dolor del hombre, que comienza ya en la infancia y que prosigue hasta su muerte, lo constituye el hecho de que mirar y comer son dos operaciones diferentes. (138)

Muy en la línea del idealismo kantiano, Weil descubre este drama humano pensando en la belleza. La belleza, que es "la única finalidad de este mundo" (*A la espera* 103), es una finalidad sin fin, salvo ella misma. El drama reside en que no podemos "pasar detrás de ella" (103), ni podemos hacernos de ella, "es como un espejo que nos devuelve nuestros propio deseo de bien" (103), no podemos, en definitiva, atravesar la mirada y comernos la belleza para que forme parte de nosotros y nosotros de ella: "quisiéramos alimentarnos de ella, pero únicamente puede ser objeto de la mirada" (103). Esta distancia irreducible, que Weil siente en términos de una contradicción tremenda marcada por las actividades de mirar y comer, pone la pauta de todos los contrarios que nos atormentan. La contradicción de no poder ingerir, incorporar en mi cuerpo la belleza que está fuera de él, atormentados por la distancia contemplativa del mirar, es "desgarro", es la "cruz" (*La gravedad* 137), es la herida de la que insistentemente habla Pizarnik. Dos tentativas, no obstante, señala Weil para unir los contrarios: una es la beatitud. Sostiene Weil que cuando la atención puesta en una cosa hace evidente la contradicción esencial de que ella y yo somos diferentes, se produce "una especie de despegue" que conduce "al desapego" (137), un estado de "beatitud eterna" en el que "mirar es comer" (137). Aquí Weil no hace sino recuperar las vías de acceso a la verdad divina de la mística. La otra, y esta es ahora la que me interesa destacar, es el crimen: "Quizá, en esencia, los vicios, las depravaciones y los crímenes son casi siempre, o incluso siempre, tentativas de comer la belleza, de comer lo que sólo se debe mirar" (*A la espera* 103). ¿No son acaso este obrar mal, este buscar lo defectuoso, lo desviado, lo indebido, este delinquir, viciar, pervertir que suponen el vicio, la depravación y el crimen condiciones todas de la "escritura para la mierda", de la "crueldad poética" de Pizarnik? De enorme sugerencia es esta vía de acceso a la belleza por medio de su destrucción. Tal vez por ello Pizarnik anota que los textos de humor le hacen daño y Weil sostiene que "La unión de los contrarios es desgarramiento: resulta imposible sin un sufrimiento extremo" (*La gravedad* 139).

Es también el abandono de la voluntad unido a una renuncia de pensamiento y de proyecto el cometido de la propuesta mística de Georges Bataille, pero esto no ocurre por una renuncia ligada a la humillación del ser en Dios y a la ascesis, como sucede en Molinos y en Weil, sino por el ejercicio pleno de la soberanía y del exceso. Bataille, Molinos y Weil atacan la petulancia del ser de saberse "el centro del mundo", pero el primero decide no mortificarse (y con él al ser) sino reírse de ello: la voluntad humana de querer serlo todo, de querer saberlo todo es, para él, objeto de la "gran irrisión" (*La experiencia* 35).[18]

Bataille es, a mi juicio, el autor que, junto con Artaud, más incidencia tuvo en el proyecto poético de Pizarnik en sus últimos años. Con Bataille, la influencia que la mística tuvo en Pizarnik cobra una relevancia crítica fundamental que, incluso, podría poner en tela de juicio la impronta que el surrealismo tuvo en ella en *Los poseídos* o *La bucanera*, textos donde, aparentemente, la escuela de Breton podría parecer más cercana. El no proyecto, por ejemplo, que la mística tiene como cometido es algo inaplicable en los experimentos de corte clínico de los surrealistas.[19] Este no proyecto de la mística, atravesado por las consideraciones del teatro de la crueldad de Artaud y de su metafísica en actividad, ligado a su vez al esfuerzo en Bataille por llegar al punto extremo de lo posible a través de lo que, veremos, él designa como "operación soberana" o "experiencia interior", nos permite al menos concebir la posibilidad de que detrás de la supuesta incoherencia formal de *Los poseídos* y *La bucanera* hubiese en Pizarnik una gran coherencia poética. Para ello, creo, es necesario leerla conceptualmente: atender no al resultado estético de estos escritos sino a los conceptos que los soportan. Pizarnik, entonces, en los linderos del arte conceptual, lectura que ella misma sugiere al comenzar a escribir sin cuidado. Este descuido, desde la lógica, desde la retórica antitética de la mística, nos lleva a una reformulación de todo un sistema aparentemente negativo: deshaciendo la poesía llega Pizarnik a la poesía más pura.

Sabemos que Bataille constituyó una lectura fundamental para Pizarnik durante su estancia en París. En carta escrita a Ivonne Bordelois, sin fecha pero presumiblemente de 1963 o 1964, dice:

> [...] mi lectura de fondo sigue siendo Georges Bataille. Ah, il faut parler de ça... Acaba de salir un texto póstumo de él, sobre el humor y la muerte que da justísimo en el lugar exactísimo en que la vida se abre para mostrar su parte más vivida, más vívida, más aleteante, palpitante [...]. (Bordelois 242)

El concepto clave en Bataille, ya lo anuncié, es el de "operación soberana" o, lo que él denomina también, "experiencia interior" que es, en su sistema de pensamiento, llevar al ser al punto extremo de lo posible en la voluntad de despojamiento de toda voluntad de ser, de saber y de hacer. Este punto extremo no es, como podría sugerir la cercanía léxica con el *point suprême* del surrealismo, un momento de realización de algo sino, y esto quedará más claro un poco más adelante, de no realización en nada. Del punto extremo dice Bataille: "no se puede concebir una posibilidad de ir más lejos" (*La experiencia* 47). Es un estado de radical desnudez ontológica que tiene en la muerte su definición más cumplida y, al mismo tiempo, más irrealizable.

Para empezar, esta desnudez demanda, como en Molinos y Weil, callar el discurso para así olvidar todo y no pensar, no saber, no conocer. Allí, dice Bataille, "todo se derrumba" (48), allí se llega al sinsentido.[20] Es, por ello, un estado de embrutecimiento, un estadio primitivo[21] que "supone risa, éxtasis, proximidad aterrorizada de la muerte; supone error, náusea, agitación incesante de lo posible y de lo imposible" (48). No hay, como en la mística católica, ascesis ni contemplación, sino dramatización, exceso y erótica. Bataille, como ocurre con Pizarnik y también con Weil y Molinos, está profundamente perturbado por el "terrible error" de la discontinuidad de los seres, por la escisión entre vida y poesía, entre comer y mirar, y reflexiona, especialmente en *El erotismo*, los modos de romper la condena de la falta de continuidad de cada ser. El drama, la erótica, la risa, la poesía son todas formas en que el ser cae en otros seres. Pero el problema es para Bataille, y por ello creo que su pensamiento fue crucial en Pizarnik, cómo abolir la distancia mayor entre el ser y la cosa que establece ineludiblemente el lenguaje. Por eso, dice Bataille, en la experiencia interior el enunciado es el gran obstáculo: "lo que cuenta no es el enunciado del viento, sino el viento" (22).

Bataille asimila el embrutecimiento, el primitivismo que supone llegar al punto extremo de lo posible a la noción de soberanía entendida no en sentido político, sino como el estado opuesto al aspecto servil o subordinado. El soberano tiene una condición comparable, dice, al animal salvaje porque desconoce cualquier reserva, porque suprime todo límite, incluso el de la muerte. Tiene por ello una violencia destructora. La violencia es una condición necesaria en todas las formas de exceso que buscan recomponer la continuidad de los seres: "¿Podríamos sin violencia interior, asumir una negación que nos conduce hasta el límite de todo lo posible?" (*El erotismo* 29). Frente al siervo, el soberano no le teme a la destrucción y al vacío, a gastar sin reponer, a perder: no produce riquezas sino que las consume, no vive el presente con miras al futuro sino "el momento mismo", no preserva su vida sino que está "por encima de las cosas" (79); en definitiva, está muy lejos de toda utilidad y de todo proyecto. Sostiene Bataille que "el *más allá* de la utilidad es el dominio de la soberanía" (*Lo que entiendo* 64). Esta capacidad de trascendencia de lo útil, de vivir sumido en el gasto improductivo toma, en el soberano, la forma de *no saber* y del *sinsentido*. Primero, sostiene Bataille que la soberanía es "el reino milagroso del no-saber" (*El erotismo* 68). Tal como afirmaba Weil, la soberanía demanda que el pensamiento no esté sometido a un resultado esperado: pensar es, en la operación soberana, "ir a contracorriente de las vías del conocimiento" (74):

> Ya no esperaba el momento en el que obtendría la recompensa de mi esfuerzo, en el que al fin sabría; sino aquel en el que ya no sabría, en el que mi primera espera se resolvería en NADA. Quizá es un misticismo en el sentido en que mi sed de no saber, un día dejó de distinguirse de la experiencia a la que los religiosos dieron el nombre de mística –pero yo no tenía ni presupuesto ni Dios. (*El erotismo* 74)

El pensamiento soberano, caracterizado por el sentido positivo de la resta de contenido, de la pérdida de conocimiento, demanda no sólo no saber en sentido especulativo e intelectual, sino también en sentido práctico, aplicado: concretamente *no saber hacer*.[22]

En términos de escritura, el ser despojado, el ser desnudo que es el soberano no está sujeto a *querer decir algo*: no significa, no enuncia nada, sino que manipula el lenguaje sustrayendo todo significado y toda función representativa, quebrando cada vez el principio aristotélico de mímesis acuñado en la fórmula "esto es aquello" por la puesta en práctica extrema del axioma "ni esto ni aquello".[23] Prima en esta consideración del lenguaje, no la búsqueda y construcción de un sistema de sentido, sino de *sinsentido*. Es importante, no obstante, comprender en este punto que, aunque la soberanía neutraliza continuamente en el discurso todas las oposiciones gracias a esta aparente indeterminación de la sentencia "ni esto ni aquello", ella misma no es neutra sino que, en este trabajo, camina guiada por la condición positiva de la pérdida. El sinsentido no es una forma más de sentido, ni lo opuesto a éste, sino el ir perdiendo, embruteciendo, "primitivizando", si se me permite el término, el sentido. De esta escritura soberana dice Derrida: "[…] no debe asegurarnos de nada, no nos da ninguna certeza, ningún resultado, ningún beneficio. Es absolutamente aventurada, es una ocasión y no una técnica" (377).

Vemos que, a diferencia de la mística católica, el despojamiento extremo que es la operación soberana cifrado en no saber y en el sinsentido no conduce a nada ni revela nada. La experiencia interior, sostiene Bataille, es unitiva, pero lo único que une es el no-saber (el sujeto) con lo desconocido (el objeto) y esta unión se resuelve en nada. Esta nada es entendida no como no-ser (como *néant*) sino como resta, como vacío, como hueco (como *rien*) que sólo se da en la experiencia:

> No hace falta decir que esa NADA [RIEN] tiene poco que ver con la *nada* [*néant*]. La nada [néant] es considerada por la metafísica. La NADA [RIEN] de la que hablo se da en la experiencia, sólo es considerada en la medida en que la experiencia la implica. Sin duda, el metafísico puede decir que esa NADA es lo que él considera cuando habla de *nada*. Pero todo el movimiento de mi pensamiento se opone a su pretensión, la reduce a NADA. En el instante en que esa NADA deviene su objeto, este movimiento quiere incluso detenerse, dejar de ser, dejando en su lugar lo incognoscible del instante. Por supuesto, confieso que al mismo tiempo valorizo esta NADA, pero al valorizarla no hago de ella NADA. (*Lo que entiendo* 75)

La NADA, entonces, objeto de la experiencia interior, demanda no ser pensada y no tener finalidad. Está fuera de todo proyecto y del valor práctico de lo útil o, más precisamente, está siempre alejándose de todo proyecto y de toda utilidad.[24] La experiencia interior es contraria a la acción, a la salvación, a la satisfacción.[25] Es contraria también a la moral: "El plan de la moral es el plan del proyecto. Lo contrario del proyecto es el sacrificio" (*La experiencia* 145). Esta nueva teología mística que concibe Bataille, esta mística *negativa* se construye, entonces, sobre tres ejes sustantivos dados, primero, por la ausencia de proyecto (no hay salvación sino NADA); segundo, por la renuncia a toda autoridad salvo la de la misma experiencia interior que conduce, a su vez, a la ausencia de autoridad y, tercero, "ser [la experiencia interior] refutación de sí misma y no-saber" (110). La falta de proyecto, de utilidad, de autoridad, de teleología sumada al carácter inmanentista de la experiencia interior, se traduce en una libertad total, inexpugnable porque en ella radica tanto el poder de la afirmación como de la negación de sí misma, dada en el punto extremo de *no reserva* del que no teme morir, del soberano: "el mundo soberano es el mundo donde el límite de la muerte es suprimido" (*El erotismo* 86).

Si consideramos *Los poseídos* y *La bucanera* a la luz de esta nueva teología mística veremos que, en términos estrictamente literarios, la aventura de Pizarnik es mucho más extrema que la del mismo Bataille en sus novelas eróticas, más extrema, incluso, que la de Rimbaud, modelo de poesía soberana para Bataille. Y esto, pienso, está dado por el sentido de morir, que es el punto extremo de lo posible, es lo más allá a donde podemos llegar, la desnudez última. El punto más extremo del extremo, morir es, para Bataille, algo en definitiva inaccesible y también inefable, porque no podemos hablar del morir estando muertos ni podemos morir viviendo. Sólo simulamos morir en los sacrificios, en el éxtasis erótico o poéticamente dejando de escribir, como hiciera Rimbaud. Pero Pizarnik fue, a partir de 1968, deshaciendo, aniquilando, perdiendo su escritura en un ejercicio mucho más consciente de lo que podría pensarse: escribir *mal* es el exceso, el punto de no reserva necesario para llegar a *donde no se puede ir más lejos* en la poesía. Cuanto más inútil, más primitiva, más descuidada, más "cruel" sea su poesía, más cerca estará Pizarnik de romper la forzosa distancia entre palabra y realidad, de llegar al extremo de su libertad expresiva y posibilidad poética. A la luz de la tradición mística, "escribir para la mierda" se convierte en el axioma más cumplido de la perfección.

Notas

[1] Agradezco al Dr. Adrián Curiel Rivera, investigador de la Universidad Nacional Autónoma de México, su atenta lectura de este trabajo y sus valiosas observaciones.

[2] Cristina Piña, César Aira, Francisco Lasarte, Jason Wilson son algunos de los críticos que han trabajado este tema.

[3] "En adelante la poesía tiende a convertirse en una ética o en no sé qué instrumento irregular de conocimiento metafísico [...]. Aquí lo nuevo no es tanto el hecho como la intención, que se desprende poco a poco de la inconsciencia, de volver a captar las potencias oscuras tratando de superar el dualismo del yo y del universo" (9). Para Albert Béguin, en su libro *El alma romántica y el sueño*, también consultado por Pizarnik, la búsqueda poética de la unidad "tiene su fuente en una experiencia interior y propiamente religiosa" (99).

[4] Se trata, evidentemente, de *Los poseídos entre lilas*.

[5] El énfasis es mío.

[6] Ver Depetris, "Alejandra Pizarnik después de 1968...".

[7] "C'est que la vrai poésie, qu'on le veuille ou non, est métaphysique [...]" (*Le théâtre* 66). De idéntica manera sostiene Pizarnik que "la verdadera poesía es siempre metafísica" ("Cinco poetas..." 31).

[8] Y agrega Bataille: "Su sentido es equivalente a *sacrificio* [...] para los pocos seres humanos enriquecidos con este elemento, el gasto poético deja de ser simbólico en sus consecuencias. Por tanto, en cierta medida, la función creativa compromete la vida misma del que la asume" (30).

[9] Poco más adelante Barthes apunta: "Esta exuberancia puede estar atravesada de tristezas, depresiones, movimientos suicidas, porque el discurso amoroso no es un *promedio* de estados; pero semejante desequilibrio forma parte de esa economía negra que me marca en su aberración, y por así decirlo, con su lujo intolerable" (142).

[10] El principio de contradicción reza: "Es imposible que una cosa sea y no sea al mismo tiempo y bajo el mismo respecto". Lógicamente se enuncia: "No a la vez p y no p".

[11] Toscano Liria menciona que se hicieron veintidós ediciones en varios idiomas en sólo seis años. La cifra es significativa si consideramos que se trata del siglo XVII.

[12] La influencia de San Juan en Molinos es, como podemos apreciar en esta cita, importante.

[13] Ver Molinos 123, 196, 198, 210, 214.

[14] Ver Depetris (2004), capítulo III.

[15] En esta dualidad yo/otro basa también Weil su definición de Dios: "De Dios no podemos saber más que una cosa: que él es lo que nosotros no somos" (*La gravedad* 157).

[16] "Dado que la oración no es más que la atención en su forma pura, y que el estudio constituye una gimnasia de la atención, cada ejercicio escolar debe ser una refracción de la vida espiritual. Hace falta un método. Una determinada manera de hacer una traducción del latín, una determinada manera de resolver un problema de geometría (y no una manera cualquiera), constituyen la gimnasia de la atención idónea para conseguir que ésta sea más adecuada para la oración" (*La gravedad* 156).

La aniquilación poética como plenitud • 199

[17] "Robar a los deseos su energía desposeyéndolos de su orientación en el tiempo" (*La gravedad* 156).
[18] Hay un nexo intertextual también entre Molinos, Weil y Bataille: los tres hacen en sus obras referencias explícitas a San Juan de la Cruz. Bataille, a su vez, hace de Simone Weil la heroína de su novela *Le bleu du ciel*.
[19] No obstante, es importante señalar que tanto Artaud como Bataille son surrealistas disidentes.
[20] "En el punto extremo de lo posible [...] está el sinsentido [...], pero solamente de lo que hasta ahí tenía un sentido" (1981, 51).
[21] "De el extremo, desciendo al estado más embrutecido" (*La experiencia* 47).
[22] "[...] conocer, en efecto, es [...] *saber hacer*" (Bataille, *El erotismo* 89).
[23] Ver Aristóteles, *Retórica* 1371b. Para Valeriano Bozal, la afirmación "esto es tal cosa" es "el punto central de la representación" (28).
[24] Hay un punto de alta resistencia en la experiencia interior puesto por el lenguaje, y es la casi imposibilidad de que no sea un proyecto: "Empero, la experiencia interior es proyecto, se quiera lo que se quiera. Lo es, puesto que el hombre lo es por entero por el lenguaje, el cual por esencia, excepción hecha de su perversión poética, es proyecto. Pero el proyecto no es en este caso el de salvación, positivo, sino el negativo de abolir el poder de las palabras y, por tanto, del proyecto" (*La experiencia* 33).
[25] "La salvación es la cumbre de todo proyecto posible y el colmo en materia de proyectos" (*La experiencia* 56). Ver también páginas 52 y 54.

Bibliografía

Aira, César. *Alejandra Pizarnik*. Barcelona: Omega, 2001.
Alcalde Onrubia, María Paz. "El lenguaje místico en Santa Teresa y en San Francisco de Sales". *Homenaje al Prof. J. Cantera*. Madrid: Servicio de Publicaciones Universidad Complutense, 1997. 57-63
Artaud, Antonin. *Le théâtre et son double*. Paris: Gallimand, 2000.
_____ *Polémica, correspondencia y textos*. Buenos Aires: Jorge Álvarez, 1968.
Bachelard, Gaston. *Lautréamont*. México: F. C. E., 1997.
Barthes, Roland. *Fragmentos de un discurso amoroso*. México: Siglo XXI, 2001.
Bataille, Georges. *El erotismo*. Barcelona: Tusquets, 1997.
_____ *La experiencia interior*. Madrid: Taurus, 1981.
_____ "La noción de gasto". *La parte maldita*. Madrid: Icaria, 1987. 25-44.
_____ *Lo que entiendo por soberanía*. Barcelona: Paidós, 1996.

Béguin, Albert. *El alma romántica y el sueño*. Madrid: Fondo de Cultura Económica, 1978.
Bordelois, Ivonne. *Correspondencia Pizarnik*. Buenos Aires: Seix Barral, 1998.
Bozal, Valeriano. *Mímesis: las imágenes y las cosas*. Madrid: Visor/La Balsa de la Medusa, 1987.
Cruz, Juan de la. *Subida al Monte Carmelo. Noche oscura. Cántico espiritual. Llama de amor viva*. México: Porrúa, 1973.
Depetris, Carolina. *Aporética de la muerte. Estudio crítico sobre Alejandra Pizarnik*. Madrid: UAM Ediciones, 2004.
_____ "Alejandra Pizarnik después de 1968: la palabra instantánea y la 'crueldad' poética". *Iberoamericana* VIII/31 (2008): 61-76.
Derrida, Jacques. *La escritura y la diferencia*. Barcelona: Anthropos, 1989.
Lasarte, Francisco. "Más allá del surrealismo: la poesía de Alejandra Pizarnik". *Revista Iberoamericana* XLIX/125 (1983): 867-877.
Molinos, Miguel de. *Guía espiritual*. Madrid: Editora Nacional, 1977.
Piña, Cristina. *Alejandra Pizarnik. Una biografía*. Buenos Aires: Corregidor, 1999.
Pizarnik, Alejandra. "Cinco poetas jóvenes argentinos". *Cuadernos del Congreso por la libertad de la Cultura* 99 (1965): 31-35.
_____ *Diarios*. Barcelona: Lumen, 2003.
_____ *Poesía completa*. Barcelona: Lumen, 2000.
_____ *Prosa completa*. Barcelona: Lumen, 2002.
Raymond, Marcel. *De Baudelaire al surrealismo*. Madrid: F. C. E. 1983.
Toscano Liria, María. "Prólogo". *Guía espiritual*. Miguel de Molinos. Barcelona/Buenos Aires: Ediciones Obelisco, 1998. 5-21.
Weil, Simone. *La gravedad y la gracia*. Madrid: Siruela, 1998.
_____ *A la espera de Dios*. Madrid: Trotta, 2004.
Wilson, Jason. "Alejandra Pizarnik, Surrealism and Reading." *Árbol de Diana. Pizarnik Reassessed*. Fiona J. Mackintosh y Karl Posso, eds. Woodbridge: Tamesis, 2007. 77-90.

Reflexiones sobre la écfrasis pictórica en la poesía de Alejandra Pizarnik

CARLOTA CAULFIELD

Un poema es una pintura dotada de voz
Y una pintura es un poema callado
Proverbio oriental

Alejandra Pizarnik (1936-1972) cultivó en su quehacer poético una estrecha relación entre pintura y poesía. Por esta razón, Pizarnik intentó de diversas formas unir ambas artes en una, como se puede ver en sus dibujos o en su método de escribir como si estuviese pintando. También practicó, de forma muy *sui géneris*, la écfrasis, ese arte de describir verbalmente una imagen pictórica, cuyos maestros en la modernidad fueron Baudelaire y Mallarmé.[1]

La intersección entre un lenguaje icónico y otro verbal culmina en la obra de Pizarnik en su "Extracción de la piedra de locura" y "El sueño de la muerte o el lugar de los cuerpos poéticos", de *Extracción de la piedra de locura* (1968). Esta confluencia también se observa en su "Piedra fundamental" y "El infierno musical", de *El infierno musical* (1971), como veremos en las reflexiones que nos ocupan en este ensayo.[2] Las prosas poéticas de Pizarnik evocan las obras *Extracción de la piedra de locura* y *El jardín de las delicias* del pintor flamenco-neerlandés Hyeronimus Bosch, "el Bosco", (1450-1516).

El interés de Pizarnik por las obras de Bosch no implica sólo admiración por el pintor, sino que éstas le ofrecen un referente idóneo para la expresión de un discurso polifónico caracterizado por "la fragmentación del sujeto, la búsqueda de unidad (que para ella se lograría en el silencio), el desplazamiento del significado frente al mar profundo y ambiguo de significantes, la dificultad de encontrar la palabra verdadera

[...] el intento de plasmar, de conjugar cuerpo y texto, la angustia ante el desencuentro [y] la desesperanza".[3]

Pizarnik fue capaz de unir en sus prosas poéticas el arte visual con el arte verbal, y consiguió, por una parte, hacer visual su poesía, y por otra, transmitir el aliento de las pinturas del Bosco al de su obra poética, hasta lograr, de este modo, equiparar la pintura con la poesía.

I. Alejandra Pizarnik, pintura y surrealismo

Dibujar y pintar fueron dos formas fundamentales de su expresión.[4] Esta pasión de Alejandra Pizarnik por la pintura y su lenguaje florece a partir de sus estudios con el pintor argentino de origen español Juan Batlle-Planas (1911-1966), cuya personalidad pictórica, de carácter surrealista, se nutrió de diversas fuentes que abarcan desde la filosofía zen hasta sus investigaciones acerca del psicoanálisis, la poesía y la pintura.

Pizarnik se apasiona por la pintura hasta el punto de desear "escribir algo semejante a 'La Gitana' del Aduanero porque hay silencio y, a la vez, alusión a cosas graves y luminosas". Y también la conmovían "singularmente la obra de Bosch, Klee, Ernst", como lo expresa en la entrevista de Marta I. Moia "Algunas claves de Alejandra Pizarnik" (315).

En su obra, Pizarnik estableció una interrelación entre escritura y pintura a manera de contrarrestar la enorme tensión que siempre sintió frente al lenguaje. Pizarnik elaboró un método de escritura poética en el que con frecuencia recurría al dibujo y a la pintura para encontrar la palabra buscada. Después de dibujar la idea, era capaz de escribirla en un lenguaje poético que, como señala Cristina Piña, "no sólo decía un determinado contenido, sino que delineaba una suerte de objeto o diseño en el espacio de la página en blanco" (*Alejandra* 160).

En las clases de pintura con Batlle-Planas nacieron muchos dibujos de Pizarnik en el estilo de Klee y Miró. También la poeta asistió con frecuencia a las reuniones de la galería de arte "El taller" e incluso expuso su obra pictórica, aunque años más tarde, en una carta dirigida al escritor-editor-pintor español Antonio Beneyto le comenta:

> Sí, también yo dibujo y pinto, si bien no me animo a hacer exposiciones personales pues dibujo y pinto exactamente como los salvajes —aquellos salvajes sin tradición ni artes que se reciben por

herencia. Me fascinará recibir algún día algo tuyo pues me quedé muy contenta con el dibujo de la dedicatoria de tu libro. (Ahora que escribí esto, tengo ganas de irme a dibujar). Cuéntame qué materiales empleas, que me interesa. (*Dos letras* 35)

A Pizarnik le gustaba cubrir las paredes de su habitación con dibujos y pinturas (Piña, *Alejandra* 67) y enviarles a sus amigos dibujos de marcada influencia surrealista, muchos de ellos de trazos esencialmente infantiles, que parecen representar, en muchos casos, un curioso misticismo de los sueños, de los deseos y del subconsciente: seres sin rostros, collages de palabras y garabatos sugerentes.[5]

La propia poeta, en su texto "El poeta y su poema", reflexiona sobre el acto de la creación poética resaltando la importancia de la *ut pictura poesis* en su quehacer poético:

> En cuanto a la inspiración, creo en ella ortodoxamente, lo que no me impide, todo lo contrario, concentrarme mucho tiempo en un solo poema. Y lo hago de una manera que recuerda, tal vez, el gesto de los artistas plásticos: adhiero la hoja de papel a un muro y la *contemplo*; cambio palabras, suprimo versos. A veces, al suprimir una palabra, imagino otra en su lugar, pero sin saber aún su nombre. Entonces, a la espera de la deseada, hago en su vacío un dibujo que la alude. Y este dibujo es como un llamado ritual. (Agrego que mi afición al silencio me lleva a unir en espíritu la poesía con la pintura; de allí que donde otros dirían instante privilegiado yo hable de espacio privilegiado). (299-300)

En "El espacio de la pintura en Alejandra Pizarnik", Marianne Leighton[6] señala que la cita de Pizarnik nos lleva a pensar de inmediato en el arte rupestre, ya que la poeta adopta un método ritual de supervivencia semejante al del hombre prehistórico. La

> necesidad vital que se busca satisfacer es la del arribo de las palabras justas, similares y fraternas, quizás, a esa palabra inocente que la poeta tanto ansía. Por esa razón, la emergencia del dibujo en el plano de la obra pizarnikiana daría cuenta de una reflexión metapoética acerca del proceso creador-invocador. (3)

Esta reflexión por una parte la llevan a intentar trazar con rigor el dibujo preciso en el muro/papel (muchos de los poemas de sus primeros libros) y por otra la hacen abrir las compuertas de su subconsciente, en sus últimos libros, y dejar "que el poema se escriba como quiera escribirse" (Moia 313).

La obra de Pizarnik hay que situarla dentro de las generaciones de los años cuarenta y cincuenta en las que el surrealismo seguía teniendo gran importancia en Argentina, aún dentro de la heterogeneidad de las tendencias literarias existentes en la época. Y aunque Pizarnik, a través de los años, desarrollara su propia voz personal, sin adherirse a ningún movimiento en particular, como claramente se observa en su obra, "una primera sensibilidad poética [nace] "al calor de la vanguardia argentina" (Venti 4).

En Argentina, la figura clave del surrealismo había sido Aldo Pellegrini quien lideró el movimiento a partir de la revista *Qué*, de sólo dos números, publicada en 1928, cuatro años después de la aparición, en Francia, del *Primer manifiesto del surrealismo* de André Breton y el mismo año de la publicación de *Najda*. Después, con Enrique Pichón Riviére y Elias Piterbarg, fundaría *Ciclo* (1948 y 1949), segunda publicación argentina que converge con el surrealismo, para más tarde, en 1953, dirigir *Letra y línea*. Pellegrini también tradujo y divulgó en Argentina los *Manifiestos del Surrealismo*, la obra de Lautréamont y de Antonin Artaud.

En la década del cincuenta, Enrique Molina, poeta y pintor estrechamente vinculado al surrealismo y amigo de Alejandra Pizarnik, fundó *A partir de 0* (1952-1956), revista que continúa la actualidad de las vanguardias en Argentina. Otros poetas surrealistas que se destacaron en ese entonces fueron Francisco Madariaga, Juan José Ceselli, y Carlos Latorre. Vinculados también a la vanguardia estuvieron Raúl Gustavo Aguirre, Olga Orozco, y Juan Jacobo Bajarlía, quien instará a Pizarnik a publicar en *Poesía Buenos Aires*, revista dirigida por Aguirre que se editó en la década de los cincuenta hasta los sesenta, y constituyó una plataforma de expresión de los poetas vanguardistas argentinos, en la que se incluyeron textos de autores surrealistas franceses.

Patricia Venti señala que en *Poesía Buenos Aires* es donde comienza la verdadera "vida pública" de Pizarnik, pues además de poemas, colabora con Bajarlía en la traducción de textos de los surrealistas Paul Eluard y André Breton, y es en esta publicación donde "se fijaron algunos postulados que formarán parte de la base literaria profunda de Pizarnik (por ejemplo, la imagen del poeta que funde su vida con la poesía)" (Venti 3-4). Otra figura de gran relevancia en el desarrollo artístico de Pizarnik fue el poeta, crítico y traductor vanguardista argentino Arturo Carrera quien con César Aira, en la década de los sesenta, funda la revista de poesía *El cielo,* en la que Pizarnik publicó muchos de sus poemas.

La estancia de Pizarnik en París, entre 1960 y 1964, juega un papel decisivo en su relación con la pintura y la literatura de vanguardia, en particular con la surrealista. Es importante aclarar que Pizarnik al llegar a París ya posee, como hemos visto anteriormente, un enorme bagaje cultural vanguardista. Además, gracias a sus numerosas lecturas de adolescencia, es una gran conocedora de la obra del romántico alemán Novalis y de los simbolistas franceses Rimbaud, Verlaine, Mallarmé y Lautréamont, muy presentes en su escritura.

En París, Pizarnik formó parte del comité de redacción de colaboradores extranjeros de la revista *Les Lettres Nouvelles.* También traduce textos de Antonin Artaud, Yves Bonnefoy, y André Pieyre de Mandiargues, entre otros, y conoce a Julio Cortázar y a Octavio Paz, quien escribe el prólogo de su poemario *Árbol de Diana* (1962). Paz, muy vinculado a los surrealistas André Breton y Benjamin Péret, jugó "un papel muy fructífero en la consagración [de Pizarnik] como poeta" (Venti 7). Gracias a Paz, Pizarnik conoce a Italo Calvino, Roger Caillois, André Pieyre de Mandiargues, y al propio Breton, entre otras figuras cruciales de la cultura de la época (Caulfield, *From the Forbidden Garden* 14-15). Los preclaros ensayos de Pizarnik "Relectura de *Nadja* de André Breton" y "Prólogo a 'Textos de Antonin Artaud'"[7] muestran su interés y su gran conocimiento de la obra de los surrealistas.

La actividad literaria de Pizarnik en estos años es extraordinariamente fructífera, ya que escribe ensayos y termina *Los trabajos y las noches,* que será publicado en 1965, a su regreso a Buenos Aires. Al referirse al libro, Pizarnik le comenta a Marta I. Moia que había trabajado:

> Arduamente en esos poemas y debo decir que al configurarlos me configuré yo, y cambié. Tenía dentro de mí un ideal de poema y logré realizarlo. Sé que no me parezco a nadie (esto es una fatalidad). Ese libro me dio la felicidad de encontrar la libertad en la escritura. Fui libre, fui dueña de hacerme una forma como yo quería. (314)

En este poemario de cuarenta y siete poemas breves, "el silencio empieza a cargarse de connotaciones negativas, además el concepto adquiere una visualidad con marcado tinte surrealista" (Venti 8), lo que culminará en *Extracción de la piedra de locura* y *El infierno musical*, libros que nos ocuparán más adelante, y en los que el tema del silencio aparece "en una dialéctica constante con su obsesión por el lenguaje" (Haydu 21). Pizarnik, en sus prosas poéticas de escritura autorreferencial y autorreflexiva expresa su presentimiento de la imposibilidad de seguir escribiendo:

> En el silencio mismo (no en el mismo silencio) tragar noche, una noche inmensa inmersa en el sigilo de los pasos perdidos.
>
> No puedo hablar para nada decir. Por eso nos perdemos, yo y el poema, en la tentativa inútil de transcribir relaciones ardientes.
>
> ¿A dónde me conduce esta escritura? A lo negro, a lo estéril, a lo fragmentado. (265)

Jill S. Kuhnheim, al estudiar el tema del silencio en la obra de Pizarnik, señala que mientras el silencio está constantemente presente en su poesía, el significado del silencio cambia mientras progresa su obra y cambia su estilo, e incluso su significado vacila dentro de un mismo libro. Pero siempre hay en su obra una lucha con el silencio. El silencio en Pizarnik está conectado con el ser, no hay que verlo como una fuerza exterior (259).

Al personificar el silencio, Pizarnik hace que aquello que no es expresado, y por lo tanto, no escuchado, hable. La poeta expresa constantemente su alienación del lenguaje, ya que éste padece de una general falta de capacidad referencial, de aquí que ella busque en/y a partir de la pintura un medio para expresarse. El silencio tiene en la poesía de Pizarnik una naturaleza doble. A veces es un arma contra la falta de precisión del lenguaje, y otras veces es una fuerza indomable que el lenguaje apenas puede controlar (265).

Un autocuestionamiento reflexivo es recurrente en la poesía de Pizarnik. De una u otra forma, la propia poeta es casi siempre el sujeto poético de una escritura que abunda en movimientos y visiones. En sus poemas hay palabras claves (ausencia, niñez, miedo, espejo, jardín, bosque, tierra, agua, soledad, silencio, sonido, viento, damas de rojo, música, noche) que por lo general se presentan en oposiciones binarias. Los colores que predominan en sus poemas son el rojo, el blanco y el negro que se mezclan con el verde y el lila. Su poesía es un llamado al sentido de la vista.

Muchos de los poemas de Pizarnik poseen concisión y exactitud. La poeta escribió movida por una necesidad indispensable de encontrar el lenguaje perfecto. Esta búsqueda de la palabra precisa se evidencia en los breves y agudos poemas de *Árbol de Diana* (1962) y *Los trabajos y las noches* (1965), "a menudo de una estructura perfectamente cerrada y circular", en los que Pizarnik logra infundirle a cada poema "una especie de transparencia, aún permaneciendo fiel a su carácter hermético y difícil"; en el verso no hallan cabida palabras superfluas, todo resulta esencial (...) y, en consecuencia, transmiten el sentido de exactitud característico de la primera fase de la poesía pizarnikiana" (Soncini 13).

II. DE LA PINTURA A LA POESÍA

Pizarnik bebe en el sarcasmo de *Extracción de la piedra de locura* y dialoga con la imaginería de tipo onírico-grotesco del célebre tríptico *El jardín de las delicias* de Hyeronimus Bosch. Pizarnik se apoya en los cuadros del Bosco[8] como referente esencial para articular un discurso poético de "creciente urgencia" en el que "la poeta expresa su desesperación de no ser capaz de hacer que el lenguaje permita la transparencia que ella busca" (Lasarte, "Alejandra Pizarnik" 74-75) y que se destaca por la "pérdida de fe en la palabra poética" (Soncini 14).

De forma visceral la poeta quiere, en sus prosas poéticas, despertar la totalidad de su mundo interior y sacarlo a la superficie. Es como si de pronto Pizarnik no hubiese podido dominar su escritura, como si ésta se le precipitase en forma de cascada alucinatoria. La palabra es ahora desorden, confusión y desbordamiento. En estos libros predomina lo narrativo sobre lo lírico con textos extensos que conforman en sí mismos universos de desgarradura y caos predominando "el estilo de la constatación, descarnado, violento y ansioso; el lenguaje se vuelve dilatado y dramático y se carga de una pluralidad de voces que invaden la página". Pizarnik parece perder la "confianza en la palabra 'justa', 'inocente' [...] ahora la palabra no puede hacer otra cosa que interrogarse sobre sus propios límites" (Soncini 14).

Pizarnik recurre a la écfrasis como un recurso expresivo confiable para expresar su mundo interior. La poeta interpreta algunas imágenes del Bosco y las traduce en signos verbales, creando un peculiar sistema de "traducción intersemiótica" o traducción de un código a otro (Jackson 69). En estos textos poéticos es "como si siempre hubiera un texto y su representación, o como si el texto (valor conceptual) y el dibujo (simbolización imagen) tuvieran una vinculación profunda y llamativa" (Fontenla 6).

Pizarnik opta por dos maneras diferentes de "pintar" sus prosas poéticas. Una es de alusión directa a los cuadros del Bosco, y otra de retórica simbólica, donde la plasticidad emerge sin aludir directamente a una imagen determinada de los referentes pictóricos.

Las prosas poéticas de Pizarnik que se relacionan con la pintura del Bosco, aparecen incluidas en la cuarta parte de *Extracción de la piedra de locura* fechada en 1964, y que consta, contrariamente a las tres partes anteriores, correspondientes a 1966, 1963 y 1962, de tres prosas poéticas largas, dentro de las que se destacan "Extracción de la piedra de locura" y "El sueño de la muerte o el lugar de los cuerpos poéticos".

El título de la prosa poética "Extracción de la piedra de locura" hace referencia al cuadro del Bosco *La piedra de la locura*. Pizarnik usa como clave de su texto el dicho popular neerlandés que se encuentra en el cuadro del Bosco: "Maestro, quíteme enseguida la piedra / Me llamo Lubbert Das".[9]

El cuadro del Bosco refleja la común creencia popular medieval de que la enajenación, los desvaríos, los delirios, e incluso la epilepsia de una persona eran causadas por una piedra que se alojaba en el cerebro y que se podía extraer. En el cuadro hay cuatro curiosos personajes. De izquierda a derecha aparece un supuesto "cirujano" que opera al paciente "a sangre fría" sacándole la "piedra de la locura". Resaltan el embudo que lleva en la cabeza, y la bolsa llena de dinero en la cintura de su sayón. El siguiente es el paciente intervenido, con cara de tonto, paticorto, barrigudo y obeso que se deja "operar". Otro personaje es un fraile, que parece estar dándole un sermón al paciente y sostiene una jarra. Por último, apoyada sobre una mesa alta está una monja que observa la intervención quirúrgica entre aburrida y curiosa. Sobre su cabeza tiene un libro cerrado, lo que simboliza su desprecio por el saber. De la cabeza del paciente se extrae, en lugar de una piedra, una flor similar a la que se encuentra sobre la mesa. El Bosco denuncia así las creencias populares absurdas y acientíficas que permiten a desaprensivos aprovecharse y enriquecerse.

Pizarnik en "Extracción de la piedra de locura" utiliza una retórica simbólica ya que el cuadro del Bosco le sirve como referente para presentar a un hablante en búsqueda de "la otra" que es, como si subconsciente y memoria se confundieran:

> Si vieras a la que sin ti duerme en un jardín en ruinas en la memoria. Allí yo, ebria de mil muertes, hablo de mí conmigo solo por saber que estoy debajo de la hierba. No sé los nombres. ¿A quién le dirás que no sabes? Te deseas otra. La otra que eres se desea otra [...] No obstante, lloras funestamente y evocas tu locura y hasta quisieras extraerla de ti como si fuese una piedra, a ella, tu solo privilegio. En un muro blanco dibujas las alegorías del reposo, y es siempre una reina loca que yace bajo la luna sobre la triste hierba del viejo jardín. Pero no hables de los jardines, no hables de la luna, no hables de la rosa, no hables del mar. Habla de lo que sabes. Habla de lo que vibra en tu médula y hace luces y sombras en tu mirada, habla del dolor incesante de tus huesos, habla del vértigo, habla de tu respiración, de tu desolación, de tu traición. Es tan oscuro, tan en silencio el proceso a que me obligo. Oh habla del silencio. (247-48)

Pizarnik evoca la naturaleza (hierba, jardín, rosa, mar) para mostrar un estado psicológico de extrañamiento y miedo. Contrariamente a lo que sucede en el cuadro del Bosco, en que el galeno es el único que puede extraerle "la piedra de la locura" al paciente, para liberarlo de su demencia, la hablante del poema se hace responsable de su "piedra" a la que considera un "privilegio" y ella es la única que decide si se liberará o no de ella. La "piedra" tiene una doble naturaleza ya que es la causa del exilio que sufre la hablante de su propio lenguaje, y a la vez la que le permite adentrarse en sus "tinieblas interiores", creando un lenguaje de la memoria, que intenta recuperar "esa infancia que concibió entonces edénica y metafísica" (Soncini 12).

El poema describe imágenes absurdas e irracionales, donde las figuras de *El jardín de las delicias*, segundo cuadro del Bosco que tiene

Pizarnik como referente, se transforman en un medio verbal, en este caso, poético. El tríptico presenta la historia del mundo y la propensión hacia el pecado.

El cuadro comienza en los paneles exteriores con la Creación del Mundo, y continúa en los paneles interiores con el origen del pecado (El Paraíso) en el panel de la izquierda, que se expande a un mundo dominado por los placeres terrenales (La Lujuria) en el panel central, y termina en el panel derecho con los tormentos del infierno (El Infierno).

En la prosa poética de Pizarnik los tres jardínes se confunden. La poeta logra hacer una fusión de los elementos del Paraíso (la procreación y las aguas) con el panel de la Lujuria (caos y desenfreno) y con el panel del Infierno (castigo, tortura y sensualidad de la música). Si el cuadro del Bosco es capaz de crear en el espectador una sensación de extrañamiento, desesperanza, y terror, por su parte, el poema de Pizarnik consigue expresar desasosiego, vértigo y terror.

En el cuadro abunda la imaginería onírica y grotesca de un surrealismo *avant la lettre*[10] que Pizarnik, mediante la práctica de la écfrasis, logra traducir a un código poético personal en el que el subconsciente parece dictar la escritura. Según Beneyto, Pizarnik experimentó con el "automatismo psíquico", y al excluir, en ocasiones, del proceso generador de su obra poética la razón y la voluntad consciente a favor del subconsciente (24), logró imágenes sorprendentes:

> Grietas y agujeros en mi persona escapada de un incendio. Escribir es buscar en el tumulto de los quemados el hueso del brazo que corresponde al hueso de la pierna. Miserable mixtura [...]
>
> Retrocedía mi roja violencia elemental. El sexo a flor de corazón, la vía del éxtasis entre las piernas. Mi violencia de vientos rojos y de vientos negros. Las verdaderas fiestas tienen lugar en el cuerpo y en los sueños.
>
> Puertas del corazón, perro apaleado, veo un templo, tiemblo, ¿qué pasa? No pasa. Yo presentía una escritura total. El animal palpitaba en mis brazos con rumores de órganos vivos, calor, corazón, respiración, todo musical y silencioso al mismo tiempo. (251-53)

La violencia y deformación tanto humana como animal que resaltan en *El jardín de las delicias* del Bosco también sobresalen en "El sueño de la muerte o el lugar de los cuerpos poéticos", segunda prosa poética de *Extracción de la piedra de locura* en la que Pizarnik evoca el famoso cuadro. Aquí las alusiones de Pizarnik en relación al cuadro son más directas, en particular al panel derecho o el Infierno. Entre las principales imágenes del cuadro que la poeta incluye en su texto encontramos la del arpa, la dama que tañe el laúd, el río, las criaturas no acabadas, la representación de la muerte, el canibalismo y la gestación de seres humanos (Gómez 24):

> Toda la noche escucho el llamamiento de la muerte, toda la noche escucho el canto de la muerte junto al río, toda la noche escucho la voz de la muerte que me llama. [...]

> [...] Hablo del lugar en que se hacen los cuerpos poéticos –como una cesta llena de cadáveres de niñas. Y es en ese lugar donde la muerte está sentada, viste un traje muy antiguo y pulsa un arpa en la orilla del río lúgubre, la muerte en un vestido rojo, la bella, la funesta, la espectral, la que toda la noche pulsó un arpa hasta que me adormecí dentro del sueño. (254-55)

La entrada en el sueño de la hablante poética es la entrada en el infierno, y es aquí donde Pizarnik reproduce las escenas de pesadillas monstruosas del cuadro. Las alegorías del nacimiento y la muerte que ocupan un lugar esencial en la pintura del Bosco, también forman el centro de su prosa poética.

Las desgarradoras imágenes del poema transmiten, de forma visceral, la expresión de un fracaso ante el lenguaje poético, y por lo tanto de un exilio interior que significa estar desprendida del propio lenguaje, de estar alienada del quehacer artístico (Lasarte, "Alejandra Pizarnik" 71). El acto de nacer en el poema corresponde al acto de la creación poética y queda asociado con el caos, la disolución, y lo no logrado, lo no acabado, lo imposible:

> El nacer, que es un acto lúgubre, me causaba gracia. El humor corroía los bordes reales de mi cuerpo de modo que pronto fui una figura fosforescente: el iris de un ojo lila tornasolado: una centelleante niña de papel plateado a medias ahogada en un vaso de vino azul. Sin luz ni guía avanzaba por el camino de las metamorfosis. Un

> mundo subterráneo de criaturas de formas no acabadas, un lugar de gestación, un vivero de brazos, de troncos, de caras, y las manos de los muñecos suspendidas como hojas de los fríos árboles filosos aleteaban y resonaban movidas por el viento, y los troncos sin cabeza vestidos de colores tan alegres danzaban rondas infantiles junto a un ataúd lleno de cabezas de locos que aullaban como lobos, y mi cabeza, de súbito, parece querer salirse ahora por mi útero como si los cuerpos poéticos forcejearan por irrumpir en la realidad, nacer a ella, y hay alguien en mi garganta, alguien que se estuvo gestando en soledad, y yo, no acabada, ardiente por nacer, me abro, se me abre, va a venir, voy a venir... (255)

Los poemas "Piedra fundamental" y "El infierno musical" de *El infierno musical* son clave para entender la última etapa de la creación poética de Pizarnik. Ellos se enlazan en cuanto a tema y referentes con los poemas anteriormente analizados. Los poemas aparecen incluidos, significativamente, en "Figuras del presentimiento", la primera de las cuatro partes en que se divide el libro.

En "Piedra fundamental", una de las prosas poéticas más extensas del libro, reaparece la iconografía violenta de *El jardín de las delicias* con el tema de la crucifixión, ya presente en "Los sueños de la muerte o el lugar de los cuerpos poéticos". Una de las escenas más enigmáticas y sugerentes del tríptico del Bosco es el infierno musical de la parte inferior del panel del Infierno. En éste, instrumentos musicales gigantescos se transforman en torturadores de los condenados. Podemos contemplar a seres crucificados, cual Cristo y el mal ladrón, en las cuerdas del aspa y en el mástil del laúd, y a otro ser sodomizado por una flauta. Hay monstruos que devoran a seres humanos y reina un caos desintegrador. Pizarnik logra el clima onírico y las visiones surrealistas del cuadro:

> Yo quería que mis dedos de muñeca penetraran en las teclas. Yo no quería rozar, como una araña, el teclado. Yo quería hundirme, clavarme, fijarme, petrificarme. Yo quería entrar en el teclado para entrar dentro de la música para tener una patria. Pero la música se movía, se apresuraba. (...) Entonces abandoné la música y sus traiciones porque la música estaba más arriba o más abajo, pero no en el centro, en el lugar de la fusión y del encuentro. (Tú que fuiste mi única patria ¿en dónde buscarte? Tal vez en este poema que voy escribiendo). (265)

Hay en este poema una "extendida metáfora del lenguaje como música, donde la imagen de la patria parece relacionada con la música, y, ésta a su vez, con el lenguaje" (Haydu 20). La música se convierte en "la palabra total" y "en la representación simbólica de la búsqueda del absoluto" que no puede lograrse, porque la música deseada como patria "se le hace inalcanzable, porque lejos de coincidir con el 'centro' que el hombre desacralizado puede intuir, está ubicada en el 'centro mítico' cuya percepción ha perdido al producir el exilio del reino" (Piña, *La palabra* 31-32).

En "El infierno musical", poema que da título al libro, Pizarnik vuelve sobre el tema de la escritura, pero ahora como disolución. Las alusiones a *El jardín de las delicias* aparecen aquí, contrariamente a lo que sucede en los poemas anteriormente analizados, donde prevalece lo onírico y la enumeración caótica, en imágenes aisladas, para trasnmitir su aislamiento del lenguaje y la falta de alternativa ante éste:

> Golpean con soles
>
> Nada se acopla con nada aquí
>
> Y de tanto animal muerto en el cementerio de huesos filosos de mi memoria
>
> Y de tantas monjas como cuervos que se precipitan a hurgar entre mis piernas
>
> La cantidad de fragmentos me desgarra
>
> Impuro diálogo
>
> Un proyectarse desesperado de la materia verbal
>
> Liberada a sí misma
>
> Naufragando en sí misma (268)

La voz poética/Pizarnik vive en estos textos realidades múltiples. Los pronombres se dividen y multiplican. La voz poética se proyecta en un "tú", un "ella" y un "alguien". Su exilio de la palabra poética la ha vencido y la poeta queda expulsada del mundo "racional" y, fuera también de su cuerpo, en un universo de momentos desconectados. Sin lugar a dudas, Pizarnik logra en sus poemas ecfrásticos lo que Baudrillard ha llamado la radical destrucción de las apariencias (3-4).

Pizarnik intentó transcribir verbalmente el funcionamiento de su pensamiento sin imponerle límites. Su poesía fragmenta y desmantela la realidad tradicional mediante un rompimiento de las correspondencias entre significante y significado (Gómez 8) y un *raisonné dérèglement*, ese desarreglo de todos los sentidos, cuyo máximo representante fue Rimbaud[11] en los que las fuerzas de la razón y de la locura se unen (Caulfield, *From the Forbidden Garden* 15). La poesía de Pizarnik pasa a ser el fluir acelerado de su pensamiento en el que aparece una multiplicidad de disonancias imposibles de reconciliar.

Los poemas "Extracción de la piedra de locura", "El sueño de la muerte o el lugar de los cuerpos poéticos", "Piedra fundamental" y "El infierno musical" parecen ser reconstrucciones de sueños concebidos para abrir las vías de acceso al subconsciente. Sin embargo, llega un momento en que los sueños se convierten en una realidad, la única que parece ser verdadera para los "yo" que conforman la personalidad de la hablante, ya que ella da cabida a las rememoraciones, los fantasmas, y las alucinaciones.

La visualización de las imágenes le permite a Alejandra Pizarnik en *Extracción de la piedra de locura* y *El infierno musical* romper con las limitaciones del lenguaje y abrir su discurso poético a un nuevo sistema de signos que subordina lo discursivo a lo plástico. De esta forma, Pizarnik hace que sus universos oníricos e interiores nos resulten más próximos, más vivos. Aunque para la poeta el lenguaje "es una clave rota, un instrumento precario y condenatorio" (Leighton 1), no obstante, trata de conquistarlo, de lograr que este exprese, como dice Linda Williams al referirse a la obra de Antonin Artaud, la carne y sangre de su pensamiento (20).

NOTAS

[1] La idea de la écfrasis es de gran antigüedad, podemos remontarnos a la *Epístola a los Pisones* (*Arte Poética*) de Horacio, para después encontrarla en el *Laocoon* de Lessing (1766), y en la época contemporánea en ensayos de Baudelaire y Mallarmé que serán una importante pauta para la crítica contemporánea. Véase Hugo Friedrich,

Estructura de la lírica moderna. De Baudelaire hasta nuestros días. En el caso de las prosas poéticas de Pizarnik, hay que tener en cuenta que dado el carácter sucesivo y discursivo del lenguaje verbal, hay "una tendencia en la écfrasis a sustituir el análisis de cualquier pintura por el relato de lo que antecede o de lo que sigue al acontecimiento o la situación que ella está representando" (Riffaterre 166).

2   Este ensayo puede verse como continuación de mi siempre presente interés por la obra de Alejandra Pizarnik y, en particular, por la relación entre poesía y pintura que existe en su obra. Interesada en el surrealismo y su presencia en la poesía latinoamericana, publiqué, en 1992, "Entre la poesía y la pintura: elementos surrealistas en *Extracción de la piedra de locura* y *El infierno musical* de Alejandra Pizarnik" en el que discutía algunos emblemas (el espejo, el jardín, el doble) frecuentes en la poesía de Pizarnik en relación con la pintura en general, y en particular con la obra de Hyeronimus Bosch.
Mis reflexiones fueron ampliadas en una tesis de maestría de Natalia Gómez titulada *Alejandra Pizarnik and Painting*, de 1992, aún inédita. El tema de la relación entre pintura y poesía en Pizarnik fue retomado con gran acierto, en el 2001, por Marianne Leighton y culminó en su excelente ensayo del 2001 "El jardín vedado: el espacio de la pintura en Alejandra Pizarnik". Agradezco a las autoras el haberme enviado, en su momento, copia de sus manuscritos.
En el presente ensayo todas las citas de *Extracción de la piedra de locura* y *El infierno musical* han sido tomadas de la primera edición de *Alejandra Pizarnik, Poesía completa*, editada por Ana Becciú.

3   Rebeca Bordeu elige la obra de Alejandra Pizarnik para demostrar que lo descrito científicamente, de una manera abstracta por Lacan, fue percibido y verbalizado por artistas, como Pizarnik, que contaban con la "otra sensibilidad", plasmándolo en sus obras. Bordeu analiza, en relación a Lacan, los distintos niveles en la relación significante/significado que se encuentra en la poesía. Según Lacan "basta escuchar la poesía para que esta polifonía se deje oír". Por lo que "este orden 'polifónico' es lo que le permitiría a la palabra 'significar algo totalmente diferente de lo que ella dice', hacer 'oír otra cosa' 'entre líneas', este entender que 'cada palabra dice lo que dice y además más y otras cosa', comenta Bordeu citando a Pizarnik. Es en este juego cuando la palabra puede decir lo verdadero, consciente o inconscientemente" (ver Bordeu 3).

4   Sobre la influencia de la estética de las artes plásticas en la obra de Pizarnik, han escrito, además de Cristina Piña, Antonio Beneyto, Carlota Caulfield, Natalia Gómez y Marianne Leighton. Estos críticos estudian la irrupción de lo plástico en la escritura de Pizarnik, su metodología de escritura poética, sus diálogos creativos con pintores medievales, modernos y surrealistas. También han analizado sus propios dibujos y su pasión por experimentar con diferentes texturas de papel, distintos tipos de tintas, y de letras, sobre todo en sus cartas, siempre movida "por el deseo de plasmar un pensamiento vivo, un pensamiento como pintado" (Caulfield, *From the Forbidden Garden* 8) como si estuviera pintando.

5   Natalia Gómez hace un novedoso análisis de algunos dibujos de Pizarnik desde una perspectiva psicológica en *Alejandra Pizarnik and Painting*.

6   Cito del manuscrito enviado por la autora.

[7] Pizarnik siempre sintió una gran afinidad por la obra de Artaud. En una carta inédita de Pizarnik, fechada en Buenos Aires en 1972, la poeta le dice a Anna Balakian (1915-1997), conocida estudiosa de los movimientos europeos de vanguardia, que ella adoraba a Breton y que el único surrealista verdadero era "le fils de putain d'Artaud (lo odio porque nos parecemos)". La copia de la carta se encuentra en mis archivos.

[8] En una entrevista con Alberto Laguna, Pizarnik reconoce la influencia de la obra del pintor en su obra: "Estoy esperando que sea octubre para ver publicado por Sudamericana mi sexto libro de poemas: *Fragmentos para dominar el silencio*. Entre tanto, trabajo en poemas nuevos (creo que nuevos en todos los sentidos de esta palabra ambigua) que constituiría un séptimo libro de poemas. Aún no tiene título pero lo llamo JB por Jerónimo Bosch (algunos poemas se relacionan con dos cuadros de él)" (47-48). El libro *Fragmentos para dominar el sueño* es el nombre inicial que Pizarnik le dio a *Extracción de la piedra de locura* (Gómez 3).

[9] Para un estudio de este dicho popular ver R.J. Nelson. Para una visión comprensiva sobre la obra del Bosco, ver Bosing.

[10] André Breton incluye el nombre del Bosco entre el de aquellos pintores que el Surrealismo considera precursores del movimiento (Caulfield, "Entre la poesía" 6-7 y Matthews xx).

[11] Arthur Rimbaud, en una carta a su amigo y antiguo profesor Georges Izambard, Charleville, 13 de mayo de 1871, le escribe: "Quiero ser poeta, y trabajo para volverme *Vidente*: no me comprenderá usted para nada, y yo casi no sabría explicarle. Se trata de llegar a lo desconocido por un *desarreglo de todos los sentidos*. Los sufrimientos son enormes, pero hay que ser fuerte, haber nacido poeta. No es mi culpa en absoluto. Es falso decir: Pienso, habría que decir se me piensa". Ese "desarreglo" o "desajuste" consiste "en dar significados nuevos, instantáneos, ardientes, a todas las cosas; una 'violencia' absoluta, una conmoción de todo lo conocido: percepciones, sentimientos, ideas, valores, paradigmas, lenguaje" (Dilon 8-9).

Bibliografía

Beneyto, Antonio. "Alejandra Pizarnik ocultándose en el lenguaje". *Quimera* 34 (1983): 23-24.

Baudrillard, Jean. "On Nihilism". *On the Beach* 6 (1984): 38-39.

Bordeu, Rebeca. "Psicoanálisis y literatura: Alejandra Pizarnik y el silencio". <http://elortiba.galeon.com/pdf/Bordeu_Pizarnik_y_el_silencio.pdf>.

Bosing, Walter. *El Bosco*. María Luisa Metz, trad. Colonia y Nueva York: Benedikt Taschen, 1989.

Caulfield, Carlota. "Entre la poesía y la pintura: elementos surrealistas en *Extracción de la piedra de locura* y *El infierno musical* de Alejandra Pizarnik". *Chasqui* 21/1 (1992): 3-10.

_____ ed. y trad. *From the Forbidden Garden. Letters from Alejandra Pizarnik to Antonio Beneyto*. Lewisburg: Bucknell UP, 2003.

Dilon, Ariel, ed. Prólogo. *Una temporada en el infierno* de Arthur Rimbaud. Buenos Aires: Longseller, 2005. 5-26.

Friedrich, Hugo. *Estructura de la lírica moderna. De Baudelaire hasta nuestros días*. Barcelona: Seix Barral, 1974.

Fontenla, Alejandro. "Introducción". *Poemas. Antología. De Alejandra Pizarnik*. Buenos Aires: Centro Editor de América Latina, 1982. 1-7.

Gómez, Natalia. *Alejandra Pizarnik and Painting*. A Thesis Presented in Partial Fulfillment of the Requirements for the Degree Master of Arts. Arizona State University, December 1992.

Haydu, Susana. *Alejandra Pizarnik. Evolución de un lenguaje poético*. Washigton DC: Organization of American States, 1996. <www.elortiba.org>. 1 ago. 2014.

Jakobson, Roman. *Ensayos de lingüística general*. Josep M. Pujol y Jem Cabanes, trads. Barcelona: Seix Barral, 1981.

Kuhnheim, Jill S. "Unsettling Silence in the Poetry of Olga Orozco and Alejandra Pizarnik". *Monographic Review/Revista Monográfica* 6 (1990): 258-273.

Lacan, Jacques. "La instancia de la letra en el inconsciente o la razón desde Freud". *La lectura estructuralisa de Freud*. México, DF: Siglo Veintiuno, 1971. 182.

Laguna, Alberto. "Alejandra Pizarnik: Textos inéditos y un reportaje desconocido". *Proa* 2 (1988): 43-48.

Lasarte, Francisco. "Más allá del surrealismo: la poesía de Alejandra Pizarnik". *Revista Iberoamericana* 125 (1983): 867-77.

_____ "Alejandra Pizarnik and Poetic Exile." *BHS* 67 (1990): 71-76.

Leighton, Marianne. "El jardín vedado: el espacio de la pintura en Alejandra Pizarnik". *Taller de Letras* [Santiago de Chile] 29 (2001): 177-90.

Matthews, J.H. *The Imagery of Surrealism*. Syracuse, NY: Syracuse UP. xx.

Moia, Martha Isabel. "Algunas claves de Alejandra Pizarnik". *Alejandra Pizarnik. Prosa completa*. Ana Becciú, ed. Barcelona: Lumen, 2002. 311-315.

Nelson, R. J. "Hyeronymous Bosch y el Otoño de la Edad Media". *Hispania* 70/3 (1987): 422-30.

Piña, Cristina. *La palabra como destino. Un acercamiento a la poesía de Alejandra Pizarnik*. Buenos Aires: Ediciones Botella al Mar, 1981.

_____ *Alejandra Pizarnik*. Buenos Aires: Planeta, 1991.

Pizarnik, Alejandra. "Figuras de Ausencia III". *Obras completas*. Buenos Aires: Corregidor, 1970. 307.

_____ *Poesía completa*. Ana Becciú, ed. Barcelona: Lumen, 2000.

_____ "El poeta y su poema". *Alejandra Pizarnik. Prosa completa*. 1962. Ana Becciú, ed. Barcelona: Lumen, 2002. 299-301.

_____ *Prosa completa*. Ana Becciú, ed. Barcelona: Editorial Lumen, 2002.

_____ *Dos letras*. Antonio Beneyto, ed. Intro. Carlota Caulfield. Barcelona: March Editor, 2003.

Riffaterre, Michael. "La ilusión de la écfrasis". *Literatura y pintura*. A. Monegal, ed. Madrid: Arco/Libros, 2000.

Soncini, Anna. "Itinerario de la palabra en el silencio". *Cuadernos Hispanoamericanos*. Los complementarios 5 (1990): 7-15.

Venti, Patricia. "Alejandra Pizarnik en el contexto argentino". *Espéculo* 37. <http://www.ucm.es/info/especulo/numero37/pizaconte.html>. 1 ago. 2014.

Williams, Linda. *Figures of Desire. A Theory and Analysis of Surrealist Film*. Berkeley: U of California P, 1992.

La muñeca argentina de Bellmer: Alejandra Pizarnik y la desarticulación del yo

Melanie Nicholson

> *una idea fija*
> *una leyenda infantil*
> *una desgarradura*
>
> Alejandra Pizarnik[1]

A Alejandra Pizarnik, cuya poesía lírica intensamente personal y cuyo suicidio han llevado a asociarla con Sylvia Plath, cada vez se la reconoce más como una de las mayores figuras de la poesía en lengua castellana del siglo XX.[2] El obsesivo tratamiento que hace Pizarnik de la muerte, del conocimiento de sí y de los límites del lenguaje ha sido examinado en una amplia bibliografía crítica escrita tanto en América del Norte como en América del Sur. Su compleja relación con el surrealismo, por más que está ampliamente documentada, deja espacio para seguir ahondado en la investigación crítica. Desde mi punto de vista, Pizarnik, en trabajos que van de sus primeros y densos poemas líricos a la prosa extensa y a veces obscena de sus últimos años, construye un yo poético que mantiene un llamativo parecido con las muñecas fabricadas y fotografiadas por el surrealista alemán Hans Bellmer (1902-1975). Rastrear tales similitudes tal vez implique aventurarse en una vertiente resbalosa: es preciso tomar en cuenta las grandes diferencias en las modalidades de representación (escultura/ fotografía frente a poesía), en la cultura de origen de cada artista, y en sus respectivos contextos biográficos e históricos. Sin embargo, creo que una mirada comparativa a las imágenes de muñecas de Pizarnik y la *poupée* de Bellmer, ahondaría nuestra comprensión de la representación poética del yo por parte de la poeta argentina, en particular sus alusiones a la pérdida del yo a través de los recursos de la duplicación, la deformación y la fragmentación. También, traería a la luz una cualidad visual latente en las imágenes de Pizarnik, a menudo conceptuales, y, por fin, tal comparación nos permitiría retomar algunas preguntas cruciales respecto de la representación de la mujer en el arte y la literatura surrealista y postsurrealista.

La *poupée* de Bellmer, una figura de tamaño real fabricada y luego fotografiada por el artista en diversos escenarios, representa a una adolescente en poses perturbadoras, a la vez inocentes y seductoras. Muchas fotografías presentan a la muñera desmembrada, o con partes del cuerpo antinaturalmente reduplicadas y multiplicadas, agregadas en diversas articulaciones o amontonadas asimétricamente. Estas fotografías, realizadas en los años 30 y publicadas por primera vez en la revista surrealista *Minotaure* en 1934, han producido respuestas críticas en extremo diferentes, pero casi siempre se ha advertido su cualidad sádica o sadomasoquista.

La conexión que quiero establecer entre las muñecas de Bellmer y el yo poético de Pizarnik se vuelve particularmente problemática cuando consideramos la cuestión del género, una cuestión difícil de eludir en cualquiera de los dos artistas. La crítica feminista ha dado testimonio de la visión que tenían los surrealistas de las mujeres como musa, niña, ángel, objeto erótico, Mujer esencializada, es decir, cualquier cosa menos individuo creativo. ¿Qué ocurre, entonces, cuando una artista mujer adopta actitudes o métodos surrealistas? Robert Belton señala que la crítica a menudo les ha atribuido una actitud feminista o protofeminista a ciertas mujeres que participaron en el movimiento surrealista internacional, cuando en rigor: "Muchas de ellas perpetuaron algunos aspectos de la iconografía negativa de las mujeres, tal vez involuntariamente o a pesar de sus intentos por subvertirla" (51, 58). La pregunta crucial, como la formula Gwen Raaberg, es:

> ¿Cómo han podido las mujeres surrealistas ubicarse como sujetos creativos dentro de este discurso? ¿De qué manera y en qué medida aceptaron el discurso surrealista masculino y cómo cambiaron significativamente dicho discurso: subvirtiéndolo, invirtiéndolo y extendiéndolo? (4)

Tales preguntas son especialmente aplicables a la crítica de escritores como Pizarnik, quienes en su posición como postsurrealistas tienen el potencial de establecer una mayor distancia respecto de ciertos rasgos de la iconografía y el discurso surrealistas históricos, que los lectores contemporáneos encuentran perturbadores. Creo que la comparación con Bellmer puede ofrecer nuevas perspectivas sobre la obra de Pizarnik cuando consideramos que, mientras actúa como una escritora sumamente consciente de su propia actividad artística, construye obsesivamente figuras femeninas que carecen de toda capacidad de acción, que son manipuladas y movidas por fuerzas que las desarticulan y las reducen. Mientras se ubica a sí misma como sujeto creativo (para tomar prestados los términos de Raaberg), Pizarnik crea objetos que sufren pasivamente. Esta dinámica nos remite a la lucha de toda la vida de Pizarnik con la enfermedad mental, una lucha que llevó adelante utilizando como arma fundamental la palabra escrita.[3] En efecto, la constante articulación en sentido lingüístico se enfrenta con la desarticulación –descoyuntamiento, desmontaje, incluso desmembramiento– en su representación del cuerpo y la psique femeninos.

El tema del género en el caso de Hans Bellmer se ve complicado por el hecho de que, entre sus contemporáneos surrealistas, muchos críticos lo consideran un ejemplo especialmente penoso de la objetivación surrealista de la mujer. La descripción que hace Mary Ann Caws de la imagen surrealista de la mujer ubica a Bellmer en el lugar de principal transgresor:

> Sin cabeza. Y también sin pies. A menudo sin brazos y siempre sin armas, salvo la poesía y la pasión. Allí están, las mujeres surrealistas tan baleadas y pintadas, tan tensas y desmembradas, pinchadas y cortadas: ¿cabe alguna duda de que se han (nos hemos) caído a pedazos? No son sólo las muñecas de Hans Bellmer desparramadas, es más. (11)

Para ser justos, debemos reconocer que la obra de Bellmer es compleja y enigmática (en eso reside su fuerza peculiar), y cuestionar la presuposición de *intenciones* misóginas. Belton observa con justicia que no podemos determinar las intenciones de un artista en particular respecto de la iconografía de desamparo femenino propia del surrealismo: "La imagen de una mujer atada, por ejemplo, puede implicar una indulgencia fetichista por motivos antifeministas o una denuncia de la opresión de las mujeres" (60). Considerando históricamente la obra de Bellmer, críticos como Hal Foster y Therese Lichtenstein han sugerido que la *poupée* podría haber significado una protesta contra las actitudes nazis hacia el cuerpo y el Otro degenerado, una categoría que incluía a las mujeres, los homosexuales, los judíos, los comunistas y los enfermos mentales. "Desde esta perspectiva", dice Foster, "el sadismo de estas muñecas mecánicas puede verse, al menos en parte, como de segundo grado: un sadismo reflejo que apunta a exponer el sadismo del padre y el estado fascista" (115). La negativa de Bellmer a trabajar para el estado fascista y su autoexilio de la Alemania nazi (a partir de 1938) son detalles biográficos que corroboran tal lectura. Sin embargo, como Foster lo reconoce al final de su ensayo, "en este trabajo se plantean problemas que no es posible resolver. Las *poupées* producen efectos misóginos que pueden aplastar cualquier intención liberadora" (122). A la hora de establecer una comparación con Pizarnik, lo que me interesa, al margen del mensaje planteado por el artista, es el desamparo de las muñecas de Bellmer, su mirada desviada o vacía, su desmembramiento y las inequívocas marcas de sufrimiento.

En resumen, no es posible establecer una relación entre las muñecas de Bellmer y la representación de sí de una mujer poeta sin plantear perturbadoras preguntas acerca de esa misma representación. ¿Acaso Pizarnik, al proyectar su yo poético en una muñeca similar a las de Bellmer, adopta una visión misógina? Si las muñecas de Bellmer concitan la idea de abuso y sadismo, ¿concita el yo lírico de Pizarnik una concomitante condición de víctima? ¿O podemos leer su obra de forma tal que nos sugiera un distanciamiento irónico de la figura de la muñeca desarticulada? Dicho en otros términos, ¿acaso su yo-muñeca de grandes ojos, pasiva, a veces desmembrada, recupera una actividad perdida precisamente a través de la escritura que la encarna? Al ahondar en esta última posibilidad, sigo el rumbo del escritor y crítico argentino César Aira, quien afirma que imágenes como la "pequeña estatua del terror" implican que "la metáfora del sujeto sirve [a Pizarnik] para seguir haciendo poesía" (10).[4]

Gran parte de la poesía de Pizarnik (uso el término en sentido amplio para abarcar también su prosa literaria) elabora la imagen del yo lírico femenino como una muñeca, maniquí o autómata, creando lo que

Aira llama la "metáfora autobiográfica" (16).⁵ Incluso una rápida ojeada a su obra ofrece una lista de figuras reiteradas: "la de los ojos abiertos", "la pequeña olvidada", "la bella autómata", "pequeña difunta", "pequeña estatua del terror", "la dormida", "dama diminuta", "princesita ciega", "pequeña mendiga", "la celeste silenciosa", "la prisionera", "muñequita de papel", "salvaje diminuta", "diminuta marioneta rosa" y así sucesivamente. A pesar de las diferencias, se perciben ciertas similitudes innegables en estas figuras: son todas mujeres diminutas e irracionales o no plenamente conscientes. Pasivas, mecánicas o silenciosas, carecen de capacidad de acción y a veces ni siquiera están vivas. Existen en aislamiento, sin vínculos significativos con ningún contexto humano más amplio. En su introducción a las *Obras completas. Poesía completa y prosa selecta* de Pizarnik (1994), Silvia Barón Supervielle identifica "la soledad y la impotencia" como los temas fundamentales del conjunto (13). Mi planteo es que Pizarnik encarna la soledad y la impotencia femeninas en la figura de la muñeca/maniquí y que el arte plástico de Hans Bellmer arroja una luz fascinante sobre esta encarnación. Después de reflexionar acerca del carácter físico y psicológico de las muñecas tanto en la poeta como en el artista, analizaré un conjunto de motivos vinculados con la figura de la muñeca, sobre todo el del doble. En relación con esto, me propongo indagar las consecuencias de la participación ambivalente de Pizarnik en lo que parece ser un discurso surrealista perturbadoramente misógino.

Si bien no hay pruebas directas de que Pizarnik conociera la obra de Hans Bellmer, es razonable postular cierta familiaridad de su parte. Al igual que otros poetas argentinos que llegaron a la mayoría de edad en la década del 50, Pizarnik se nutrió del surrealismo. Cristina Piña, biógrafa de Pizarnik, subraya que "quienes más profundamente la marcaron fueron los poetas surrealistas, cuya influencia [...] resulta verdaderamente configuradora de su vida y su poesía" (53). Pizarnik vivió en París en dos ocasiones durante la década de 1960, donde entró en contacto con la "vieja guardia" del surrealismo, incluidos Georges Bataille, Max Ernst y Jean Arp, a todos los cuales admiraba mucho (Bordelois 288). En una entrevista de 1972, la propia Pizarnik habla de "mi surrealismo innato" (Moia 249).⁶ En resumen, dada su atracción por el arte surrealista y su residencia en París durante los años en que Bellmer también vivía allí, es bastante posible que Pizarnik tuviera noticias de la *poupée*. Sin embargo, no es necesario ver la relación estética entre Bellmer y Pizarnik como una relación de influencia sino de afinidad. Es decir, la significativa presencia de la figura de la muñeca en ambos artistas no constituye ni una herencia directa ni una extraña coincidencia; es más bien una apropiación común de un motivo centenario que fue objeto de renovado interés estético en las primeras décadas del siglo XX. Muchos surrealistas, influidos por Giorgio de Chirico, quedaron fascinados por los maniquíes y los autómatas.[7] La *Exposition Internationale du Surréalisme* de 1938 en París, por ejemplo, presentó toda una calle de maniquíes vestidos de diferentes formas y manipulados por artistas como Kurt Seligmann, Max Ernst y André Masson (Rubin 153).[8]

Sea a través de la influencia surrealista o a través de sus propias inclinaciones personales, Pizarnik demostró una fascinación de toda la vida con las muñecas. Una argentina que la conoció en París comenta que: "En cuanto a sus sentimientos supe de su amor por las muñecas: había como una necesidad en ella de permanecer a esa 'propia patria' (¿no definía Rilke así a la infancia?)" (Bordelois 109). Una fotografía de las muñecas de Pizarnik acompaña un conjunto de poemas publicado en 1971 en la revista literaria venezolana *Árbol de fuego*. En una carta a Ivonne Bordelois, Pizarnik comenta: "Tengo una muñeca nueva que se llama Lytwyn; no sé por qué es un poco rara" (Bordelois 268). Esta muñeca, de paso, se convertirá en una figura clave de una pieza dramática titulada "Los poseídos entre lilas",[9] que escribió al final de su vida.

Si en Pizarnik la palabra y la imagen plástica que aluden a la muñeca se superponen, lo hacen de manera mucho mayor en Bellmer. Bellmer escribió textos en prosa –surrealistas por su naturaleza hermética y por la asociación libre– para acompañar sus colecciones de fotografías de muñecas, equiparando el "juego" de construir la muñeca con el de escribir poesía experimental. En "Memorias del tema de la muñeca", escrito en 1934, explica el atractivo de la muñeca como objeto de creación artística:

> ¿No era exactamente aquello que la imaginación busca en el deseo y la intensificación lo que se encontraba en la muñeca (precisamente en la imagen de su condición de muñeca), que sólo tenía vida en la medida en que uno la proyectaba en ella, que a pesar de su ilimitada sumisión comprendía que se la reservaba para la desesperación? ¿No significaba el triunfo final de las jóvenes doncellas, con sus grandes

ojos apartados, que sus encantos fueran capturados con rapacidad por la mirada consciente, que por medio de dedos agresivos, los cuales intentaban aferrar la forma, emergiera lentamente, parte por parte, eso que los sentidos y el cerebro habían destilado? (174)

En la concepción de Bellmer, la mirada consciente del artista hombre "captura" los encantos de las muchachas reales: eso es para él, paradójicamente, su "mayor triunfo". Sus dedos "aferran" la forma de las muchachas hasta que el *objet d'art* empieza a emerger. Bellmer no hace ningún secreto de su deleite en el acto a la Pigmalión, a través del cual el hombre trae a la vida a la mujer, aún si es de forma agresiva.

Nacido en una familia de clase media, Bellmer alcanzó la mayoría de edad mientras el nazismo llegaba al poder. Un viaje de tres meses a París en 1924-1925 lo introdujo en el mundo de los surrealistas; las conexiones que estableció en ese momento seguirían siendo intensas a lo largo de las décadas siguientes. Fabricó su primera muñeca en 1933, iniciando lo que se convertiría en un proceso obsesivo que Rosalind Krauss ha llamado la "construcción del desmembramiento" (86). Al igual que la "pequeña estatua del terror" de Pizarnik, la muñeca de Bellmer era aproximadamente de 137 cm. de alto, hecha de papel maché y yeso sobre un esqueleto de madera y metal. Una cabeza y miembros desmontables permitían a Bellmer crear poses y combinaciones misteriosas que luego fotografiaba, a menudo en desolados escenarios interiores. A través de su joven prima Ursula Nguschewski, Bellmer envió a André Breton, a París, varias de las fotografías de la primera muñeca. Breton y los otros surrealistas inmediatamente valoraron la obra de Bellmer, publicando varias de las fotografías en el volumen de *Minotaure* de diciembre de 1934, bajo el título "Muñeca. Variaciones en el montaje de una menor articulada".

Cuando Bellmer construye su segunda muñeca en 1935, había hecho un importante descubrimiento técnico: la junta articulada. La superficie pintada de goma y papel tisú, combinada con la flexibilidad que permitía la junta articulada, creaba una figura que a la vez tenía más aspecto de estar viva y era más susceptible de ser artísticamente manipulada que la primera muñeca. Mientras que la superficie de la muñeca recuerda siniestramente la carne humana, las recombinaciones obsesivas de miembros y apéndices alrededor de la junta articulada central a menudo hacen que se parezca poco al cuerpo humano. Bellmer tomó más de cien fotografías de esta muñeca, algunas de las cuales están ubicadas en escenarios interiores estrechos y claustrofóbicos y otras afuera, entre árboles que recuerdan el amenazador bosque de los cuentos de hadas alemanes. "Estos escenarios", comenta Sue Taylor, "presentan un mundo clandestino y malévolo en el cual la muñeca está alternativamente atada, amarrada a un árbol, colgada de un gancho, desmembrada y dispuesta sobre una escalera, o se la golpea" (76). La coloración a mano, con chocantes tonos de rojo, amarillo, rosa y verde sobre sofocados matices de verde o negro, refuerza la naturaleza artificial o construida de muchas fotografías. Rasgo significativo, la segunda muñeca a menudo usa soquetes blancos y zapatos Guillermina, un detalle que recuerda al espectador que, al margen de cuán mal formada, mutilada o antinatural resulte, es la representación de una chica adolescente. La cara con aspecto de máscara, cuya expresión es "perturbadoramente vacía" (Lichtenstein 29), en muchas fotografías tiene los ojos abiertos, mirando algún punto que no podemos ver. El poderoso efecto psicológico producido por esta fotografía, observa Lichtenstein,

> surge de la yuxtaposición de chocantes poses de víctima con una actitud de flirteo inocente [...]. En muchas de las fotografías, las poses dramáticas de las muñecas parecen implicar una aquiescencia melancólica: resignación frente a su condición de violadas. (16)

Por contraste con las *poupées* de Bellmer, las muñecas que aparecen con creciente frecuencia en los últimos trabajos de Pizarnik no están descritas con detallismo sensual.[10] Más que describir sus cuerpos reales, las muñecas o las imágenes asimilables a muñecas se expresan abstractamente por medio de epítetos como "la de los ojos abiertos" (Pizarnik, *Obras completas* 120). Cuando se menciona una sustancia física en conjunción con las muñecas de Pizarnik, casi siempre se trata de papel o cartón, materiales que connotan a la vez artificialidad y fragilidad. Aunque las muñecas, maniquíes y otras figuras diminutas de la poesía de Pizarnik tienen género gramatical femenino, hay muy pocas referencias directas a la anatomía sexual, como sí ocurre en la obra de Bellmer. Un pasaje de "Los poseídos entre lilas" subraya el distanciamiento irónico de Pizarnik de una representación sexual del cuerpo. Cuando Carol (una figura masculina) le presenta la muñeca "Lytwin" a Segismunda, ésta la examina y observa: "Olvidaste el sexo", a lo que Carol responde: "La muñeca no está terminada pero esa medalla de la guerra de Alsacia y Lorena y esos flecos dorados y esa ramita bordada indican que empieza a despuntarle un sexo que ni la Bella Otero" (276). La anatomía sexual femenina aquí es potencial, no actual, gráfica y destacada como sucede en muchos de los dibujos y fotografías de Bellmer. Sin embargo, en ambos casos se evoca la sexualidad femenina adolescente, con su doble carga de inocencia y seducción. Si bien en un modo de representación diferente, la "coexistencia y confusión de lo perverso y lo banal, de mal e ingenuidad" que observan los críticos en las muñecas de Bellmer es también aplicable a las imágenes de muñecas de Pizarnik (Taylor 79).

Los contextos físicos en los que Pizarnik ubica sus figuras con aspecto de muñeca casi infaliblemente sugieren pérdida, inmovilidad y melancolía: son lo que María Negroni acertadamente llama "espacios paralíticos" (103). Podemos asociar un verso como "La muñeca en su jaula está haciendo el otoño" (Pizarnik, *Obras completas* 128) con los estrechos encierros y la sensación de muerte inminente que caracteriza a muchas de las fotografías de Bellmer. La imagen de la "pequeña difunta en un jardín de ruinas y de lilas" (140) conecta explícitamente la infancia y la muerte, ubicando esa infancia dentro del prototípico espacio romántico del jardín en ruinas. De igual forma, los espacios deteriorados o destruidos en que Bellmer pone a su *poupée*, así como su expresión vacía y abatida, apuntan a la presencia de una visión melancólica de la infancia en su arte. Observa Lichtenstein:

> Aunque sus obras están mediadas por recuerdos de infancia, no recuperan un pasado idealizado sino uno que existe como una ruina [...]. Describen un anhelo no satisfecho de juventud, negando los impulsos utópicos que generalmente están asociados con los recuerdos o pensamientos de ese período de la vida y que en cambio lo revelan como un momento de dolor y lucha. (152)

De igual manera, la descripción de la infancia en Pizarnik no es en absoluto una simple cuestión de nostalgia por una edad dorada perdida. En una entrada de diario de 1962 escrita en París, Pizarnik apunta a recuerdos oscuros: "A pesar de mis cualidades de humorista digo que una infancia ultrajada merece el más grave silencio" (Pizarnik 1984, 257). En su poesía, la infancia y la adolescencia son una época salvaje, de enfrentamiento con el mundo adulto y de una vitalidad casi aterradora, cuya otra cara es la tristeza y la culpa. Esta complejidad está resumida en el siguiente pasaje de *El infierno musical* (1971), el último volumen publicado en vida de Pizarnik:

> La hermosura de la infancia sombría, la tristeza imperdonable entre muñecas, estatuas, cosas mudas, favorables al doble monólogo entre yo y mi antro lujurioso [...] Hemos intentado hacernos perdonar lo que no hicimos, las ofensas fantásticas, las culpas fantasmas. Por bruma, por nadie, por sombras hemos expiado. (*Obras completas* 158)

La evocación que hace la poeta de la infancia implica sentimientos fuertemente ambivalentes: aunque hermosa, la infancia fue en cierta forma sombría; aunque afirma su inocencia, hubo actos y emociones por los cuales debe expiar. La muñeca aquí está ubicada en un espacio primitivo y cerrado –"mi antro lujurioso"– acompañada por seres mudos cuya presencia permite una especie de "doble monólogo" encerrado en sí mismo (y posiblemente autoerótico). Esta escena nos remite abiertamente al estilo de Bellmer; recuerda en particular un dibujo a lápiz y gouache de 1934 titulado "Muñeca en una celda de ladrillos". En este dibujo una figura femenina transparente, sin cabeza ni brazos y con partes de su torso comidas, está suspendida contra la esquina de la pared en ruinas de un jardín, sobre la cual descansa un tronco de árbol a medias podrido. Cerca de la muñeca hay un aro y una pelota de playa. Este dibujo pertenece a una serie que "juega precisamente con la conjunción desasosegante de sexualidad infantil y claustrofobia mortal" (Lichtenstein 39).

Alienación, ansiedad sexual y sensación de vulnerabilidad son rasgos que marcan al yo poético de Pizarnik y que también reverberan en las impresiones visuales creadas por la obra de Bellmer. En una serie de fragmentos líricos titulada "Los pequeños cantos", que conecta articulación con alienación ("nadie me conoce yo hablo la noche/ nadie me conoce yo hablo mi cuerpo [...]"), el fragmento IV dice:

una muñeca de huesos de pájaro
conduce los perros perfumados
de mis propias apalabras que me vuelven (*Obras completas* 234)

La muñeca de huesos de pájaro condensa el sentimiento de fragilidad en una conmovedora imagen. Esta imagen se hace eco espectral de una fotografía de la primera muñeca de Bellmer, que muestra su cabeza cuidadosamente puesta junto a la cabeza de una criatura con aspecto de pájaro, ambas envueltas en gasa negra y mecidas en una cama de encaje.[11] La muñeca de Pizarnik del fragmento anterior es una figura activa, que conduce a los "perros perfumados", pero en el tercer verso nos damos cuenta de que esta acción es circular y por lo tanto sin consecuencia. Es significativo que los perros sean en realidad palabras, que se mueven hacia afuera sólo para volver al hablante. Semejante imagen ilustra la complicada relación de la poeta con la poesía como acto creativo, que constantemente fracasa en sacar al sujeto de su solipsismo.

En muchos poemas, la vulnerabilidad del sujeto femenino se halla vinculada con su estado de semiconciencia, emblematizado en el acto de sonambulismo: "...una niña de seda/ sonámbula ahora en la cornisa de niebla" (74). Esta imagen crea una estremecedora sensación de peligro inminente, una impresión *premortem* que contrasta con la *posmortem* producida por muchas fotografías de Bellmer. En algunos casos, la hablante lírica de Pizarnik da indicios de vulnerabilidad por medio de una tercera persona femenina, la *otra* con la cual ella entonces se identifica. "A solas danza la misteriosa autómata. Comparto su miedo de animal muy joven en la primera noche de las cacerías" (*Obras completas* 120). De nuevo, el peligro o incluso la muerte es inminente y la figura femenina carece de capacidad de acción en su estado como de trance. Un cambio todavía más deliberado de tercera a primera persona se produce en otra imagen de vulnerabilidad y ruina: de "Maniquí desnudo entre escombros" pasamos a la siguiente conclusión de la hablante varias líneas después: "Hablo de mí, naturalmente" (193). Esta retórica autorrefleja señala una significativa diferencia entre Pizarnik y Bellmer. Aunque se han dado argumentos psicoanalíticos para la identificación masoquista de Bellmer con las muñecas frágiles y víctimas de abuso que fabricaba,[12] las imágenes que creaba permanecen resueltamente *otras*, externas a sí mismo como creador. En Pizarnik, la distancia entre la voz poética y la muñeca es mínima o inexistente. La poeta constantemente recuerda al lector que las figuras que crea no son objetos de una mirada externa, sino personificaciones de su propio yo alienado: "Figuras de cera los otros y sobre todo yo, que soy más otra que ellos" (138).

Las imágenes que he analizado hasta ahora aluden a una muñeca con el cuerpo completo, pero, en rigor, la poesía de Pizarnik a menudo representa la figura femenina desarticulada o desmembrada. El motivo es antiguo y sigue abierto a numerosas interpretaciones. En su ensayo sobre "Lo ominoso" [*Das Unheimlich*] (1919), Freud señala que "Las extremidades desmembradas, una cabeza separada, una mano cortada a la altura de la muñeca, pies que danzan solos: todos tienen algo especialmente ominoso [...]" (151). El ensayo de Freud gira en torno de un análisis del cuento de E.T.A. Hoffman "El hombre de arena", publicado por primera vez en 1817. El protagonista de este cuento, Nathanael, ha tenido desde la infancia temor de que le saquen los ojos. Desarrolla una obsesión por una hermosa jovencita, Olimpia, quien en rigor es una autómata altamente sofisticada, y se suicida poco después de descubrir el secreto de su "amada". Los especialistas en Bellmer señalan que el artista comenzó a producir sus muñecas poco tiempo después de asistir a una puesta de *Los cuentos de Hoffman* de Offenbach en 1933. En la ópera, el primer acto termina con la muñeca Olimpia despedazada miembro por miembro (en el cuento, simplemente se la llevan con la cuenca del ojo vacía y sangrando). La ópera sin duda sugirió posibilidades visuales y plásticas a Bellmer en los motivos interconectados del doble, lo ominoso o siniestro y la muñeca desarticulada. En "Memorias del tema de la muñeca", en rigor, define el proceso de esculpir la muñeca como "crear belleza y también distribuir la sal de la deformación con un poco de intención vengativa" (174). Es difícil dejar de lado el hecho de que en el cuento de Hoffman, la ópera de Offenbach y las muñecas de Bellmer, por igual, se perpetran actos de violencia misógina contra la figura femenina.

Por contraste, la "sal de la deformación" en Pizarnik es una fuente no ya de placer estético sino de angustia subjetiva. La figura femenina de Pizarnik, al igual que la de Bellmer, a menudo está representada sin cabeza o completamente desmembrada; "el cuerpo desatado y los huesos desparramados" (Pizarnik, *Obras completas* 144). ¿Quién o qué es la causa de la violencia? En el caso de las muñecas de Bellmer, en el nivel más concreto es el propio artista la fuerza detrás de la desintegración de la muñeca. Una fotografía de 1934 presenta la propia imagen semitransparente de Bellmer sobreimpuesta a una imagen de la primera muñeca. Se inclina para poner su cabeza junto con la de la muñeca, que consta del torso con su interior mecanizado expuesto, la cabeza (con cabello desgreñado y boina), una pierna enyesada y una pierna esquelética, como un palo de escoba. Ella aparta la mirada, él mira fijamente hacia la cámara. Aunque en sombras, el artista está completo, controlando la situación, conectado, mientras que la muñeca no lo está.

Por contraste, los agentes de desintegración física de Pizarnik nunca son concretos ni están plenamente manifestados externamente. Como dice David William Foster en su artículo "The Representation of the Body in the Poetry of Alejandra Pizarnik", la integridad tanto física como psíquica del sujeto está violada por fuerzas abstractas personificadas (como la noche o la muerte) o por entidades hipostasiadas (como prendas de vestir o partes del cuerpo). El yo poético a menudo aparece como víctima pasiva de estas fuerzas destructivas: "El viento me había comido/ parte de la cara y las manos./ Me llamaban ángel harapiento./ Yo esperaba" (*Obras completas* 111*)*. Todavía más pertinente para la caracterización de la muñeca es la sugerencia de autoduplicación en la que el sujeto es a la vez agente y víctima: "Las muñecas desventradas por mis antiguas manos de muñeca, la desilusión de encontrar pura estopa" (153). Un pasaje importante de "Extracción de la piedra de locura" nos remite al jardín en ruinas, donde el sujeto se desarticula de igual forma:

> Visión enlutada, desgarrada, de un jardín con estatuas rotas. Al filo de la madrugada los huesos te dolían. Tú te desgarras. Te lo prevengo y te lo previne. Tú te desarmas. Te lo digo, te lo dije. Tú te desnudas. Te desposees. Te desunes. Te lo predije. De pronto se deshizo: ningún nacimiento [...] Ahora tus despojos: recogerlos uno a uno, gran hastío, en dónde dejarlos. (139)

La desarticulación física descripta en esta "visión enlutada" —en la que la figura literalmente se desgarra a sí misma— está reforzada por la desarticulación verbal implícita en el deslizamiento entre el "tú" y el "yo". La fuerza retórica de este pasaje se logra por la repetición obsesiva de verbos de desestructuración, todos marcados por el prefijo *des-*: *desgarrar, desarmar, desnudar, desposeer, desunir y deshacer*, y reunidos en el último sustantivo crucial: *despojos*, es decir, lo que queda después de un acto de saqueo o destrucción. El resultado es la muerte, o al menos el fracaso en nacer ("ningún nacimiento"). Si bien la hablante se dirige a una segunda persona, un "tú", la misma naturaleza refleja e interior de estos verbos sugiere una duplicación más que una verdadera relación entre seres separados. Si esta lectura es acertada, el sujeto poético está relatando la historia de su propio desmembramiento y su sensación de hastío ante la tarea de recoger las partes dispersas. El hecho de que esta escena esté presidida por "estatuas rotas" es un nuevo indicio de fuerzas ominosas en acción.

La estatua, el maniquí y la muñeca son imágenes concretizadas de la noción psíquica de duplicación, un tema que ha sido ampliamente indagado en literatura, arte y psicoanálisis. Otto Rank, un contemporáneo de Freud, plantea a grandes rasgos que el doble "personifica el amor a sí mismo narcisista" y que la noción del alma inmortal puede haber sido el doble original del cuerpo (86). Rank afirma que, para la mente primitiva, el doble (incluidas las sombras y reflejos) era concebido como un medio de asegurar la supervivencia del yo, pero que luego desarrolló un segundo sentido como heraldo de la muerte. Freud cita a Rank en su estudio sobre lo ominoso señalando que los temas siniestros "se vinculan en su totalidad con la idea de un 'doble' en toda forma y grado" (140). Freud llega a la conclusión de que "'lo ominoso' es esa forma de lo aterrador que nos remite a algo largo tiempo conocido por nosotros, que una vez fue muy familiar" (123-124). Al igual que Rank, Freud apela a un sentido atávico, a la recurrencia en la conciencia moderna de un pensamiento animista "primitivo" que le atribuía existencia material (y poderes mágicos) a los muertos. Así, la muñeca es ominosa porque nos "recuerda" la muerte-en-vida, una sensación exacerbada por los procesos involuntarios, repetitivos que se producen en tal figura.

La fascinación de Bellmer con las imágenes del doble es evidente tanto en sus escritos como en su producción artística. Su texto pseudoteórico "Notas sobre el tema de la junta articulada" explica el poder del deseo para desplazar, reemplazar o duplicar partes del cuerpo. La represión de la sexualidad en la pubertad, plantea Bellmer, lleva a la multiplicación imaginaria de las partes del cuerpo y a la proyección de imágenes sexuales sobre espacios no sexuales. Las fotografías de la segunda muñeca remiten a la noción del doble en dos niveles: primero, la propia muñeca, en su siniestro parecido con un cuerpo femenino adolescente, es a todas luces el simulacro de un ser vivo. Segundo, la muñeca manifiesta una miríada de combinaciones de duplicación o multiplicación de miembros y otras partes del cuerpo. En estos casos, las duplicaciones no son imágenes especulares sino apéndices asimétricos, a menudo dispuestos en escenarios que sugieren seducción y castigo.

Pizarnik, como hemos visto, infaliblemente ubica las fuerzas destructivas del cuerpo y la psique tanto fuera como dentro del sujeto, creando un "tú" que funciona primordialmente como un *alter ego* para el "yo". La crítica de la obra de Pizarnik le ha prestado gran atención a la noción de duplicación, que Chávez Silverman considera "tal vez el rasgo aislado más destacado de la poesía de Pizarnik" (277). La noción de doble que plantea Rank, como una defensa contra las fuerzas de destrucción, queda claramente manifiesta en pasajes que hablan directamente de la división del yo: "Ronda nocturna. Un payaso me sonríe a fuego vivo y me transforma en una muñeca: *Para que nunca te marchites* (dice)" (Pizarnik, *Obras completas* 211).

El uso más llamativo que hace la poeta de la figura de la muñeca para indagar en los temas de duplicación y pérdida de la identidad aparece en los textos en prosa que escribió inmediatamente antes de su muerte.[13] Otra escena-motivo recurrente, que recuerda *A través del espejo* de Lewis Carroll, presenta una versión surrealista de la escena del té de Alicia:

> Debajo de un árbol, frente a la casa, veíase una mesa y sentadas a ella, la muerte y la niña tomaban el té. Una muñeca estaba sentada entre ellas, indeciblemente hermosa, y la muerte y la niña la miraban más que al crepúsculo, a la vez que hablaban por encima de ella. (198)

Aquí el contraste entre la inocencia infantil de la reunión para tomar el té y la comunión directa con la muerte recuerda los soquetes, el encaje y los lazos para el cabello de las muñecas de Bellmer, cuyas expresiones siempre sugieren la presencia acechante de la muerte. En esta escena donde toman el té, la duplicación se vuelve triangulación, en la cual la hermosa muñeca ignorante de todo y la muerte que todo lo sabe son dos proyecciones simultáneas de la niña. Una sola imagen ominosa cierra este breve poema en prosa: "La muñeca abrió los ojos". La muñeca, inicialmente una figura inerte, capaz sólo de atraer la mirada de las otras que hablan "por encima de ella", de pronto realiza un mínimo pero significativo acto de autoconciencia. Pizarnik termina el texto con esta imagen, dejando la capacidad de actuar de la muñeca como una posibilidad enigmática.

La pieza dramática antes mencionada "Los poseídos entre lilas", uno de los trabajos de los últimos años de Pizarnik, toma la muñeca-como-doble a la manera de metáfora organizadora. En esta obra, claramente plasmada según el teatro del absurdo de Artaud, le regalan una muñeca verde a un personaje llamado Segismunda. "Seg" anuncia que llamará "Lytwin" a la muñeca, un nombre que, en inglés, evoca la noción de doble o mellizo (*twin*). Precisamente, al estilo de las muñecas de Bellmer, Lytwin es "adorable y siniestra a la vez" (Pizarnik, *Obras completas* 282). Después de que Carol determina que la muñeca es incapaz de pararse sola, Seg la toma y declara: "Me mira y medita", una señal de conciencia incipiente (277). Seg percibe, además, que Lytwin tiene deseos de lenguaje humano, incluso de poesía: "También es como si me exigiera palabras para comer. Tiene hambre de poemas" (277). Un momento más tarde, la muñeca comienza a hablar. A la pregunta de Seg "¿Quién sos?", Lytwin responde: "Soy un yo, y esto, que parece poco, es más que suficiente para una muñeca" (282).

Aquí Lytwin declara inequívocamente su existencia como sujeto, si bien a medida que avanza la pieza el lector verá que este "yo" tiene pocas consecuencias. Este intercambio, curiosamente, se hace eco del comienzo de las "Notas sobre el tema de la junta articulada" de Bellmer, en la que habla del juguete como de un "objeto provocativo", sobre todo un juguete del tipo de "la muñeca de trapo menos valiosa", que no tiene función predeterminada:

> Para una muñeca tal, llena de contenido afectivo pero sospechosa de ser sólo una representación y una realidad ficticia, que busca en el mundo externo, en el choque de encuentros, las pruebas incuestionables de su existencia, es necesario, además, que ese mundo externo, el árbol, la escalera o la silla, sospechosos de ser sólo percepción, demuestren qué del tú ha reunido allí el yo. (212)

En el texto de Pizarnik vemos que la muñeca empieza a asumir una existencia humana, trascendiendo sus limitaciones como "una representación y una realidad ficticia" cuando entra en contacto con Segismunda. (Recordemos la muñeca de la escena del té que súbitamente abre los ojos). Esta dinámica nuevamente refleja la afirmación de Rank de que el doble sirve como defensa contra la destrucción del yo. En el texto de "Los poseídos...", sin embargo, esta relación benéfica no dura. Poco después del intercambio anterior y cerca del final de la pieza, Carol encuentra a Lytwin, la golpea contra la pared y se la alcanza brutalmente a Seg con las palabras "Aquí tenés a tu doble" (288). Como la Olimpia de Hoffman, la muñeca/doble es tratada violentamente al final del cuento, recordándosenos que, en rigor, nunca fue un sujeto sino mas bien un objeto creado, mirado, y del cual, en última instancia, se ha abusado.[14]

Dado que tanto en Bellmer como en Pizarnik la muñeca funciona como un tropo significativo, una figura sobre la cual a veces se juegan sórdidos dramas de identidad y otredad, ¿qué conclusión podemos sacar acerca de la relación de esta figura con su creador? ¿Cómo funciona la dinámica del género en el artista plástico y la poeta en relación con la muñeca? Advertimos que, al igual que Bellmer pero por motivos llamativamente diferentes, Pizarnik insiste en la relación ambivalente del sujeto con el objeto. En el largo poema en prosa "Extracción de la piedra de locura", que ya he citado ampliamente, la hablante imagina una pintura que se anima, con un "niño florentino" que extiende la mano y "te invita a permanecer a su lado en la terrible dicha de ser un objeto a mirar y admirar" (*Obras completas* 136). Aquí Pizarnik sugiere por medio de un oxímoron que ser un *objet d' art* o un cuerpo que es objeto de la mirada del otro entraña una "terrible felicidad", una profunda incomodidad que es paradójicamente una fuente de placer.

Hay ejemplos concretos en la poesía de Pizarnik donde un sujeto mujer expresa su desolación al ser no sólo objeto de la mirada del otro sino, como la muñeca de Bellmer, el objeto mismo de su creación. La hablante de "Extracción..." cuenta ese acto de creación:

> Sonríe y yo soy una minúscula marioneta rosa con un paraguas celeste yo entro por su sonrisa yo hago mi casita en su lengua yo habito en la palma de su mano cierra sus dedos un polvo dorado un poco de sangre adiós oh adiós. (137)

La estructura paratáctica de este pasaje, con sus conectores suprimidos y su ritmo insistente, refuerza el registro sofocado de la niña-marioneta de su pérdida de la capacidad de acción. Ella existe –diminuta y decorativamente– sólo como el producto de "su" sonrisa. Construye su casa en la lengua de él, dándole precedencia a la voz de este último. Su poder sobre ella, en resumen, es total: un gesto insignificante de parte de él la reduce a polvo. En este escenario, la muñeca-sujeto de Pizarnik hace el duelo de su disolución en manos de quien la creó, una posición emotiva que recuerda a la muñeca que Bellmer imagina en su "ilimitada sumisión" y que "comprendía que se la reservaba para la desesperación" (Bellmer, "Memories" 174).

La poesía de Pizarnik presenta la figura de la muñeca como un tropo de la dinámica humana en la que un ser –una persona concreta o una fuerza abstracta personificada– controla el yo de otro. El *otro* que toma el control no está sistemáticamente marcado como masculino en su obra, lo que sugiere que el género, en última instancia, es menos importante que el propio diferencial de poder.[15] Para el sujeto humano que se ve despojado de su capacidad de acción y silenciado, la muñeca sirve como imagen plástica ideal. El lector casi puede imaginar a la muñeca de Bellmer dirigiéndose a su creador con estas palabras: "Tú eliges el lugar de la herida/ en donde hablamos nuestro silencio./ Tú haces de mi vida/ esta ceremonia demasiado pura (Pizarnik, *Obras completas* 91). Aquí el yo está plenamente controlado por el tú, está herido en un lugar que no elige, y desde esa herida no surge la comunicación –o la comunión– sino el silencio. Su propia vida está reducida por el otro a formas superficiales y estériles, ceremonias "puras" en lugar de la existencia impura pero real.

Si la muñeca/maniquí –o de manera más amplia, la representación del cuerpo femenino inmovilizado, a veces desmembrado– sirvió para los surrealistas hombres como el lugar de proyección del deseo, para Pizarnik sirvió como lugar de representación obsesiva de la identidad dañada. Susan Rubin Suleiman, al delimitar un nuevo territorio para esas mujeres artistas que siguieron el proyecto surrealista inicial, afirma que:

> Una mujer surrealista... no puede simplemente asumir una posición subjetiva y cargar una cantidad de imágenes elaboradas por el imaginario masculino; a fin de innovar, tiene que inventar su propia posición como sujeto y elaborar su propio conjunto de imágenes,

diferentes pero tan poderosas como lo es, para sus colegas hombres, la del cuerpo femenino expuesto, con su inagotable potencial para la manipulación, la desarticulación y rearticulación, el fantaseo y la proyección. (Suleiman, "A Double Margin" 164)

Algunas mujeres artistas, como la fotógrafa contemporánea estadounidense Cindy Sherman, elaboran un conjunto de imágenes en diálogo con Bellmer y otros surrealistas, imágenes que parodian la iconografía surrealista del cuerpo femenino.[16] El uso de la imagen de la muñeca por parte de Pizarnik, por contraste, es claramente más trágico que irónico. Si, como lo sugiere Suleiman, Sherman está diciéndole a Bellmer: "Sí, pero..." ("Dialogue" 138), Pizarnik parece estar diciendo simplemente "Sí". Con la excepción de la esperanzada afirmación de Lytwin de que "soy un *yo*", Pizarnik no proyecta una actitud desafiante o de autoafirmación en la muñeca. Por contraste con ciertas artistas mujeres asociadas con el movimiento surrealista histórico, como Remedios Varo o Leonora Carrington, Pizarnik no desarrolla imágenes de autorrepresentación que reajusten de manera significativa visiones patriarcales de la mujer.

Podemos llegar a la conclusión de que el propio proyecto surrealista de Pizarnik responde más a las abrumadoras necesidades de un yo doliente que al planteo social o político más amplio sugerido por Suleiman. Más que engendrar un nuevo conjunto de imágenes "potenciadoras" que surgen de la figura de la muñeca, Pizarnik en general reitera y explota la iconografía convencional asociada con ella. Sin embargo, al hacerlo, crea un cuerpo de poemas líricos incisivos que persiguen al lector. Las figuras femeninas diminutas que obsesivamente construye en un ritual de autorrepresentación carecen de capacidad de acción. Pero Pizarnik como escritora no carece de ella. Es, después de todo, la hacedora de muñecas, no la muñeca. Como la pintora mexicana Frida Kahlo –otra artista asociada con el surrealismo para quien las fronteras del yo eran una fuente de inagotable ansiedad– Pizarnik usa su medio, el lenguaje, para desafiar las fuerzas del silencio y la disolución que percibía como una amenaza constante. Hasta el momento de su suicidio, Pizarnik confiesa que la página en blanco del escritor es el único hábitat posible para la frágil muñeca: "allí ha de poder vivir la muñequita de papel verde, celeste y rojo; allí se ha de poder erguir y tal vez andar en su casita dibujada sobre una página en blanco" (Pizarnik, *Obras completas* 144*).*

Traducción de Cristina Piña

NOTAS

[1] El epígrafe está tomado de Pizarnik, *Obras completas* 236. Cuando no haya variantes entre la edición de 1994 y las de 2000 y 2002 citaré por la primera.

[2] En palabras de David William Foster: "[...] hay consenso crítico en que la poesía de Pizarnik (tanto en verso tradicional como en forma de microtextos en prosa no métricos) es de indiscutible importancia" (322) Respecto de la relación con Sylvia Plath, ver en especial Susan Bassnett, "Speaking with Many Voices: The Poems of Alejandra Pizarnik" 36.

[3] En su biografía de Pizarnik, Cristina Piña habla en varias ocasiones sobre la adicción de toda la vida de Alejandra a las anfetaminas, que comenzó hacia el final de su adolescencia, y de sus violentos cambios de carácter, con toda probabilidad un síntoma de desorden bipolar. Por último, sabemos que Pizarnik hizo varios intentos de suicidio antes de tener éxito en 1972 con una sobredosis de píldoras para dormir. Para una discusión de las pruebas de la inestabilidad emocional de Pizarnik, ver sobre todo Piña 181 y 218. El tema de la enfermedad mental, por cierto, se ve complicado por los intentos conscientes de Pizarnik de emular la estética, si no el estilo de vida, de Arthur Rimbaud y otros poetas "malditos", así como por su admiración ante el cultivo conciente de la locura por parte de los surrealistas como una forma de abrir las puertas de la creatividad.

[4] Aira prosigue: "El sujeto personaje, fraccionado en niñas, sonámbulas, náufragas, le permitió a A.P. avanzar en la escritura sin caer en los convencionalismos de la vieja lírica sentimental".

[5] La conexión autobiográfica está corroborada por una entrada de diario en la que Pizarnik escribe: "Me miro en el espejo y parezco una adolescente" (Pizarnik 1984 123).

[6] Muchos críticos, incluidos Francisco Lasarte y Suzanne Chávez Silverman, han discutido con justicia las tendencias surrealistas de Pizarnik, insistiendo en que su obra carece del típico optimismo surrealista y de su fe en la potencialidad "mágica" de lenguaje. Otros, como Enrique Pezzoni, han observado la "vigilancia" que Pizarnik ejerce sobre su producción poética, una práctica que César Aira, el crítico que trata la conexión de Pizarnik con el surrealismo de manera más amplia, declara que ella "vivió y leyó y escribió en la estela del surrealismo" (11). Subvierte el proyecto surrealista, sin embargo, al transformar el material poético objetivo en intensamente sujetivo y al dar precedencia al "control férreo de la calidad" (Aira 20-21). Mi intención aquí no es entrar en la discusión relativa a la naturaleza surrealista de su poesía, sino reconocer sus conexiones personales y artísticas con el movimiento, que configuró su concepción de la figura de la muñeca como proyección del yo poético.

⁷ El interés de Bellmer en los maniquíes de de Chirico está planteado en *Hans Bellmer* de Webb (48). Ver también el Capítulo Cinco de *Convulsive Beauty* de Hal Foster, en el cual se discute en profundidad la fascinación surrealista por los maniquíes.

⁸ Bellmer sin duda estaba respondiendo a un interés surrealista en los maniquíes, figuras de cera y objetos por el estilo, su *poupée* estimuló todavía más la producción surrealista de tales figuras. El biógrafo de Bellmer, Peter Webb, llega al punto de llamar a la muñeca de Bellmer el prototipo del maniquí surrealista (46).

⁹ Según la edición de Becciu el título original sería "Los perturbados entre lilas". En la edición de *El deseo de la palabra* la autora incluye un fragmento de la pieza con el título "Los poseídos entre lilas", el cual se conserva en las *Obras completas* (1994).

¹⁰ Hay miríadas de referencias a diminutas figuras femeninas en la poesía temprana de Pizarnik, a partir de *La última inocencia* de 1956. Sin embargo, el término "muñeca" no aparece hasta el libro *Extracción de la piedra de locura*, publicado en 1968. Desde este volumen en adelante, aparecen a menudo referencias a muñecas.

¹¹ Es pertinente recordar otro de los fragmentos líricos de Pizarnik: "Mi infancia y su aroma / a pájaro acariciado" (38). Hay un vínculo casi explícito entre este pasaje y una fotografía de la serie de la primera muñeca de Bellmer, en la que una mano masculina (¿la del artista?) acaricia la cabeza de la muñeca, cuya mirada está desviada y que parece evadir el contacto.

¹² Hal Foster afirma que "[l]as muñecas no sólo trazan un deseo en movimiento; también representan un resquebrajamiento del objeto femenino, por cierto, pero también del sujeto masculino" (107) En similar actitud, Taylor afirma que "[s]i las fotografías de la segunda muñeca, que describen una indecible violencia contra sujetos femeninos vulnerables y paralelas fantasías conscientes de palizas, su abierto sadismo representa sólo el contenido manifiesto de tales fantasías. El contenido latente de estas imágenes es el sufrimiento masoquista, la agresión vuelta contra el yo" (91).

¹³ Piña, en su biografía *Alejandra Pizarnik*, habla de la "angustia" de Pizarnik en el último período de su vida, que "la llevaba a seguir aumentando el consumo de anfetaminas y a agudizar la espiral nefasta de excitantes-para-estar-lúcida/ hipnóticos-para-dormir, con la consecuente alternancia de excitación/depresión. Así, los amigos una noche podían escucharla hablar incansablemente, seductora, divertida, lúcida y genial y al día siguiente percibir que había caído en un pozo de donde nada ni nadie parecía poder sacarla (218). Esa prueba de sus estados psíquicos alternativos bien puede haberse manifestado en una intensificación del tema del doble en su poesía.

¹⁴ En el final de su examen de las imágenes literarias del doble, Rank afirma: "Aquí estamos ante el significativo tema del suicido, punto en el cual termina toda una serie de personajes mientras los persiguen sus dobles (77). Señala que, además de la persecución del doble, otra causa de suicidio es paradójicamente la pérdida de la imagen del doble, como ocurre con el Nathanael de Hoffman. Una lectura psicoanalítica de "Los poseídos..." de Pizarnik, marca la destrucción de la muñeca Lytwin como otro ejemplo de la pérdida de la imagen del doble, una de las innumerables prefiguraciones textuales del propio suicidio de Pizarnik.

[15] Susan Bassnett, cuando considera el texto de Pizarnik *La condesa sangrienta*, en rigor afirma que "el subtexto de la obra de Pizarnik se refiere no tanto a la violencia que atraviesa las fronteras genéricas, sino a la violencia perpetrada por mujeres contra mujeres" (Bassnet, "Blood and Mirrors..." 132).

[16] *Sin título 261* (1993) de Sherman, por ejemplo, presenta el cuerpo de un maniquí femenino reconstruido que remite tanto a las muñecas de Bellmer como al cuadro de Max Ernst *Anatomía de una novia* (c. 1921). Las partes plastificadas del cuerpo del maniquí, sobre todo su vulva antinaturalmente vuelta hacia arriba, despojan a la figura de cualquier signo de seducción. De igual forma, su *Sin título 263* muestra un doble torso al estilo Bellmer con miembros truncados. En este caso, sin embargo, la figura es plenamente hermafrodita, pues tiene tanto vulva como pene. El lado femenino del torso, con su espeso vello púbico y un cordón de tampón, deliberadamente niega y desmitifica la referencia a la sexualidad adolescente de Bellmer.

Bibliografía

Aira, César. *Alejandra Pizarnik*. Rosario: Beatriz Viterbo Editora, 1998.

Bassnett, Susan. "Blood and Mirrors: Images of Violence in the Writings of Alejandra Pizarnik." *Latin American Women's Writing: Feminist Readings in Theory and Crisis.* Anny Brooksbank Jones y Catherine Davies, eds. Oxford: Clarendon Press, 1996. 127-147.

——— "Speaking with Many Voices: The Poems of Alejandra Pizarnik." *Knives and Angels: Women Writers in Latin America.* Londres: Zed Books, 1990. 36-51.

Bellmer, Hans. "Notes on the Subject of the Ball Joint." *Hans Bellmer: The Anatomy of Anxiety.* Sue Taylor. Cambridge: MIT Press, 2000. 212-218.

——— "Memories of the Doll Theme." *Behind Closed Doors: The Art of Hans Bellmer.* Therese Lichtenstein. Berkeley: U of California P, 2001. 169-174.

Belton, Robert J. "Speaking with Forked Tongues: 'Male' Discourse in 'Female' Surrealism?" *Surrealism and Women.* Mary Ann Caws, Rudolf E. Kuenzli y Gwen Raaberg, eds. Cambridge: MIT Press, 1991. 50-62.

Bordelois, Ivonne. *Correspondencia Pizarnik*. Buenos Aires: Seix Barral (Planeta), 1998.

Caws, Mary Ann. "Seeing the Surrealist Woman: We Are a Problem." *Surrealism and Women.* Mary Ann Caws, Rudolf Kuenzli y Gwen Raaberg, eds. Cambridge: MIT Press, 1991. 11-16.

Chávez Silverman, Suzanne. "The Discourse of Madness in the Poetry of Alejandra Pizarnik." *Monographic Review* 6 (1990): 274-281.
Foster, David William. "The Representation of the Body in the Poetry of Poetry of Alejandra Pizarnik." *Hispanic Review* 62/3 (1994): 319-47.
Foster, Hal. *Compulsive Beauty.* Cambridge: MIT Press, 1993.
Freud, Sigmund. "The Uncanny." *On Creativity and the Unconscious: Papers on the Psychology of Art, Literature, Love, Religion.* Benjamin Nelson, ed. Nueva York: Harper, 1958. 122-161.
Lasarte, Francisco. "Más allá del surrealismo: La poesía de Alejandra Pizarnik". *Revista Iberoamericana* XL/125 (1983): 867-77.
Lichtenstein, Therese. *Behind Closed Doors: The Art of Hans Bellmer.* Berkeley: U of California P, 2001.
Moia, Marta. "Entrevista con Alejandra Pizarnik". *El deseo de la palabra.* Barcelona: Ocnos, 1975.
Negroni, María. *El testigo lúcido: La obra de sombra de Alejandra Pizarnik.* Rosario: Beatriz Viterbo, 2003.
Piña, Cristina. *Alejandra Pizarnik.* Buenos Aires: Planeta, 1991.
Pizarnik, Alejandra. *Prosa completa.* Ana Becciu, ed. Prólogo Ana Nuño. Barcelona: Lumen, 2002.
_____ *Poesía completa.* Ana Becciu, ed. Barcelona: Lumen, 2000.
_____ *Obras completas: Poesía completa y prosa selecta.* Cristina Piña, ed. Buenos Aires: Corregidor, 1994.
_____ *Semblanza.* Frank Graziano, comp. México: Fondo de Cultura Económica, 1984.
Raaberg, Gwen. "The Problematics of Women and Surrealism." *Surrealism and Women.* Mary Ann Caws, Rudolf E. Kuenzli y Gwen Raaberg, eds. Cambridge: MIT Press, 1991. 1-10.
Rank, Otto. *The Double: A Psychoanalytic Study.* Harry Tucker, Jr., trad. Chapel Hill: U of North Carolina P, 1971.
Rubin, William S. *Dada, Surrealism, and Their Heritage.* Nueva York: The Museum of Modern Art, 1967.
Running, Thorpe. "The Poetry of Alejandra Pizarnik." *Chasqui: Revista de Literatura Latinoamericana* 14/2-3 (1985): 45-55.
Suleiman, Susan Rubin. "Dialogue and Double Allegiance: Some Contemporary Artists and the Historical Avant-Garde." *Mirror Images: Women, Surrealism, and Self-Representation.* Whitney Chadwick, ed. Cambridge: MIT Press, 1998. 128-154.

_____ "A Double Margin: Reflections on Women Writers and the Avant-garde in France." *The Politics of Tradition: Placing Women in French Literature. Yale French Studies* 75 (1988): 148-72.

Taylor, Sue. *Hans Bellmer: The Anatomy of Anxiety.* Cambridge: MIT Press, 2000.

Webb, Peter y Robert Short. *Hans Bellmer.* Nueva York: Quartet Books, 1985.

Sobre las autoras

Ivonne Bordelois es ensayista y poeta. Graduada en la Universidad de Buenos Aires, prosiguió su carrera como lingüista en Francia, Estados Unidos y Holanda. Ausente por treinta años de su país, regresó a la Argentina en 1994, fecha en que se inicia como periodista cultural.

Ha recibido la Beca Guggenheim, el premio Konex 2004, y el Premio Ensayo Sudamericana y La Nación por su ensayo *El país que nos habla* (2005). Otros libros suyos son *El Alegre Apocalipsis* (poemas, 1995), *Un triángulo crucial: Borges, Lugones y Güiraldes* (1999), *Correspondencia Pizarnik* (1998), *La palabra amenazada* (2003), *Etimología de las Pasiones* (2007), *A la escucha del cuerpo* (Libros del Zorzal, 2009). Su última publicación es *Nueva correspondencia Pizarnik* [edición con Cristina Piña] (México: Posdata, 2012 - Buenos Aires: Alfaguara, 2014).

Carlota Caulfield es profesora titular de literatura española e hispanoamericana del Mills College de California, U.S.A. Comparte su residencia entre Berkeley, California y Londres.

Es editora de *From the Forbidden Garden. Letters from Alejandra Pizarnik to Antonio Beneyto* (2003), y autora de la presentación del epistolario de Alejandra Pizarnik, *Dos Letras* (2003). Sus ensayos sobre Alejandra Pizarnik han sido publicados en diferentes revistas literarias. Es co-editora [con Jaime D. Parra] de la antología *The Other Poetry of Barcelona. Spanish and Spanish-American Women Poets* (2004) y [con John Goodby] de *No soy tu musa. Antología de poetas irlandesas contemporáneas* (2008). Caulfield es autora de once libros de poesía. Su poemario más reciente es *A Mapmaker's Diary. Selected Poems* (2007).

PAULINA DAZA. Se desempeña como docente e investigadora en la Pontificia Universidad Católica de Valparaíso. Es Magíster en literaturas Hispánicas (2007) Universidad de Concepción con la Tesis: "La poesía es un juego peligroso". Vida, poesía y locura en *El infierno musical* de Alejandra Pizarnik. Es Doctora en Literatura Latinoamericana (2012) por la misma casa de estudios con la Tesis: Alejandra Pizarnik: Prosa de humor. "Reír de cosas no fijadas". Ha concluido sus estudios Posdoctorales (2014) en la Pontificia Universidad Católica de Chile con el proyecto FONDECYT: 'Cubrirse y mostrar la cara': Reflexiones sobre la narrativa chilena reciente: vínculos, búsquedas, propuestas y estados (Fines de los noventa al 2011) y ha iniciado recientemente el proyecto FONDECYT de Iniciación: "Formas de leer a la familia en la narrativa chilena reciente". Participa en calidad de co-investigadora en el proyecto Regular FONDECYT: Músico errante: masculinades, estéticas y mercados en la música popular y narrativa latinoamericana reciente, cuya investigadora responsable es Rubí Carreño Bolívar. Ha publicado en revistas indexadas como *Acta Literaria, Atenea, Arbor, Alpha, Laboratorio y Litterae*.

CAROLINA DEPETRIS, argentina, es doctora por la Universidad Autónoma de Madrid, investigadora titular A de tiempo completo en la Universidad Nacional Autónoma de México y miembro del Sistema Nacional de Investigadores de dicho país. Entre sus libros se encuentran *Aporética de la muerte: estudio crítico sobre Alejandra Pizarnik, La escritura de los viajes: del diario descriptivo a la literatura, El héroe involuntario: Frédéric de Waldeck y su viaje por Yucatán*. Ha publicado resultados de investigación en diversas revistas académicas y ha editado también algunos títulos, entre ellos *Viajeros por el mundo maya* y *Sizigias y cuadraturas lunares, Geografías literarias de América*. Ha sido responsable de proyectos de investigación en la UNAM y Conacyt. Es coordinadora del Seminario "Poéticas y pensamiento: relaciones entre literatura y filosofía" que se lleva a cabo en el Centro Peninsular en Humanidades y Ciencias Sociales de la UNAM.

MARIANA DI CIÓ es profesora titular de Literatura latinoamericana en la Universidad de Paris III-Sorbonne Nouvelle. Defendió en 2009 una tesis de doctorado sobre Alejandra Pizarnik en la Universidad de París 8, y trabaja sobre literatura argentina (en particular la interacción de la poesía y lo visual) y crítica genética. Colabora en la edición del fondo del escritor Juan José Saer (*Papeles de trabajo. Borradores inéditos I y II*, Seix Barral, 2012 y 2013; *Poemas. Borradores inéditos 3*, Seix Barral, 2014). Es autora de *Une calligraphie des ombres. Les manuscrits d'Alejandra Pizarnik* (Presses Universitaires de Vincennes, "Manuscrits Modernes", 2014).

CLELIA MOURE, marplatense, es Profesora en Letras, Magíster en Letras Hispánicas por la Universidad Nacional de Mar del Plata y Doctora en Letras por la Universidad Nacional de La Plata. Se desempeña desde 1994 como docente e investigadora en el área de Teoría y Crítica Literarias de dicha Universidad, y como docente de Teoría Literaria y Literatura en instituciones de nivel terciario y secundario.

Ha publicado: *Escrito a mano. Notas sobre la escritura, el cuerpo y el sujeto en la literatura contemporánea*, Córdoba, 2010 (Premio Ensayo Luis de Tejeda 2009) y, en colaboración con Cristina Piña, el libro: *Poéticas de lo incesante. Sujeto, materialidad y escritura en Amelia Biagioni y Néstor Perlongher*, Buenos Aires, Botella al Mar, 2005. También es autora de numerosos artículos en libros y revistas especializdas del país y del exterior.

MELANIE NICHOLSON es directora del programa de Estudios Hispánicos en Bard College, en el estado de Nueva York. Es Professor of Spanish de esta institución. Es autora del libro *Evil, Madness, and the Occult in Argentine Poetry* (University of Florida Press, 2002). Ha publicado ensayos sobre poesía hispanoamericana en *Latin American Literary Review, Revista Hispánica Moderna, Letras Femeninas, Crítica Hispánica*, y *Studies in Twentieth and Twenty-First Century Literature*, entre otros. Sus traducciones aparecen en *Yale Review, Puerto del Sol, Denver Quarterly*, y *Translation Review*. Su libro *Surrealism in Latin American Literature: Searching for Breton's Ghost* salió con Palgrave Macmillan en 2013.

CRISTINA PIÑA es escritora, investigadora y traductora. Licenciada en Letras y Magíster en Pensamiento Contemporáneo, ha publicado nueve libros de poemas y diez libros de ensayo, crítica y teoría literaria, entre los que cabe citar: *Nueva correspondencia Pizarnik* [edición con Ivonne Bordelois] (México 2012; Argentina 2014), *Límites, diálogos, conforntaciones: Leer a Alejandra Pizarnik* (2012), *Poesía y experiencia del límite: Leer a Alejandra Pizarnik* (1999), *Alejandra Pizarnik, una biografía* (1991 – Segundo Premio Municipal de Ensayo). Ha publicado numerosos artículos críticos en revistas y volúmenes colectivos del país y del exterior. Es profesora titular de Teoría y Crítica Literarias en la Universidad Nacional de Mar del Plata, donde dirige un grupo de investigación. En 1982 recibió la beca Fulbright para el International Writing Program de la Universidad de Iowa; en 1998 la Beca de Traducción del Ministerio de Cultura de Francia; en 2006 y 2014 el Premio Konex Diploma de Honor, respectivamente en Teoría Literaria y en Traducción y el Premio Konex de Platino 2014 en Traducción; en 2011 la Mención Domingo Faustino Sarmiento del Senado de la Nación. Su obra poética, ensayística y de traducción ha merecido otros premios.

DORES TEMBRÁS se licenció en 2001 en Filología Hispánica y desde entonces se dedica a la investigación de la obra de Alejandra Pizarnik. En 2004 le concedieron una beca de Investigación Predoctoral de la Universidade da Coruña, y cuatro años más tarde, en 2008, defendió la Tesis Doctoral *La obra poética de Alejandra Pizarnik. Arquitectura de un desencuentro*. En este periodo ha realizado estancias investigadoras en la Göteborgs Universitet, en la Universidad Autónoma de Madrid y en la Universidad de Buenos Aires, impartiendo seminarios sobre el curso de su investigación, conferencias y charlas de carácter divulgativo. También ha participado con artículos y ponencias en diversos congresos y revistas especializadas. Ha publicado dos poemarios y un libro de poesía infantil. Actualmente dirige junto con Antía Otero la editorial Apiario.

www.ingramcontent.com/pod-product-compliance
Lightning Source LLC
Chambersburg PA
CBHW071407300426
44114CB00016B/2218